职业教育计算机网络技术专业创新型系列教材

# 网络设备管理与维护实训教程

## ——基于 Cisco Packet Tracer 模拟器

（第二版）

张文库　肖学华　主编

康　梅　王　印　冯　娜　副主编

科 学 出 版 社

北　京

## 内 容 简 介

本书的编写模式体现"做中学，做中教"的职业教育教学特色，内容采用了"项目—任务—训练"的结构体系，从工作现场需求与实践应用中引入教学项目，培养学生完成工作任务及解决实际问题的能力。

本书包含六个项目，分别为Cisco Packet Tracer 7.3模拟器的使用，交换机的配置，路由器的配置，网络的安全配置，语音、无线网络的配置，综合实训。书中软件使用Cisco Packet Tracer 7.3模拟器，全部项目紧密跟踪先进技术，与真实的工作过程相一致，符合企业需求，贴近生产实际。书中每个训练均配有实操微课，全书提供教学课件，方便师生教与学。资源下载地址：www.abook.cn。

本书可供职业院校计算机网络技术或相关专业的学生作为教材使用，也可供职业院校技能比赛训练人员及广大工程技术人员自学参考，还可作为参加"Cisco认证网络支持工程师"（CCNA）考试人员的辅导资料。

**图书在版编目（CIP）数据**

网络设备管理与维护实训教程：基于Cisco Packet Tracer模拟器/张文库，肖学华主编. —2版. —北京：科学出版社，2020.12（2025.1修订）

ISBN 978-7-03-067818-8

Ⅰ. ①网… Ⅱ. ①张… ②肖… Ⅲ. ①网络设备-设备管理-教材 ②网络设备-维修-中等专业学校-教材 Ⅳ. ①TP393.05

中国版本图书馆CIP数据核字（2020）第264828号

责任编辑：陈砺川 赵玉莲 / 责任校对：马英菊

责任印制：吕春珉 / 封面设计：东方人华平面设计部

科学出版社 出版

北京东黄城根北街16号

邮政编码：100717

http://www.sciencep.com

三河市中晟雅豪印务有限公司印刷

科学出版社发行 各地新华书店经销

*

2011年7月第 一 版 开本：787×1092 1/16

2020年12月第 二 版 印张：16 1/2

2025年 1 月第二十八次印刷 字数：371 000

**定价：48.00元**

（如有印装质量问题，我社负责调换）

销售部电话 010-62136230 编辑部电话 010-62135763-1028

# 序

当今世界，以信息技术为代表的科技创新日新月异，深刻改变着人类社会的生产生活形态。信息技术的飞速发展，特别是互联网、大数据、物联网和人工智能等新一代信息技术与人类生产、生活深度交汇融合，催生出现实空间与虚拟空间并存的信息社会，构建出智慧社会的发展前景。信息技术的应用已融入社会的各个领域，智能制造、智慧农业、电子商务、网络教学、数字娱乐、在线办公等，新技术、新应用、新业态不断涌现，并引发新一轮的人才供需热潮。信息技术已成为支持经济社会转型发展的主要驱动力，是建设创新型国家、制造强国、网络强国、数字中国、智慧社会的基础支撑。

职业教育作为一种类型教育，为我国经济社会发展提供着重要的人才和智力支撑。随着我国进入新的发展阶段，产业升级和经济结构调整不断加快，各行各业对技术技能人才的需求越来越紧迫，职业教育的重要地位和作用越来越凸显。随着产业的转型升级和技术的更新迭代，技术技能人才培养定位也在不断调整，引领着职业教育专业及课程的教学内容与教学方法变革，推动其不断推陈出新、与时俱进。

最近几年人力资源和社会保障部新发布、公示和调整的职业工种，大部分与信息技术相关联，6 成以上的新求职者希望从事与信息技术相关的工作，大多数企业在新招录员工时要求入职者应具有信息技术专业能力。这些与信息技术相关联的新工程、新岗位，对职业院校信息技术相关专业及普及型应用人才的培养提出了新的要求。信息技术相关专业与课程的教学需要顺应时代要求，把握好技术发展的新态势和人才培养的新方向，推动教育教学改革与产业转型升级相衔接，突出“做中学、做中教”的职业教育特色，强化教育教学实践性和职业性，实现学以致用、用以促学、学用相长。

2021 年，教育部颁布了《职业教育专业目录（2021 年）》，构建起覆盖中等、专科、本科层次的职业教育的专业人才培养的顶层框架。“网络信息安全、移动应用技术与服务、大数据技术应用、物联网技术应用、服务机器人装调与维护”等一批新的中职专业列入专业目录中。全国工业和信息化职业教育教学指导委员会随之启动了相关专业的教学标准研发编制工作。与此同时，一大批“1+X”职业技能等级标准陆续颁布，为职业院校信息技术应用人才的培养提供了标准和依据。

为落实国家职业教育改革的要求，使国内优秀职业院校积累的宝贵经验得以推广，科学出版社组织编写了本套信息技术类专业创新型系列教材，并陆续出版发行。

本套教材建设团队以落实“立德树人”为根本任务，依据教育部提出的深化“教师、教材、教法”改革，以真实生产项目、典型工作任务及案例等为载体组织教学单元，开发体现产业发展的新技术、新工艺、新规范、新标准的高质量教材；在教材中广泛运用启发式、探究式、讨论式、参与式等教学方法，推广翻转课堂、混合式教学、理实一体教学等新型教学模式，推动课堂教学改革；兼顾职业教育“就业和发展”人才培养定位，在教学体系的建立、课程标准的落实、典型工作任务或教学案例的筛选，以及教材内容、结构设计与素材配套等方面，均进行了精心设计。本套教材的编写，倾注了数十所国家示范学校一线教师的心血，他们将基层学校教学改革成果、经验、收获转化到教材的编写内容和呈现形式之中，为教材提供了丰富的内容素材和鲜活的教学活动案例。

本套创新教材集中体现了以下特点。

1．体现立德树人，培育职业精神。教材编写以习近平新时代中国特色社会主义思想为指导，贯彻全国职教大会精神，将培育和践行社会主义核心价值观融入教材知识内容和设计的活动之中，充分发挥课程的德育功能，推动课程与思政形成协同效应，有机融入职业道德、劳动精神、劳模精神、工匠精神教育，培育学生职业精神。

2．体现校企合作，强调就业导向。注重校企合作成果的收集和使用，将企业的生产模式、活动形态和岗位要求整合到教材内容与编写体例之中，对接最新技术要求、工艺流程、岗位规范，有机融入“1+X”证书等内容，以此推动校企合作育人，创新人才培养模式，构建复合型技术技能人才培养模式，提升学生职业技能水平，拓展学生就业创业本领。

3．体现项目引领，实施任务驱动。将职业岗位典型工作任务进行拆分，整合课程专业基础知识与技能要求，转化为教材中的活动项目与教学任务。以项目活动引领知识、技能学习，通过典型的教学任务学习与实施，学生可获得职业岗位所要求的综合职业能力，并在活动中体验成就感。

4．体现内容实用，突出能力养成。本套教材根据信息技术的最新发展应用，以任务描述、知识呈现、实施过程、任务评价以及总结与思考等内容作为教材的编写结构，并安排有拓展任务与关联知识点的学习。整个教学过程与任务评价等均突出职业能力的培养，以“做中学，做中教”“理论与实践一体化教学”作为体现教材辅学、辅教特征的基本形态。

5．体现资源多元，呈现形态多样。信息化教学深刻地改变着教学观念与教学方法。基于教材和配套教学资源对改变教学方式的重要意义，科学出版社开发了网站，为此次出版的教材提供了丰富的数字资源，包括教学视频、音频、电子教案、教学课件、素材图片、动画效果、习题或实训操作过程等多媒体内容。读者可通过登录出版社提供的网站 www.abook.cn 下载并使用资源，或通过扫描书中提供的二维码，打开资源观看。依据课程及资源的性质不同，这两种资源的使用形式均可能出现。提供的丰富的资源，不仅方便了教师教学，也能帮助学生学习，可以辅助学校完成翻转课堂的教学活动。

6．体现以学生为本，符合职业教育特点。本套教材以培养学生的职业能力和可持续性发展为宗旨，体例设计与内容的表现形式充分考虑到中等职业学校学生的身心发展规律，案例难易程度适中，重点突出，体例新颖，版式活泼，便于阅读。

本套教材的开发受限于时间、作者能力等因素，还有很多不足之处，敬请各位专家、老师和广大读者不吝赐教。希望本系列教材的出版能进一步助推优秀教学改革成果的呈现，为我国职业教育信息技术应用人才的培养和教学改革的探索创新做出贡献。

全国工业和信息化职业教育教学指导委员会

计算机职业教育教学指导分委员会　委员

# 第二版前言

随着计算机及网络技术的迅猛发展，计算机网络及应用已经渗透到社会各个领域，并影响和改变着人们的生活和工作方式。在计算机网络化的今天，学习和掌握网络技术显得至关重要和更加迫切。本书在编写过程中坚持科技是第一生产力、人才是第一资源、创新是第一动力的思想理念。为了突出职业学校学生以培养技能为主的特点，本书遵循了“理论知识够用，强化动手能力”的编写原则。

“网络设备管理与维护”是职业学校网络技术专业学生必修的一门专业课，实践性非常强，动手实践是学好这门课程最好的方法之一。本书通过 Cisco Packet Tracer 软件的模拟演练，可以很好地模拟多种网络环境和设备，学习者在自己的计算机上就可以模拟真实的网络环境，能快速地学习和掌握网络方面的相关知识，而且形象、直观，从而突破了学习网络技术需要昂贵设备的局限性。

本书在修订的过程中，紧紧围绕“培养什么人、怎样培养人、为谁培养人”这一教育根本问题，全面落实立德树人根本任务，强化学生素质教育，不断提升育人效果。在第一版的基础上，以最新的 Cisco Packet Tracer 7.3 模拟器为平台，采用“项目—任务—训练”的结构体系，把交换机的配置、路由器的配置、网络安全的配置、语音与无线网络的配置及综合实训等内容，通过一个个训练让学生掌握相关知识和技能。训练内容又细分为“训练描述—训练要求—训练步骤—训练测试—训练小结”等几部分。书中的项目是根据工作现场需求与实践应用引入的，坚持问题导向旨在培养学生完成工作任务及解决实际问题的技能。全部项目紧密跟踪先进技术，与真实的工作过程相一致，完全符合企业需求，贴近生产实际。本书以典型案例作为载体来帮助学习者更好地学习网络的拓扑搭建、基本操作、网络互联和故障排除等知识技能，实验安排由简单到复杂，由单一到综合。

参与本书编写及献计献策的人员来自多所职业教育国家示范校和省级示范校：珠海市技师学院（张文库、王印）、中山市建斌中等职业技术学校（肖学华）、深圳市龙岗职业技术学校（戴金辉）、余姚市第四职业技术学校（冯娜）、呼和浩特市第三职业中等专业学校（康梅）。部分编委曾连续多年担任全国职业院校计算机技能大赛“企业网搭建及应用”项目参赛队员的培训工作，近年来所培养的选手曾多次获得全国职业院校技能大赛网络搭建及应用项目金奖，在计算机网络教学和教材编写中具有丰富的经验。本书由张文库、肖学华担任主编，康梅、王印和冯娜担任副主编。各项目编写分工如下：项目一（戴金辉），项目二、项目三（张文库）、项目四（冯娜、肖学华）、项目五（康梅）、项目六（王印）。

为推进教育数字化，方便教学，本书除为所有训练及知识点配套微课外，还配有电子教学参考资料包，包括素材文件、教学课件等，请有此需要的老师登录 www.abook.cn 免费下载。

由于计算机网络技术发展日新月异，书中难免存在一些疏漏和不足，敬请专家和读者不吝赐教。联系邮箱：113506995@qq.com。

张文库

# 第一版前言

“做中学，做中教”已成为职业教育改革的主导理念，其影响的广度和深度远远超越了我国历次职业教育课程改革。这场改革的形成，主要原因还是源于中职学校自身发展的需要，源于中职学校自身强烈的改革意愿。

“网络设备管理与维护”是中等职业学校网络技术专业学生必修的一门专业课，实践性非常强，动手实践是学好这门课程最好的方法之一。但由于网络设备昂贵，网络环境难以搭建，学生动手实践的机会相对比较少，因此，本书引用了 Cisco Packet Tracer 5.3 模拟器来解决这个矛盾。该模拟器可以很好地模拟多种网络环境和设备，使学生有一个方便而相对真实的实践环境。建议在学习“网络设备管理与维护”课程时，除选择《网络设备管理与维护》理实一体化主教材外，再增加本书作为实训辅导教材，以增加学生的实训机会。

本书以 Cisco Packet Tracer 5.3 模拟器为平台，采用“项目—任务—训练”的结构体系，把交换机的配置、路由器的配置、网络安全的配置、语音与无线网络的配置及综合实训等内容，通过一个个训练让学生掌握相关知识和技能。每个训练又细分为“训练描述—训练要求—训练步骤—训练测试—训练小结”的结构，有些任务中还安排了有益的“训练拓展”内容。书中的项目是根据工作现场需求与实践应用引入的，旨在培养学生完成工作任务及解决实际问题的技能。全部项目紧密跟踪先进技术，与真实的工作过程相一致，完全符合企业需求，贴近生产实际。

本书参与编写及献计献策的人员来自多所国家重点职校：中山市建斌中等职业技术学校（肖学华、罗文剑、邬建彬）、东莞市长安职业高级中学（吴宇、郑华、何裕）、佛山市顺德区胡锦超职业技术学校（张治平）、珠海市第一职业技术学校（彭家龙）、肇庆市工业贸易学校（李怀鑫）、东莞职业技术学院（谢淑明）、中山市港口理工学校（洪键光）、中山市小榄镇建斌中等职业技术学校（郭旭辉）。部分编委曾连续多年担任全国职业院校技能大赛“企业网搭建”和“园区网组建”项目参赛队员的培训工作，近年来所培养的选手曾多次获得全国职业院校技能大赛网络搭建及应用项目金奖，在计算机网络教学和教材编写中具有丰富的经验。肖学华担任主编，罗文剑、吴宇担任副主编。各项目编写分工如下：项目一、项目二、项目三（罗文剑、肖学华），项目四、项目五（吴宇、郑华、何裕）、项目六（罗文剑、吴宇、邬建彬）。

本书可供计算机网络技术专业或相关专业的学生作为教材使用，也可供计算机网络技能比赛训练及广大工程技术人员自学参考，还可供参加“网络设备调试员”职业资格考试人员使用。

由于编写时间较为仓促，以及计算机网络技术发展日新月异，书中难免存在一些疏漏和不足，敬请专家和读者不吝赐教。联系邮箱：xxhua-dong@163.com。

肖学华

# 目　录

# 1 项目一

# Cisco Packet Tracer 7.3 模拟器的使用

## 项目说明

网络设备模拟器是指能利用软件虚拟出相应的网络设备，并利用这些虚拟出来的网络设备进行联网及相关配置，用来验证或解决相关网络问题的软件。目前，社会上存在许多网络设备模拟器，如华为 eNSP 网络设备模拟器、思科交换机模拟器（Cisco Packet Tracer）等。其中，Cisco Packet Tracer 是最为常用、功能最全、操作最为直观简便的模拟器。

本项目重点学习 Cisco Packet Tracer 7.3 模拟器的安装和基本使用方法。

## 技能目标

任务一　安装 Cisco Packet Tracer 7.3 模拟器
任务二　应用 Cisco Packet Tracer 7.3 搭建网络
任务三　使用 Cisco Packet Tracer 7.3 配置网络

## 素养目标

- 具有较高的实现道德品质，在工作和生活中拥有健康的心态。
- 激发学生科技报国的决心，意识到软件自主的重要性。
- 树立科技自立自强是国家强盛之基、安全之要。

# 任务一 安装 Cisco Packet Tracer 7.3 模拟器

## 训练描述

Cisco Packet Tracer 是由思科公司打造的一款强大的网络模拟工具，可为用户提供真实操作体验，其特点是界面直观、操作简单、帮助功能强、容易上手，非常适合初学者或在校生网络互联课程的实验教学。用户可以通过它练习使用路由器、交换机和其他设备构建简单或复杂的网络，或者尝试为智慧城市、家庭和企业设计互联解决方案。要利用 Cisco Packet Tracer 来构建网络互联实验环境，首先要配置好软件环境。本训练将重点掌握 Cisco Packet Tracer 的安装和汉化操作。

## 训练要求

（1）准备相关的安装文件，可登录思科网络技术学院的官方网站（https://cn.netacad.com），使用邮箱成功注册后，下载最新版本的 Cisco Packet Tracer 模拟器，也可以使用本书配套资源中提供的安装包文件。

（2）掌握 Cisco Packet Tracer 的安装和汉化操作。

安装 Cisco Packet Tracer 7.3 模拟器

## 训练步骤

### 01 解压安装

将下载好的 Cisco Packet Tracer 7.3 安装文件及汉化语言包文件解压，双击 PacketTracer-7.3.0-win64-setup.exe 文件，进入安装许可协议界面，如图 1.1.1 所示。

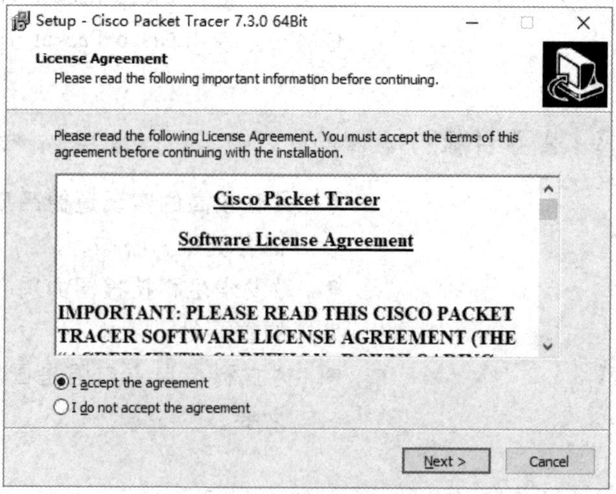


图 1.1.1 Cisco Packet Tracer 安装许可协议界面

**02** 设置安装路径

在图 1.1.1 中选择 I accept the agreement 单选按钮接受安装许可协议，单击 Next 按钮，进入安装路径设置界面，如图 1.1.2 所示。

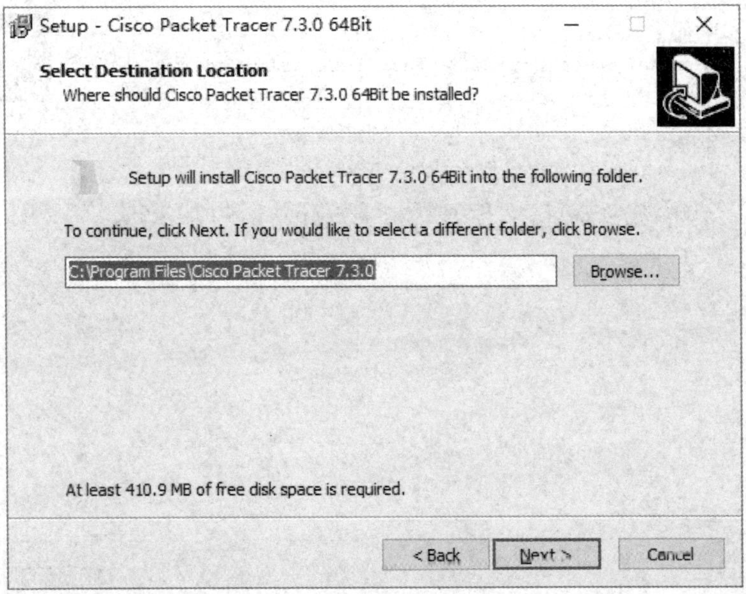


图 1.1.2　Cisco Packet Tracer 安装路径设置界面

**03** 软件正式安装

在图 1.1.2 中使用默认安装路径进行安装，此路径在后面进行汉化操作时需要用到。从图 1.1.2 中可以看到，安装路径为“C:\Program Files\ Cisco Packet Tracer 7.3.0”。连续单击 Next 按钮直到进入正式安装界面，如图 1.1.3 所示。

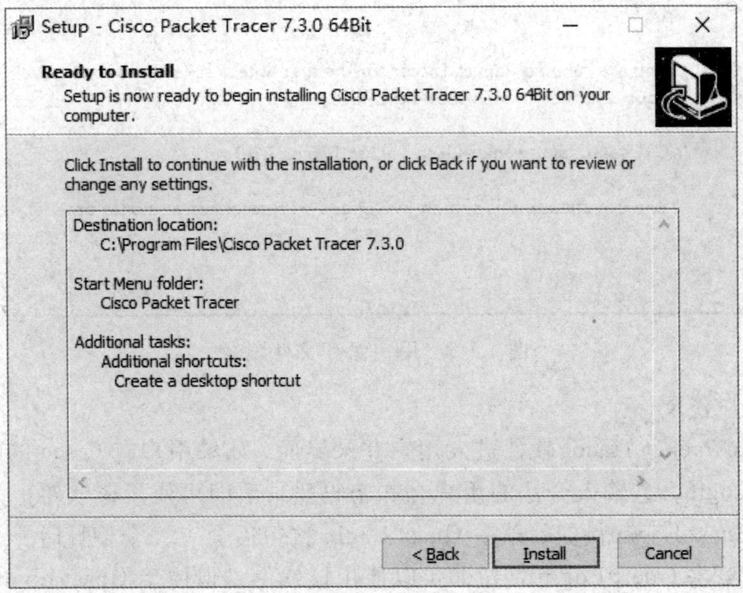


图 1.1.3　Cisco Packet Tracer 正式安装界面

**04** 软件安装过程界面

在图 1.1.3 中单击 Install 按钮进入软件安装过程界面，如图 1.1.4 所示。

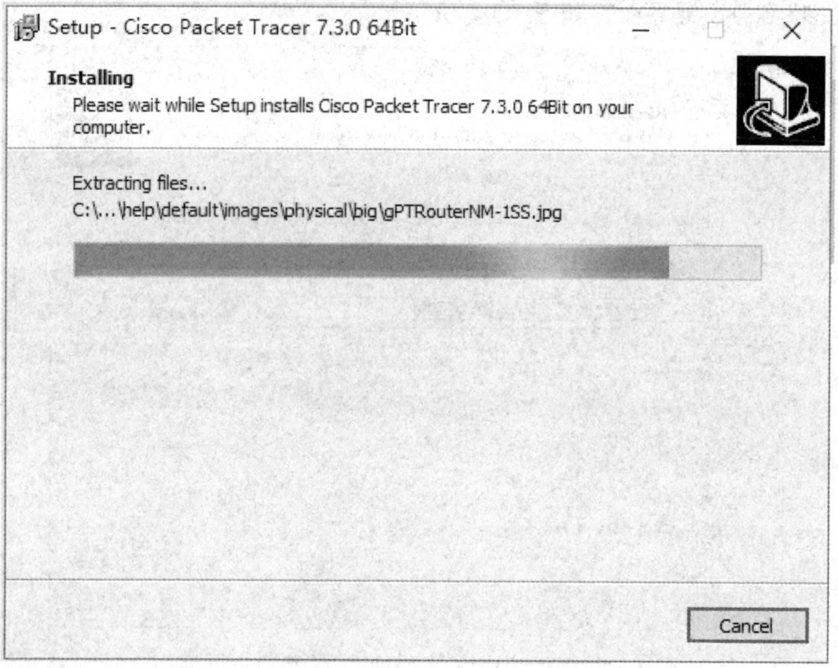


图 1.1.4　Cisco Packet Tracer 软件安装过程界面

**05** 用户保存文件路径

安装完成后会弹出软件安装完成对话框，单击 Finish 按钮，系统会自动弹出对话框，提示用户保存文件的路径，单击 OK 按钮，如图 1.1.5 所示。

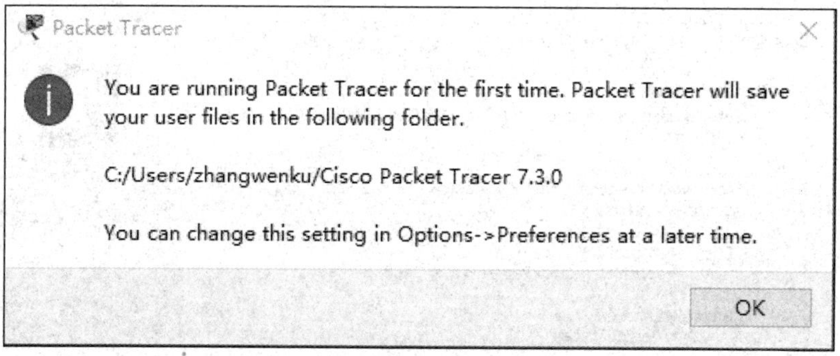


图 1.1.5　用户保存文件路径

**06** 用户登录

双击 Cisco Packet Tracer 软件进入用户登录界面，如果用户有 Cisco 的账号的话，可以使用 User Login，并输入合法的用户名和密码登录后即可使用该软件；如果没有，则单击右下角 Guest Login 按钮，单击 Guest Login 按钮后会有一个倒计时，一般为 15 秒，等时间到后再单击 Guest Login 按钮即可以使用该软件，但使用 Guset Login 只可以保存不大于三次的设备配置文件，如图 1.1.6 所示。

图 1.1.6　用户登录界面

**07** Cisco Packet Tracer 软件界面

登录成功后，系统会自动弹出 Cisco Packet Tracer 软件界面，如图 1.1.7 所示。

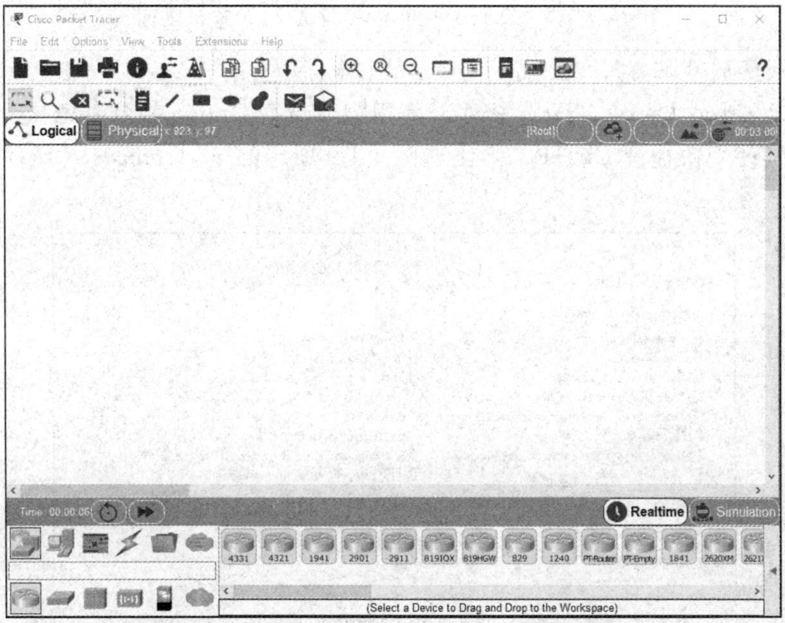


图 1.1.7　Cisco Packet Tracer 软件界面

**08** 汉化前关闭软件

Cisco Packet Tracer 软件操作界面默认是英文的，为了更好地掌握和学习该软件，还可以进一步对 Cisco Packet Tracer 7.3 软件进行汉化。在汉化前最好先关闭已经开启的 Cisco Packet Tracer 7.3 软件。

**09** 软件汉化过程

复制软件包中的 Chinese.ptl 文件到 Cisco Packet Tracer 7.3 安装目录的 languages 文件夹中，如图 1.1.8 所示。

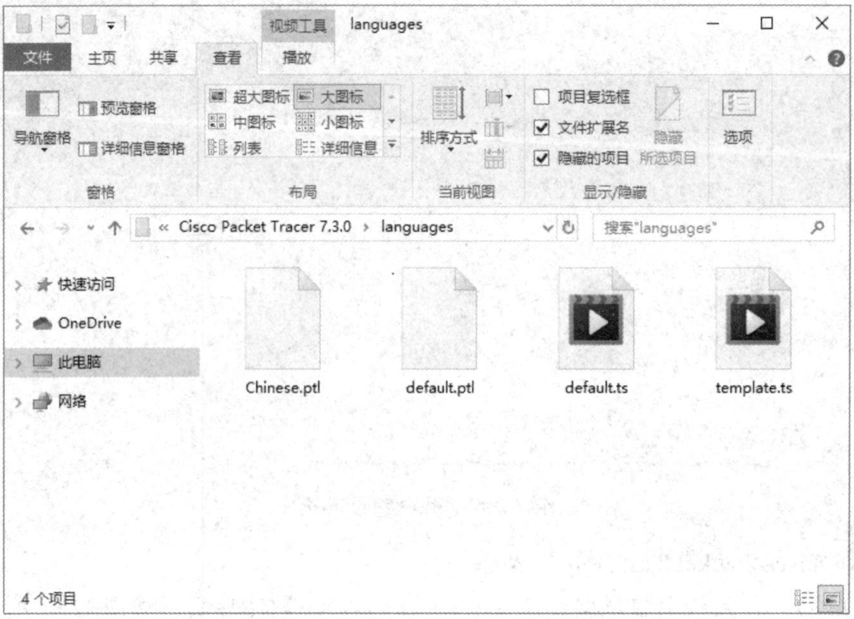


图 1.1.8　复制 Chinese.ptl 文件到安装目录

**10** 软件属性配置

重新启动 Cisco Packet Tracer 软件，使用菜单命令 Option 找到并选择 Preference 选项，或者直接使用快捷键 Ctrl+R，弹出如图 1.1.9 所示的 Preferences 对话框，进行软件属性配置。

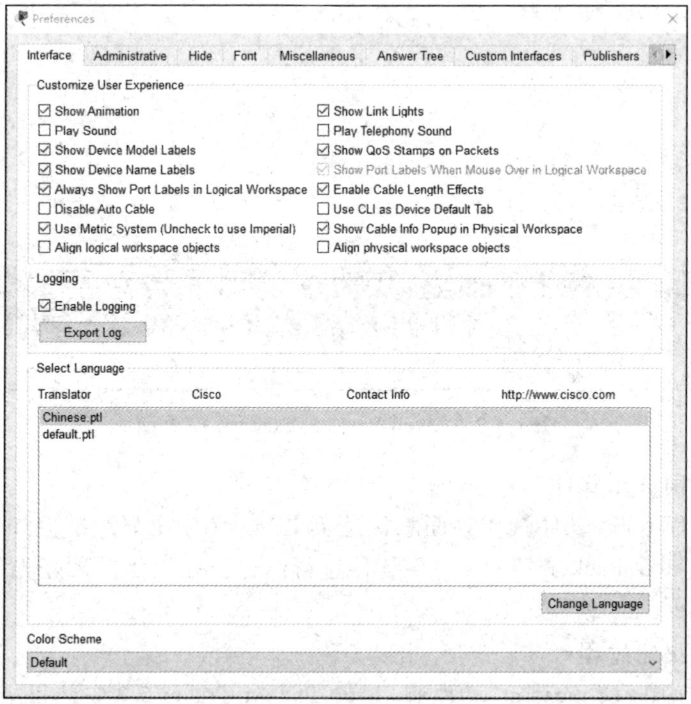


图 1.1.9　Preferences 对话框

**11** 软件汉化设置

在如图 1.1.9 所示对话框中可以做许多设置。例如，要使用软件的声效，可以选中 Sound 复选框。若实现汉化操作则在 Languages 列表框中选中 chinese.ptl 文件，然后单击 Change Language 按钮。

**12** 完成软件汉化

弹出的如图 1.1.10 所示的 Change Language 对话框，表示必须要重新启动软件后新的语言包才能生效。单击 OK 按钮，完成软件汉化操作。

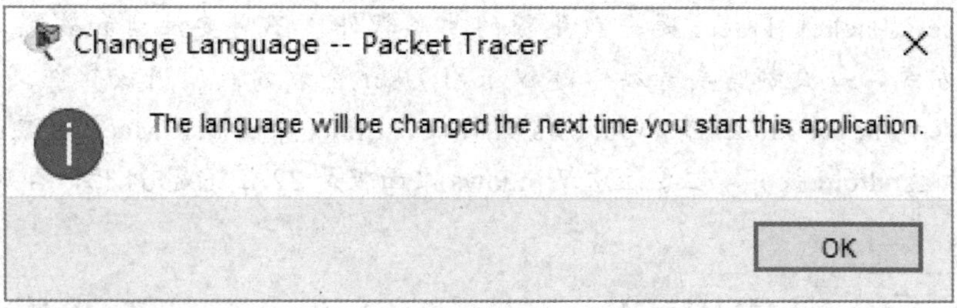


图 1.1.10　确认更改语言包操作

## 训练测试

重新启动软件，再次检查软件的界面，这时可以发现，所有的菜单栏和界面中的文字都变成中文了。这样就可以更方便地进行学习和操作了。

在如图 1.1.11 所示的 Cisco Packet Tracer 汉化成功后的界面中，主要包含菜单栏、主要工具栏、常用工具栏、导航栏、工作区、实时/仿真工具框、设备类型选择框、设备型号选择框。

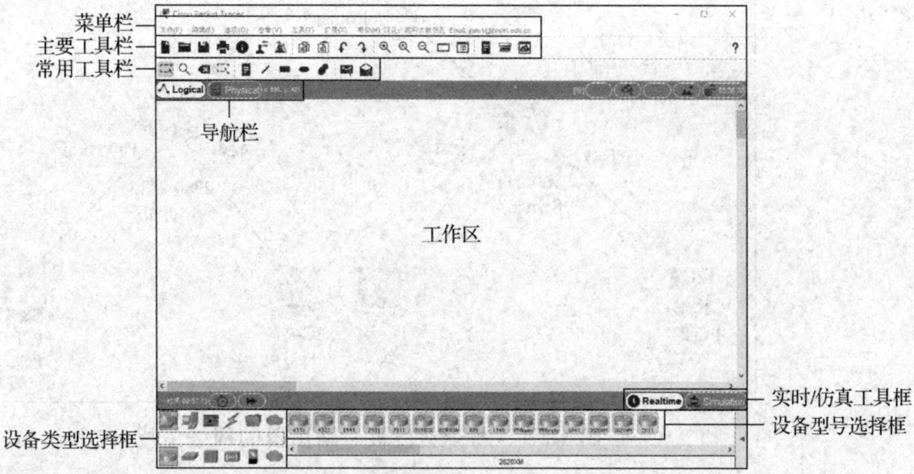


图 1.1.11　Cisco Packet Tracer 汉化成功

## 训练小结

（1）Cisco Packet Tracer 的安装过程跟其他的应用软件安装过程类似。

（2）Cisco Packet Tracer 对硬件的要求不高，在任何计算机中均可安装使用，因此可以在家用计算机中安装及使用，增加实际操作的机会。

（3）Cisco Packet Tracer 是一款免费的共享软件，不需要注册和破解，但如采用 Guest 登录方式，每次都需要等待，建议采用 User 登录方式使用该软件。

（4）Cisco Packet Tracer 有 Windows 桌面版、Linux 桌面版、Mac OS 桌面版和移动版（iOS 版和 Android 版），但要注意 Windows 桌面版是 32 位还是 64 位，否则无法安装。

# 任务二 应用 Cisco Packet Tracer 7.3 搭建网络

### 训练描述

在 Cisco Packet Tracer 中要进行一组网络实验，首先要搭建好用于实验的网络拓扑结构，这就要求用户掌握如何在 Cisco Packet Tracer 中添加网络设备，以及如何对相邻的网络设备进行互联。

本训练重点学习网络设备的添加与连线，实验的拓扑结构如图 1.2.1 所示。

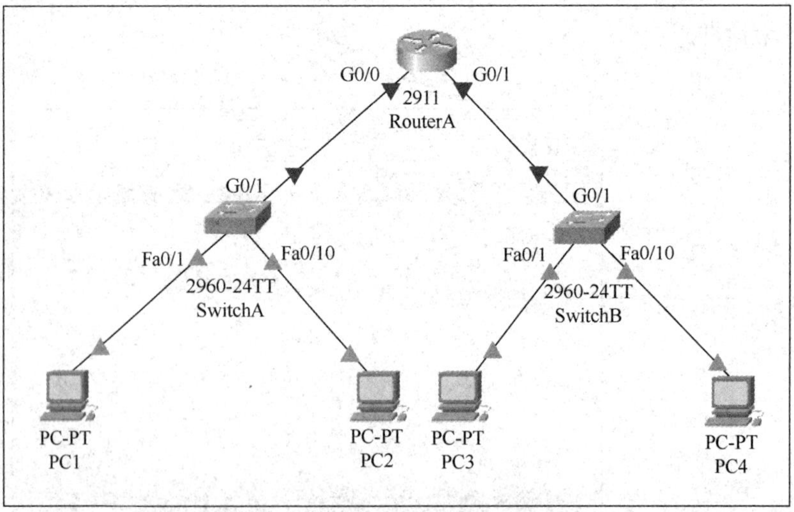


图 1.2.1 基于交换机、路由器的网络拓扑

### 训练要求

（1）按照表 1.2.1 添加相应的网络设备并更改对应的标签名。

表 1.2.1　网络设备

| 设备类型 | 数量/台 | 标签名称 |
|---|---|---|
| 2911 路由器 | 1 | RouterA |
| 2960-24TT 二层交换机 | 2 | SwitchA、SwitchB |
| PC | 4 | PC1、PC2、PC3、PC4 |

（2）使用正确的线缆连接网络设备的相应端口，设备名称及端口见表 1.2.2。

表 1.2.2　设备名称及端口

| 设备名称及端口 | 对端设备名称及端口 |
|---|---|
| RouterA：G0/0 | SwitchA：G0/1 |
| RouterA：G0/1 | SwitchB：G0/1 |
| PC1 | SwitchA：Fa0/1 |
| PC2 | SwitchA：Fa0/10 |
| PC3 | SwitchB：Fa0/1 |
| PC4 | SwitchB：Fa0/10 |

## 训练步骤

**01** 添加网络设备并更改标签名

在软件工作界面的设备选择区可以看到，这里有许多不同种类的网络设备，从左至右、从上到下依次为路由器、交换机、集线器、无线设备、设备之间的线缆、终端设备、仿真广域网以及自定义设备等。

应用 Cisco Packet Tracer 7.3 搭建网络

在操作过程中，首先在设备选择区内找到要添加的网络设备的大类别，然后从该类别的设备型号中寻找到自己想要的设备，最后拖动到工作区就完成了添加设备的操作。

例如，在本训练中添加了一个型号为 2911 的路由器，如图 1.2.2 所示。添加完成后在工作区可以看到一个标签名为“路由器 0”的 2911 路由器的图标。单击该图标，可以进入标签的编辑状态，更改标签名为“RouterA”。

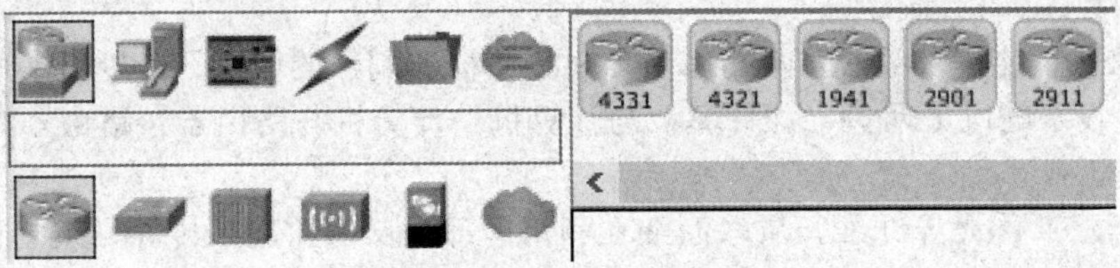


图 1.2.2　添加 2911 路由器

用同样的方法，可以添加其他的网络设备并进行更改标签名的操作，添加完成后可以通过鼠标移动的方式调整各个设备之间的位置关系，如图 1.2.3 所示。

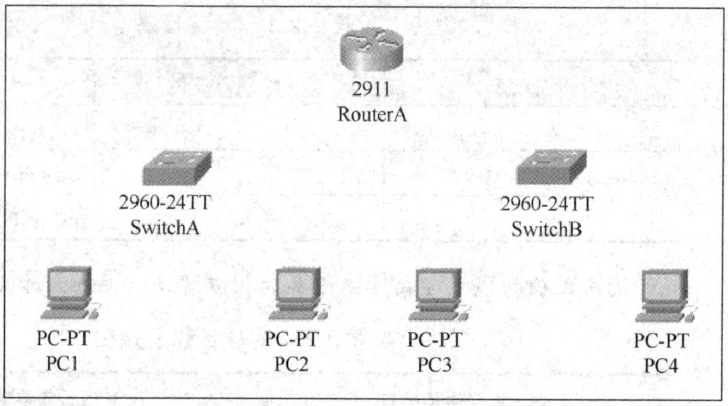


图 1.2.3 添加所需的网络设备

**02** 认识网络连接的线缆

当添加好网络设备后，每一个设备都是独立的，要进行网络配置实验还要进行设备之间的连线操作。在 Cisco Packet Tracer 中对设备之间的连线操作要求非常严格。不同的设备、不同的接口之间需采用不一样的线缆进行连接，否则不能通过。因此，连接设备时要非常注意。

当在设备选择区中选中线缆时，从右边栏中可以看到有许多不同的线缆类型，具体如图 1.2.4 所示。依次为自动选择类型、控制线、直通线、交叉线、光纤、电话线、同轴电缆、数据通信设备（DCE）串口线、数据终端设备（DTE）串口线、八爪鱼线缆、干扰噪声（IoT）线缆、USB 线缆。

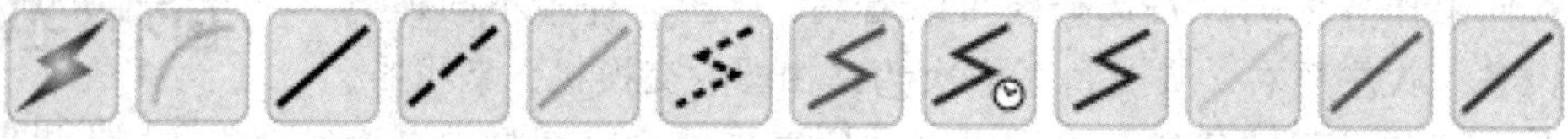

图 1.2.4 Cisco Packet Tracer 中的线缆类型

自动选择类型。自动选线，可通用，一般不建议使用，除非真的不知道设备之间该用什么线。

控制线。用来连接计算机的 COM 口和网络设备的 Console 口。

（黑色）直通线。使用双绞线，两端采用同一种线序标准制作的网线，一般用来连接不同的网络设备的以太网口，如计算机与交换机、交换机与交换机、交换机与路由器的以太网相连。

交叉线。使用双绞线，两端采用不同线序标准制作的网线，一般用来连接相同或相似的网络设备的以太网口，如计算机与计算机、计算机与路由器、路由器与路由器的以太网相连。

光纤。又称光导纤维，质软而细且利用内部全反射原理来传导光束的传输媒介。用于连接光纤设备，如交换机的光纤模块。

电话线。用于连接 Modem（调制解调器）或路由器的基本电话连接服务的 RJ-11 端口的模块。

（蓝色）同轴电缆。现行以太网同轴电缆的接法有两种：一种是直径为 0.4cm 的 RG-11 粗缆，采用凿孔接头接法；另一种是直径为 0.2cm 的 RG-58 细缆，采用 T 型头接法。

（红色）DCE 串口线/ DTE 串口线。用于路由器广域网接入。在实际应用当中，需要把 DCE 串口线和一台路由器相连，而 DTE 串口线和另一台设备相连。但在 Cisco Packet Tracer 中，只需选一根就可以了。若选了 DCE 这一根线，则和这根线先连的路由器为 DCE 端，需要配置该路由器的时钟。

八爪鱼线缆。用于将多个路由器连接起来并同时进行访问和配置的线缆。公头是八个 RJ-45 接头，母头是一种 68 针的接头。远程用户用 Telnet 登录到终端访问服务器后，可以通过输入 Loopback 地址加每个路由器对应线路的端口号，配置相应的路由器。

（褐色）IoT 线缆。主要用于物联网设备的连接线缆。

（紫色）USB 线缆。主要用于连接事物、组件、微控制器（MCU-PT）和单板计算机（SBC-PT）作为数据连接。

**03** 使用线缆连接设备

当网络设备添加好之后，选择相应的线缆，然后在要进行连线的网络设备上单击。在本训练中为 SwitchA 与 PC1 进行连接时使用直通线，单击 SwitchA 时会弹出如图 1.2.5 所示的端口选择界面，选中要进行连接的端口，再移到 PC1 上单击，选中适当的接口就完成联网操作了。

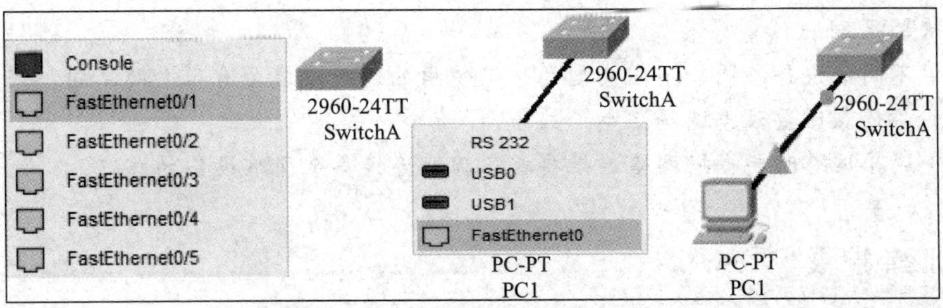


图 1.2.5　选择网络设备的连接端口

使用同样的方法，可以在其他的设备之间进行连接操作。在本训练中的所有网络设备间都是使用直通线进行连接的，完成后网络拓扑图应该与图 1.2.1 相似。

> **注 意**
>
> 选择连接接口时要确定选择的端口是否正确，否则要删除线缆，重新添加。

## 训练测试

完成网络搭建后，最主要的测试就是检查使用的线缆是否正确，是否连接了正确的端口。通过观察可以一眼就看出线缆使用是否正确，因为每一种线缆的形状和颜色都不同。但检查端口是否连接正确则要使用以下方法：将鼠标指针移到对应的连接线路上，可以看到线缆两端所连接的端口类型和名称，如图 1.2.6 所示。

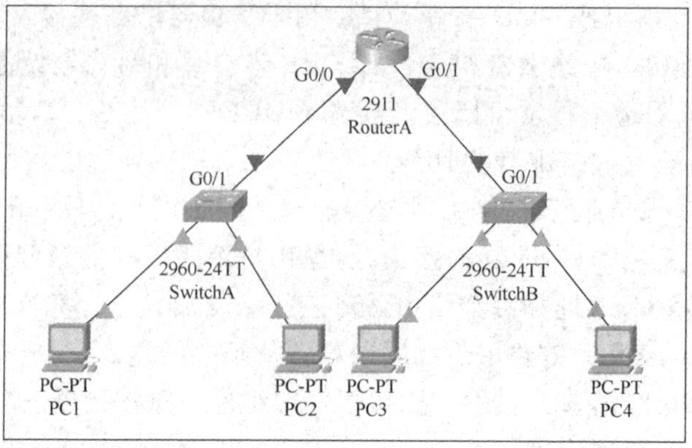


图 1.2.6　检查连接的端口是否正确

## 训练小结

（1）添加网络设备时应该注意设备的型号，特别是交换机，不同型号的交换机功能会有很大的区别。

（2）不同的设备之间，不同类型的接口使用的连接线缆会有很大的不同，因此在进行网络设备连接时要注意选择正确的线缆。

（3）连接网络时要根据网络连接要求正确地连接各个网络设备的端口。

## 训练扩展

### 01 设备编辑工具箱的使用

设备编辑工具箱如图 1.2.7 所示。

图 1.2.7　设备编辑工具箱

使用设备编辑工具箱可以对设备进行编辑。设备编辑工具箱详细说明如下。

选择：选中一个设备或线缆，可以移动设备的位置。

查看：选中后，在路由器、PC 上可看到各种表，如路由表等。

删除：使用此工具可以删除一个或多个设备、线缆、注释等。

更改布局：总体移动。当网络拓扑比较大时可以使用它进行移动查看。

注释：用来添加注释，使用户看得更清楚明白。

绘制直线：选中后，可在工作区位置绘制直线。

绘制矩形：选中后，可在工作区位置绘制矩形。

绘制椭圆：选中后，可在工作区位置绘制椭圆。

绘制任意形状：选中后，可在工作区位置绘制任意形状。

增加简单协议数据单元：使用此工具可以提供测试网络连通性功能。

增加复杂协议数据单元：用户可选择协议类型、源/目标 IP 地址、源/目标端口号和数据包大小、发送间隔等信息。

**02** 熟悉鼠标的操作方法

鼠标操作分为单击、拖动、框选。

单击：单击任何一个设备，将打开该设备的配置面板。

拖动：拖动任何一个设备，可以重新调整设备在界面中的位置。

框选：框选可以选中多个设备，结合拖动可以同时移动多个选中的设备，从而调整设备的位置。

**03** 为设备添加注释

使用设备编辑工具箱的注释工具，在工作区单击之后直接输入注释文字。如图 1.2.8 所示为交换机添加虚拟局域网（VLAN）划分注释。

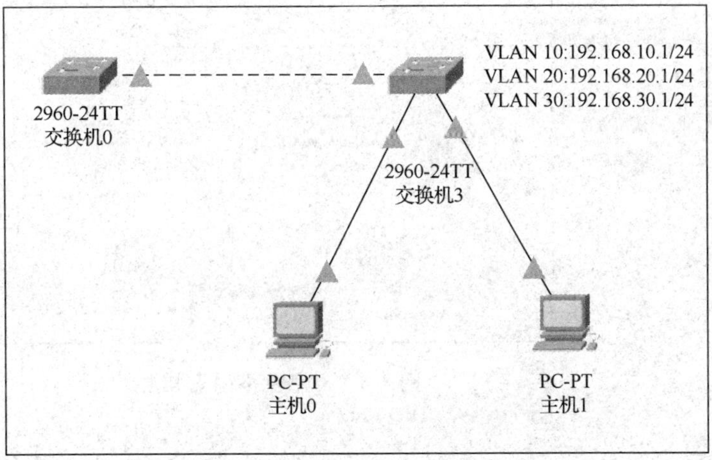


图 1.2.8 为设备添加注释文字

**04** 删除操作

使用设备操作工具栏的删除工具，可以删除添加好的网络设备、线缆、注释等。其操作非常简单，使用删除工具直接单击要删除的设备即可；也可以选中多个设备，然后单击删除按钮，即一次删除多个设备，如图 1.2.9 所示。

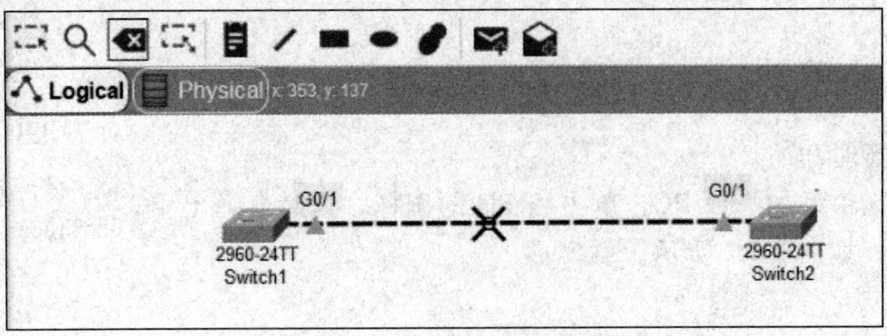


图 1.2.9 删除连接线缆

# 任务三 使用 Cisco Packet Tracer 7.3 配置网络

## 训练描述

在进行网络实验前，必须为所有的网络设备做一些基本的配置，如设置 IP、更改标签名、添加模块等。只有掌握这些操作，才能顺利地进行后面的网络实验配置。本训练重点掌握在模拟器中网络设备的基本配置方法，实验的拓扑结构如图 1.3.1 所示。

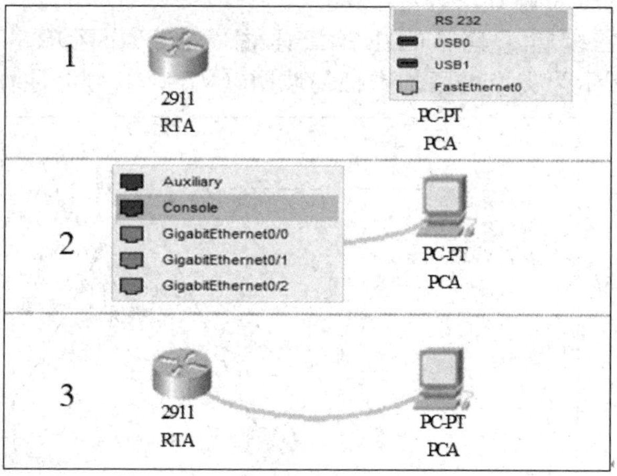


图 1.3.1 配置路由器拓扑图

## 训练要求

（1）掌握 PC 的 IP 配置方法。

（2）掌握路由器的模块添加方法。

（3）掌握使用配置线连接 PC 和路由器的方法。

（4）了解网络设备的 IOS 系统，以及各种配置模式的切换操作。

使用 Cisco Packet Tracer 7.3 配置网络

## 训练步骤

### 01 管理 PC

在工作区中添加一台 PC，单击该 PC 的图标，这时会弹出 PC 的管理界面，如图 1.3.2 所示。

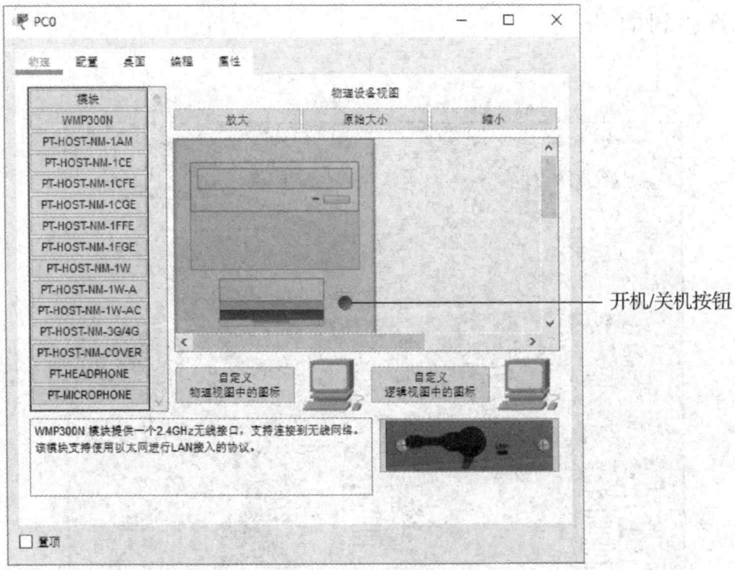


图 1.3.2　PC 的管理界面

单击“配置”选项卡，在此选项卡中，可进行主机标签名设置、IP 地址设置、DNS 服务器地址设置、网卡的带宽设置和网卡的工作模式设置，如图 1.3.3 所示。

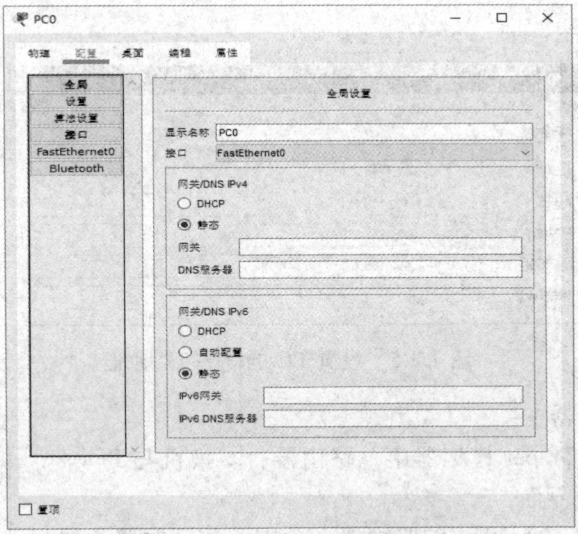

图 1.3.3　PC 的“配置”选项卡界面

单击“桌面”选项卡，在此界面（见图 1.3.4）中提供了 IP 配置、拨号、终端、命令提示符、网页浏览器等功能。其中通过“IP 配置”功能将以模拟窗口的形式配置并显示当前主机的 IP 配置信息；利用“拨号”功能可实现拨号连接；通过“终端”功能可打开虚拟超级终端；通过“命令提示符”功能可提供 MS-DOS 命令环境，在该环境中可执行 arp、ipconfig、netstat、ping、telnet 和 tracert 等网络调试和诊断命令。

使用“IP 配置”为 PC 设置静态 IP 地址，包括 IP 地址、子网掩码、默认网关和 DNS 服务器的配置，如图 1.3.5 所示。如果要设置 PC 为自动获取 IP 地址，可以在此界面中选中 DHCP 单选按钮即可。

图 1.3.4 PC 的“桌面”选项卡界面

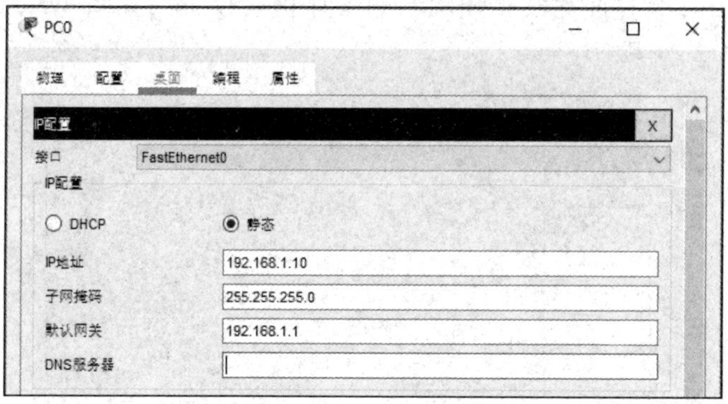

图 1.3.5 设置 PC 的静态 IP 地址

## 02 管理路由器

在 Cisco Packet Tracer 模拟器中，路由器、交换机与 PC 一样，都有相应的管理界面。

在工作区中添加一个 2911 的路由器，单击工作区中路由器的图标，弹出路由器的管理界面，如图 1.3.6 所示。路由器可以添加许多模块，在“物理”选项卡中，有许多可添加的模块名称。在界面的左下方有对选中模块的文字描述，右下方是选中模块的实物图，在中间区域有路由器的实物图，上面有许多黑色的区域为模块添加的空槽。如添加 HWIC-2T 模块，可以按住鼠标左键拖动该模块到插槽中即可。

卸载模块的方法与添加模块的方法类似，首先要关闭路由器的电源，然后把已添加好的模块从插槽拖动至模块区域即可。

**注 意**

在添加模块前一定要先关闭电源，电源位置如图 1.3.6 所示。绿色表示开启，用鼠标点一下绿点那里，它就会关闭了。添加完成后要重新打开电源。

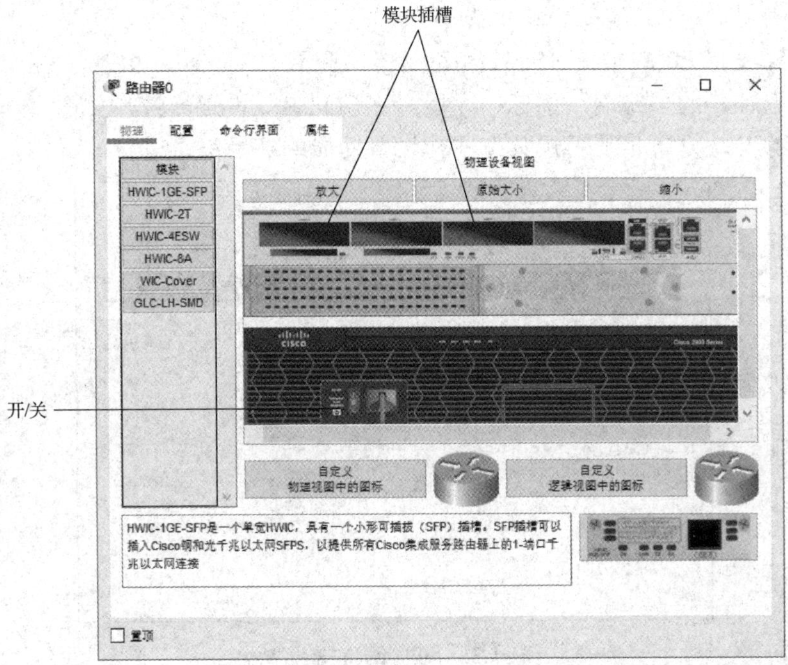


图 1.3.6　路由器的物理管理界面

在 Cisco Packet Tracer 模拟器中，还专门设置了路由器和交换机“命令行”配置界面，使用“命令行”进行网络设备的配置与后面讲述的使用超级终端的管理方法是一致的，都可以完成对交换机或路由器的相应配置。路由器的“命令行界面”选项卡界面如图 1.3.7 所示。

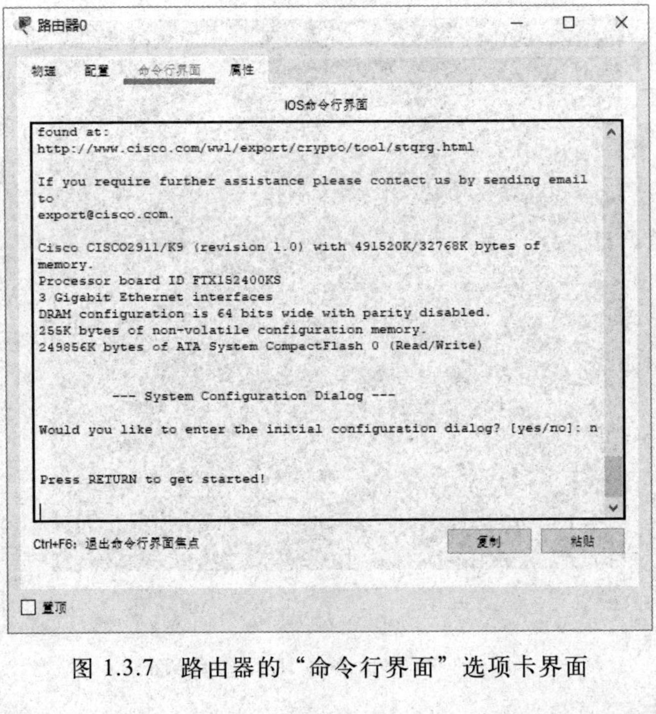


图 1.3.7　路由器的“命令行界面”选项卡界面

**03** 使用 PC 的终端配置路由器

使用配置线将 PC 的串口 RS232 和路由器的配置口 Console 相连，单击 PC 管理界面中“桌面”选项卡的“终端”图标，弹出“终端配置”设置详情，如图 1.3.8 所示。事实上，真实的网络设备也是采用具有同样设置功能的超级终端进行配置的。

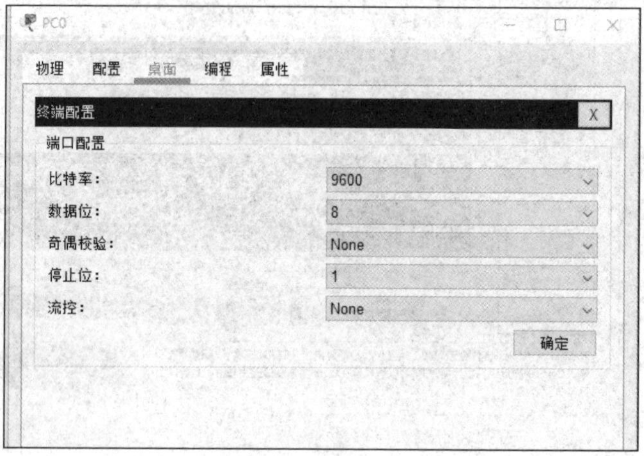


图 1.3.8 PC 的终端设置

单击“确定”按钮后，可以进入到路由器的 IOS 配置界面，如图 1.3.9 所示。通过对比可以看到，此界面与路由器的“命令行界面”选项卡界面很相似，事实上它们的功能是一样的。

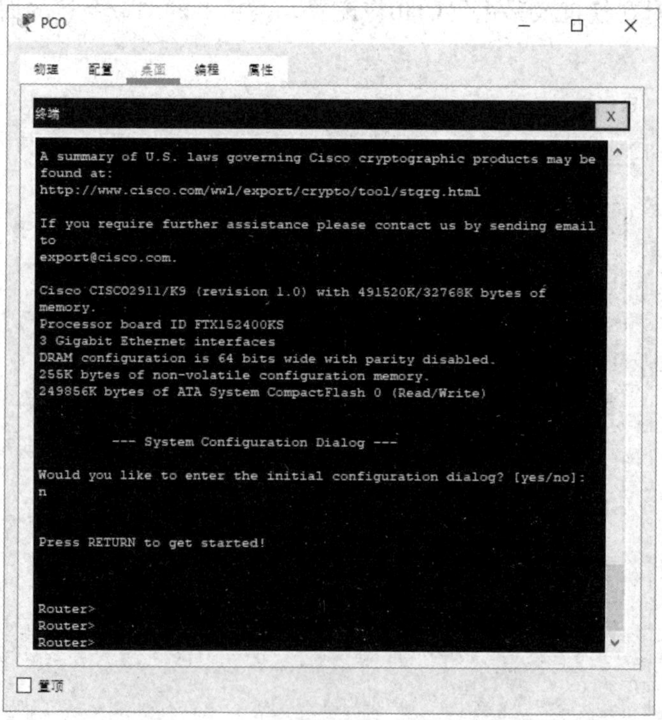


图 1.3.9 路由器的 IOS 配置界面

**04** 路由器的配置模式

Cisco Packet Tracer 中网络设备的命令行配置界面是模拟的真实网络设备的互联操作系统。该系统运行在所有的交换机、路由器的硬件平台上，有许多不同的版本。在网络设备的 IOS 中包含有用户模式、特权模式、全局配置模式以及各种子配置模式等。在各种配置模式之间可以相互切换，具体操作如下。

（1）输入 enable 命令进入特权模式，查看该模式的提示符。

（2）输入 configure terminal 命令进入全局配置模式，查看该模式的提示符。

（3）输入 interface fastEthernet 0/0 命令进入端口配置模式，查看该模式的提示符。

（4）输入 exit 命令返回上一级。

（5）输入 end 命令退出到特权模式。

具体的操作代码如下。

```
Router>enable                                  ! 进入特权模式
Router#configure terminal                      ! 进入全局配置模式
Router(config)#exit                            ! 返回上一级
Router#configure terminal                      ! 进入全局配置模式
Router(config)#interface fastEthernet 0/0      ! 进入端口配置模式
Router(config-if)#end                          ! 直接返回特权模式
Router#
```

## 训练测试

本训练较为简单，只要连接正确，使用 PC 的终端功能能打开路由器的 IOS 配置界面则可顺利完成，无需其他测试。

## 训练小结

（1）Cisco Packet Tracer 为路由器提供了许多模块，丰富了实验的内容。

（2）在 Cisco Packet Tracer 中可使用命令行和终端两种方式进行路由器配置。

## 训练扩展

在 Cisco Packet Tracer 模拟器中网络设备 IOS 具有以下特性，掌握这些特殊的操作方法，将对后面进行网络实验有很大的帮助。

**01** 学习“？”帮助的三种用法

（1）直接输入“？”，会显示出该模式下的所有命令。

（2）在全局配置模式下，输入“i?”，会显示出所有以 i 开头的命令。

（3）在全局配置模式下，输入“interface ？”，会显示出该命令的后续参数。

**02** 利用 Tab 功能键可自动补全命令

（1）IOS 在有歧义的情况下，Tab 键将没有任何的作用。例如，在全局配置模式下，i 字母开头的有 ip、interface 两个命令。

（2）在全局配置模式下，i 字母开头的有 ip、interface 两个命令，在命令行输入了 in 并按下 Tab 键，此时系统将该命令没有歧义地自动补全为 interface。

执行代码如下：

```
Router(config)#i              ! 输入 i 按 Tab 键没有反应
Router(config)#in             ! 输入 in 按 Tab 键输出 interface 命令
Router(config)#interface f! 输入 f 按 Tab 键输出 interface fastEthernet
Router(config)#interface fastEthernet
```

**03** 命令简写

为了方便记忆和输入，IOS 支持命令的简写输入，通常仅需输入配置命令的前几个字母即可。例如：

（1）在用户模式下输入 enable 与输入 ena 效果是一样的。

（2）在全局模式下输入 configure terminal 与输入 conf t 效果是一样的。

（3）命令行 interface fastEthernet 0/0 可以简写为 in f 0/0，两者达到的效果是一样的。

执行代码如下：

```
Router>ena                         ! 输入特权模式简写命令
Router#                            ! 进入特权模式
Router#conf t                      ! 输入简写命令方式
Enter configuration commands, one per line. End with CNTL/Z.
Router(config)#                    ! 进入全局配置模式
Router(config)#in f0/0             ! 输入端口配置简写方式
Router(config-if)#                 ! 进入端口配置模式
```

**04** 使用 show 命令

show 命令能够有针对性地查看用户想要了解的信息，如设备的版本、当前的运行配置、某个接口的状态等。show 是日常网络维护中非常重要的命令。下面列出了几个常见的 show 命令用法。

显示配置信息：show running-config 可简写为 sh ru。

显示系统版本：show version 可简写为 sh ver。

显示端口信息：show interfaces fastEthernet 0/0 可简写为 sh in f0/0。

显示路由表：show ip route 可简写为 sh ip ro。

显示系统时间：show clock 可简写为 sh cl。

# 2 项目二 交换机的配置

## 项目说明

交换机是一种拥有一条很高带宽的背部总线和内部交换矩阵的网络设备。交换机的所有端口都挂接在这条背部总线上，控制电路收到数据包以后，处理端口会查找内存中的地址对照表以确定目的MAC（网卡的物理地址）地址挂接在哪个端口上，通过内部交换矩阵迅速将数据包传送到目的端口，目的MAC地址若不存在才广播到所有的端口，接收端口回应后交换机会“学习”新的地址，并把它添加到内部的MAC地址表中。

交换机一般可分为二层和三层交换机。二层交换机属数据链路层设备，可以识别数据包中的MAC地址信息，根据MAC地址进行转发，并将这些MAC地址与对应的端口记录在自己内部的一个地址表中；三层交换机最重要的功能是加快大型局域网络内部数据的快速转发，并且加入了路由转发功能。

本项目重点学习交换机的配置，熟练进行交换机的配置操作。

## 技能目标

任务一　交换机的基本配置
任务二　交换机的VLAN配置
任务三　交换机的常用技术
任务四　交换机间的路由配置

## 素养目标

- 具备良好的交流沟通能力，培养学生清晰有序的逻辑思维。
- 弘扬科学家精神，涵养优良学风。

# 任务一 交换机的基本配置

交换机的基本配置主要包括给设备命名、登录信息、设置特权密码、VTY 密码及 Telnet 和 SSH 管理、端口配置等。本任务分成以下 3 个训练进行学习。

训练 1　交换机的各种配置模式。

训练 2　交换机的基本配置。

训练 3　交换机的端口配置。

## 训练 1　交换机的各种配置模式

### 训练描述

交换机的配置模式有许多，主要包括用户配置模式、特权模式、全局配置模式、端口配置模式和 VLAN 配置模式等。熟练进行各种配置模式的进入与切换，了解各种模式下的配置命令，为以后的学习打下良好的基础。

### 训练要求

（1）在工作区添加一台交换机，使用交换机管理的“命令行”界面进行操作。

（2）了解交换机的各种配置模式。

（3）掌握各种配置模式之间的切换方法。

（4）掌握交换机 IOS 的基本操作命令。

### 训练步骤

交换机的各种配置模式

**01** 查看用户配置模式下的基本命令

当进入交换机的“命令行”界面时，按 Enter（回车）键就进入了交换机的用户配置模式。在该模式下可以简单查看交换机的软、硬件版本信息，并进行简单的测试。

它的提示符为“>”，在该模式下可用的命令比较少，可以使用“？”命令显示出该模式下的所有命令。

```
Switch>
Switch>?
Exec commands:
  connect            Open a terminal connection
  disable            Turn off privileged commands
  disconnect         Disconnect an existing network connection
```

```
  enable                 Turn on privileged commands
  exit                   Exit from the EXEC
  logout                 Exit from the EXEC
  ping                   Send echo messages
  resume                 Resume an active network connection
  show                   Show running system information
  telnet                 Open a telnet connection
  terminal               Set terminal line parameters
  traceroute             Trace route to destination
Switch>
```

**02** 查看特权模式下基本命令

在特权模式下可对交换机的配置文件进行管理，查看交换机的配置信息，进行网络的测试和调试等。在用户配置模式下输入 enable 命令进入特权模式。特权模式的提示符为“#”，所以也称为“#”模式。可使用“？”命令查看该模式下的所有命令。

```
Switch>
Switch>enable
Switch#?
Exec commands:
  clear                  Reset functions
  clock                  Manage the system clock
  configure              Enter configuration mode
  connect                Open a terminal connection
  copy                   Copy from one file to another
  debug                  Debugging functions (see also 'undebug')
  delete                 Delete a file
  dir                    List files on a filesystem
  disable                Turn off privileged commands
  disconnect             Disconnect an existing network connection
  enable                 Turn on privileged commands
  erase                  Erase a filesystem
  exit                   Exit from the EXEC
  logout                 Exit from the EXEC
  more                   Display the contents of a file
  no                     Disable debugging informations
  ping                   Send echo messages
  reload                 Halt and perform a cold restart
  resume                 Resume an active network connection
  setup                  Run the SETUP command facility
  show                   Show running system information
  --More--                          !使用空格键显示其他命令
```

**03** 查看全局配置模式下基本命令

在全局配置模式下可以配置交换机的全局性参数。在特权模式下输入 config terminal 或者 config t 或者 conf t 命令就可以进入全局配置模式。全局配置模式也称为 config 模式，可使用“？”命令查看该模式下的所有命令。下面是执行代码。

```
Switch#
```

```
Switch#conf t
Enter configuration commands, one per line.  End with CNTL/Z.
Switch(config)#?
Configure commands:
  access-list          Add an access list entry
  banner               Define a login banner
  boot                 Boot Commands
  cdp                  Global CDP configuration subcommands
  clock                Configure time-of-day clock
  crypto               Encryption module
  default              Set a command to its defaults
  do                   To run exec commands in config mode
  enable               Modify enable password parameters
  end                  Exit from configure mode
  exit                 Exit from configure mode
  hostname             Set system's network name
  interface            Select an interface to configure
  ip                   Global IP configuration subcommands
  line                 Configure a terminal line
  lldp                 Global LLDP configuration subcommands
  logging              Modify message logging facilities
  mac                  MAC configuration
  mac-address-table    Configure the MAC address table
  mls mls global       commands
  monitor              SPAN information and configuration
--More--
```

**04** 查看端口配置模式下的命令

在端口配置模式下可以对交换机的端口进行参数配置。一般交换机都拥有许多的端口，还可以添加不同的模块。默认情况下，交换机的所有端口都为以太网接口类型。进入端口配置模式，可以使用 interface fastEthernet 0/1 命令。其中，interface 为进入端口命令；fastEthernet 表示快速以太网；0/1 表示端口编号。可使用“？”命令查看该模式下的所有命令。

```
Switch(config)#
Switch(config)#interface fastEthernet 0/1
Switch(config-if)#?
  cdp                  Global CDP configuration subcommands
  channel-group        Etherchannel/port bundling configuration
  channel-protocol     Select the channel protocol (LACP, PAgP)
  description          Interface specific description
  duplex               Configure duplex operation.
  exit                 Exit from interface configuration mode
  ip                   Interface Internet Protocol config commands
  lldp                 LLDP interface subcommands
  mdix                 Set Media Dependent Interface with Crossover
  mls                  mls interface commands
```

```
    no                    Negate a command or set its defaults
    shutdown              Shutdown the selected interface
    spanning-tree         Spanning Tree Subsystem
    speed                 Configure speed operation.
    storm-control         storm configuration
    switchport            Set switching mode characteristics
    tx-ring-limit         Configure PA level transmit ring limit
  Switch(config-if)#
```

**05** 进行模式之间的切换

交换机各模式之间的切换可通过 exit 和 end 命令完成，下面是操作代码。

```
Switch>enable                                !进入特权模式
Switch#configure terminal                    !进入全局配置模式
Switch(config)#interface fastethernet 0/5    !进入交换机 Fa0/5 的接口模式
Switch(config-if)#exit                       !退回到上一级操作模式
Switch(config)#end                           !直接退回到特权模式
Switch#
```

## 训练小结

（1）交换机的各个配置模式之间有层次关系，每一个模式下均有许多不同的命令，可完成不同的配置。

（2）可使用 exit 命令返回上一级模式。

（3）使用 end 命令可直接返回特权模式。

# 训练 2 交换机的基本配置

## 训练描述

交换机的基本配置是指对新买回来的交换机（一般需要进行设置）进行的基本设置，主要包括交换机的设备命名、时间设置、密码设置、IP 地址配置及默认网关和远程管理配置等。交换机的基本配置拓扑图如图 2.1.1 所示。

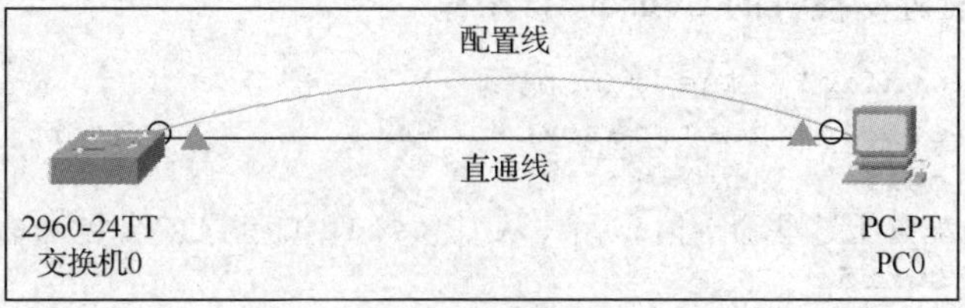


图 2.1.1 交换机的基本配置拓扑图

## 训练要求

（1）设置交换机的名称为 SA。

（2）设置交换机的系统时间为 2020 年 4 月 22 日中午 12 时整。

（3）设置交换机的 Console 口密码为 123，并设置成密文存储。

（4）设置交换机的特权密码为 123456，并设置成密文存储。

（5）配置交换机 VLAN1 的接口 IP 为 192.168.0.1/24。

（6）设置交换机的 Telnet 远程管理，管理密码为 abc。

（7）设置交换机的 SSH 远程管理，用户名为 admin，管理密码为 123456。

## 训练步骤

交换机的基本配置

### 01 为交换机设备命名

单击交换机图标，进入交换机“命令行”配置界面。交换机的命名在全局配置模式下，使用 hostname 命令进行设置。下面是具体实施过程。

```
Switch>
Switch>enable
Switch#config terminal
Switch(config)#hostname SA                    !改名为 SA
SA(config)#                                   !重命名成功
```

### 02 设置交换机的系统时间

交换机的系统时间设置在特权配置模式下进行，命令为 clock set。

```
SA>
SA>enable
SA#clock set 12:00:00 22 april 2020
SA#
```

设置好时间后，可以使用 show clock 命令进行查看时间。

```
SA#show clock
12:0:1.989 UTC Wed Apr 22 2020
SA#
```

### 03 设置交换机的 Console 口密码

```
SA(config)#line console 0
SA(config-line)#password 123
SA(config-line)#login
!当配置上这些命令时，用户从 Console 口登录就会提示输入密码
Password:
SA>
```

> **注 意**
>
> 交换机的时间配置格式为 HH:MM:SS day month year。而月份是采用英文方式输入，1 ~ 12 分别为 January、February、March、April、May、June、July、August、September、October、November、December。但通常在配置时仅需要输入月份的前 3 个字母就可以了。交换机的星期也是用英文简写方式显示的，星期一至星期日分别为：Mon、Tue、Wed、Thu、Fri、Sat、Sun。

> **注 意**
>
> 输入密码时不会显示任何内容。

**04** 设置交换机的特权密码

密码设置在全局配置模式下完成，配置命令为 enable password。交换机、路由器都可以设置密码，设置密码可以有效地提高设备的安全性。下面是具体实施过程。

```
SA>
SA>enable
SA#config terminal
SA(config)#enable password  123456
!设置交换机特权密码为 123456
```

如果返回用户配置模式重新进入特权模式时，系统就会要求用户输入正确的密码。用户有 3 次输入密码的机会，如果输入正确，则直接进入特权模式；否则退出。界面如图 2.1.2 所示。

```
Password:            !Console 管理密码
SA>ena
Password:
Password:
Password:
%  Bad passwords

SA>ena
Password:
SA#conf t
Enter configuration commands, one per line. End with CNTL/Z.
SA(config)#|
```

图 2.1.2　特权密码验证

默认情况下，这些密码都是以明文的形式存储，所以很容易查看到。为了避免这种情况，可以对密码进行加密，即以密文的形式存储各种密码。配置加密命令很简单，就是在设置好密码后再输入 service password-encryption 命令。下面是具体设置方法。

```
SA>
SA>enable
SA#config terminal
SA(config)#enable password  123456         !设置交换机特权密码为 123456
SA(config)#service password-encryption   !设置密码加密，密文存储
SA(config)#
```

对于明文和密文的密码，我们均设置为 123456，可以通过特权模式的 show running-config 命令查看它们的区别，明文密码仍然可以看到密码是 123456（如图 2.1.3 所示），但密文密码显示出来的是一串加密后的字符（如图 2.1.4 所示）。

```
SA#show running-config
SA#show running-config
Building configuration...

Current configuration : 1101 bytes
!
version 12.2
no service timestamps log datetime msec
no service timestamps debug datetime msec
no service password-encryption
!
hostname SA
!
enable password 123456
!
```

图 2.1.3 明文密码显示

```
Switch#show running-config
Building configuration...

Current configuration : 1108 bytes
!
version 12.2
no service timestamps log datetime msec
no service timestamps debug datetime msec
service password-encryption
!
hostname SA
!
enable password 7 08701E1D5D4C53
!
```

图 2.1.4 密文密码显示

**05** 配置交换机 VLAN 1 的接口 IP 地址及默认网关

交换机接口 IP 的设置在全局配置模式下进行。不管是三层交换机还是二层交换机，在默认情况下都有一个 VLAN 1 的接口，要配置交换机的接口 IP，可以直接对 VLAN 1 进行 IP 设置。下面是具体实施过程。

```
SA>
SA>enable
SA#config terminal
SA(config)#interface vlan 1                              !进入 VLAN 配置模式
SA(config-if)#ip address 192.168.0.1 255.255.255.0       !配置 IP 地址
SA(config-if)#no shutdown                                !开启 VLAN
SA(config-if)#exit
SA(config)#ip default-gateway 192.168.0.254              !配置默认网关
SA(config)#
```

**06** 设置交换机的 Telnet 远程管理

交换机除了可以利用配置线对计算机的 COM 口和交换机的 Console 口进行直接配置外，还可以通过远程访问的方法进行管理，目前主要有 HTTP 和 Telnet 两种远程管理方式。远程管理方式可以实现管理员坐在办公室中就能方便地调试放置在不同地理位置上的所有交换机。

默认情况下，交换机已经开启了 Telnet 管理方式，但不允许远程登录，因此还要做一些配置，为 Telnet 访问设置访问密码。下面是具体实施过程。

**注 意**

要实现 HTTP 和 Telnet 远程管理方式，首先要保证管理员所用的计算机与交换机之间是连通的，因此要给计算机和交换机配置一个相同网段的 IP 地址。

```
SA(config)#line vty 0 4                         !进入 Telnet 配置模式
SA(config-line)#password abc                    !设置 Telnet 访问密码
SA(config-line)#login                           !允许 Telnet 方式登录
SA(config-line)#transport input telnet
             !设置 vty 的登录模式为 telnet，默认情况下是 all，即允许所有登录
SA(config-line)#exit
SA(config)#
```

**07** 设置交换机的 SSH 远程管理

安全外壳（SSH）是一种为远程设备提供基于安全（加密）命令行连接的协议。Cisco IOS 还支持 SSH 远程管理，为了启用 Catalyst 2960-24TT 交换机上的 SSH 远程管理功能，需要拥有加密功能的 IOS 软件版本，由于其强大的加密功能，SSH 应该取代用于管理连接的 Telnet。默认情况下，SSH 使用 TCP 端口 22，Telnet 使用 TCP 端口 23。下面是具体实现过程。

```
SA>
SA>enable
SA#config terminal
SA(config)#ip domain-name abc.com!这条语句很关键，因为交换机要根据设备名称和这个域名通过 RSA 算法产生一对公私密钥对，客户机进行 SSH 登录时，交换机会将公钥发给客户机，客户机用公钥加密，交换机用私钥解密
SA(config)#crypto key generate rsa
The name for the keys will be: SA.abc.com
 ……
How many bits in the modulus [512]: 1024   !产生密钥对的长度，默认为512，此处用 1024 用来支持版本 2
% Generating 1024 bit RSA keys, keys will be non-exportable...[OK]
SA(config)#username admin password 123456
SA(config)#line vty 5 15
SA(config-line)#transport input ssh  ! 设置 vty 的登录模式为 ssh，默认情况下是 all，即允许所有登录
SA(config-line)#login local
SA(config-line)#exit
SA(config)#ip ssh version 2
SA(config)#ip ssh time-out 120     !设置 ssh 时间为 120 秒(默认为 120 秒)
SA(config)#ip ssh authentication-retries 4 !设置 ssh 认证重复次数为 4，可以在 0～5 之间选择
```

**08** 保存交换机配置文件

当进行了以上配置后，所有的配置信息会存储在交换机缓存的 Config.txt 文件中，如果不加以保存，交换机重启后，所有配置信息将会丢失，并恢复为默认设置。为了避免这种情况的发生，在配置完成后要执行相应的保存操作。交换机的保存命令为 write，是在特权模式下完成，具体实现如下。

```
SA>
SA>enable                             !进入特权模式
SA#write                              !执行保存命令
Building configuration...
```

```
[OK]                                          !保存成功
SA#
```

## 训练测试

（1）测试计算机与交换机的连通性。

设置好交换机的接口 IP 后，再设置计算机的 IP 为与交换机接口 IP 同网段的 IP 地址，如 192.168.0.2，并用计算机来测试与交换机的连通性。具体设置界面如图 2.1.5 所示，网关地址和交换机的网关相同，都设置为 192.168.0.254，DNS 不用设置。输入完成后，单击“关闭”按钮即可。

设置完 PC 的 IP 参数后，可以使用 PC 管理中“桌面”选项卡中的“命令提示符”工具，在“命令提示符”窗口使用 Ping 命令进行测试。如图 2.1.6 所示，输入 ping 192.168.0.1，按 Enter 键。

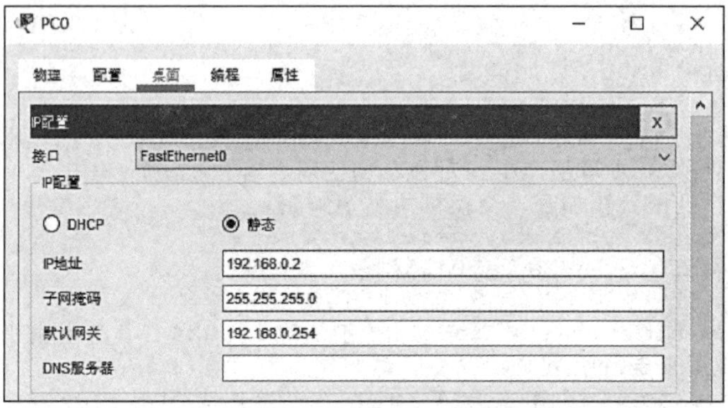


图 2.1.5　计算机的 IP 设置

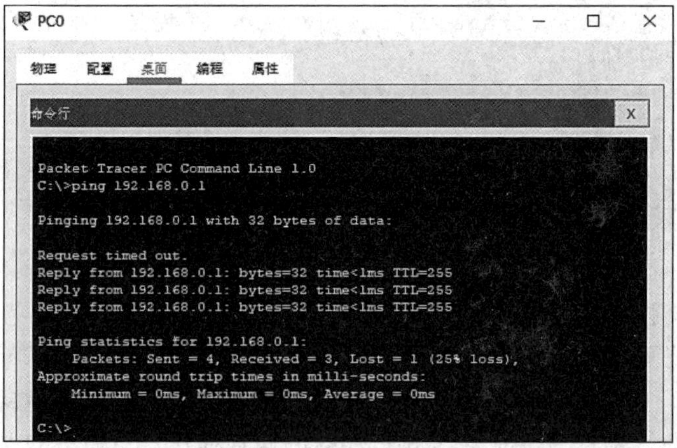


图 2.1.6　测试计算机与交换机的连通性

（2）测试交换机的 Telnet 服务。

使用 PC 的“命令提示符”工具，在窗口中输入 Telnet 192.168.0.1 命令进行测试。执行效果如图 2.1.7 所示。

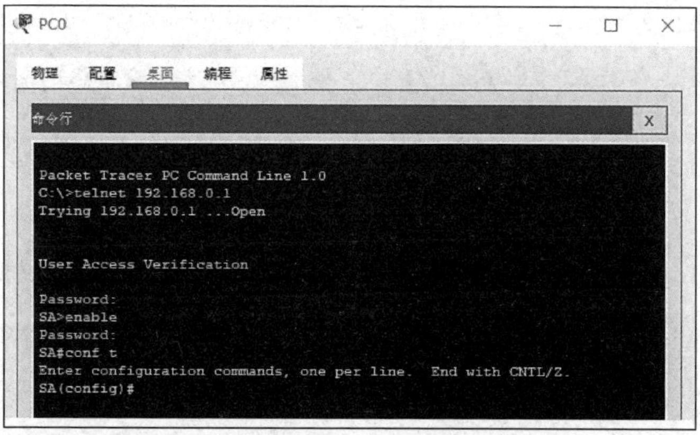


图 2.1.7　使用 Telnet 登录管理交换机

（3）测试交换机的 SSH 服务。

使用 PC 的“命令提示符”工具，在窗口中输入 ssh -l admin 192.168.0.1 命令进行测试（测试前先关掉交换机上的 Telnet 服务）。执行效果如图 2.1.8 所示。

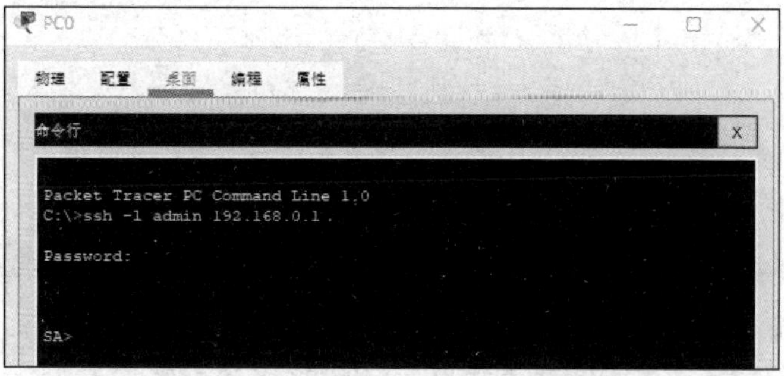


图 2.1.8　使用 SSH 登录管理交换机

（4）查看交换机的配置文件。

查看交换机的当前配置文件可以在特权模式下使用 show running-config 命令实现。下面是本训练的所有配置信息。

```
SA#show running-config
Building configuration...

Current configuration : 1385  bytes
!
version 12.2
no service timestamps log datetime msec
no service timestamps debug datetime msec
service password-encryption
!
hostname SA                                 !交换机命名
!
enable password 7 08701E1D5D4C53            !密文存储的密码
!

ip ssh version 2
ip ssh authentication-retries 4
ip domain-name abc .com
!
```

```
username admin privilege 1 password 7 08701E1D5D4C53

interface FastEthernet0/1                    !交换机的端口信息，此处省略
!
……
!
interface FastEthernet0/24
!
interface Vlan 1
 ip address 192.168.0.1 255.255.255.0       !配置 VLAN 接口 IP
!
ip default-gateway 192.168.0.254            !默认网关设置
!
line con 0
password 7 08701E1D
login
!
line vty 0 4                                 !配置 Telnet 访问
password 7 08204E4D                          !Telnet 访问密码
login
transport input telnet
line vty 5 15
login local
transport input ssh

End
```

## 训练小结

（1）交换机的命名在全局模式下使用 hostname 命令完成。

（2）交换机的特权密码分为明文和密文两种方式，密文方式更加安全。

（3）二层交换机的接口 IP 地址通过配置 VLAN 的 IP 地址进行设置。

（4）设置交换机的 Telnet 和 SSH 管理模式可以方便管理员进行交换机的远程管理。

# 训练 3 交换机的端口配置

### 训练描述

交换机是基于端口运行和工作的网络设备。通常，交换机都拥有许多端口，有的端口用来接入公网，有的端口用来接入内网计算机。交换机端口配置主要包括端口模式设置、MAC 地址表管理、端口安全、端口带宽设置等。本训练重点掌握交换机的端口配置，可使用与训练 2 一样的网络拓扑结构，如图 2.1.1 所示。

### 训练要求

（1）设置 Fa0/1 口为 Access 模式，Fa0/2 口为 Trunk 模式。

（2）设置 Fa0/3 口的端口安全，最大 MAC 地址数为 4 个。

（3）设置 Fa0/4 和 Fa0/5 口绑定固定的 MAC 地址。

（4）设置 Fa0/6 口的带宽为 100Mb/s。

交换机的端口配置

## 训练步骤

**01** 配置交换机的端口模式

交换机的端口有两种模式，分别为 Access（普通模式）和 Trunk（中继模式）。Access 模式下，端口用于连接计算机；Trunk 模式下，端口用于交换机间的连接。如果交换机划分了多个 VLAN，那么 Access 模式的端口只能在某个 VLAN 中通信，而 Trunk 模式的端口则可以属于任何一个 VLAN 中。

端口模式的设置命令如下。

```
SA(config)#interface fastEthernet 0/1     !进入端口配置模式
SA(config-if)#switchport mode access      !设置端口模式为 Access 模式
SA(config-if)#exit
Switch(config)#interface fastEthernet 0/2
SA(config-if)#switchport mode trunk       !设置端口模式为 Trunk 模式
SA(config-if)#exit
SA(config)#
```

**02** 配置端口安全

交换机的端口安全设置一般有三种方式：①静态配置端口允许访问的主机；②建立基于 MAC 地址的访问控制列表；③对 IP 地址和 MAC 地址进行一一绑定（要利用 ACL 访问控制列表来实现，在后面会有介绍）。

（1）设置端口的安全。

```
SA(config)#interface fastEthernet 0/3          !进入端口
SA(config-if)#switchport mode access           !设置端口模式为 Access
SA(config-if)#switchport port-security         !开启端口安全
SA(config-if)#switchport port-security maximum 4
                         !设置交换机端口最大安全 MAC 地址数为 4 个
SA(config-if)#switchport port-security violation shutdown
                    !设置如违反安全规则则自动关闭端口
SA(config-if)#
```

（2）设置端口与 MAC 地址的绑定。

```
SA(config)#interface fastEthernet 0/4
SA(config-if)#switchport mode access
SA(config-if)#switchport port-security
SA(config-if)#switchport port-security mac-address 000d.bd8c.6ccd
                         !设置交换机端口与 MAC 地址的绑定
SA(config-if)#switchport port-security violation shutdown
```

（3）使用 MAC 地址表设置端口与 MAC 地址的绑定。

```
SA(config)#mac-address-table static 000d.db8c.6ccd vlan 1 interface
 fastEthernet 0/5
SA(config)#
```

**03** 配置端口带宽限制

对交换机的端口可以进行带宽限制，一般有 10MB/s、100MB/s 和 Auto 3 种。设置的方法很简单，使用 speed 命令即可实现。

```
SA(config)#interface fastEthernet 0/6
SA(config-if)#speed ?
  10        Force 10 Mb/s operation
  100       Force 100 Mb/s operation
  auto      Enable AUTO speed configuration
SA(config-if)#speed 100                    !设置交换机端口带宽为 100MB/s
SA(config-if)#exit
SA(config)#
```

**04** 管理 MAC 地址表

交换机是工作在数据链路层的设备，当交换机的端口接入网络设备（如计算机）时，交换机会自动生成 MAC 地址表，如需查看交换机的 MAC 地址表可在特权配置模式下进行，命令为 show mac-address-table；也可以清除 MAC 地址表，命令为 clear mac-address-table。如图 2.1.9 所示。

```
SA#show mac-address-table
        Mac Adress Table
-----------------------------------------

Vlan   Mac Address        Type      ports
----   ----------        ------    ---------
   1 000d.db8c.6ccd      STATIC    Fa0/5
SA#clear mac-address-table
Switch#show mac-address-table
         Mac Address Table
Vlan   Mac Address        Type      Ports
----   ----------        ------    ---------
SA#
```

图 2.1.9 交换机上的 MAC 地址表

## 训练测试

在特权模式下使用 show running-config 命令查看配置信息。

```
SA#show running-config
Building configuration...
……                                     !省略
interface FastEthernet0/1
 switchport mode access                !端口模式为 Access
!
```

```
interface FastEthernet0/2
 switchport mode trunk                !端口模式为 Trunk
!
interface FastEthernet0/3
 switchport mode access
 switchport port-security             !开启端口安全
 switchport port-security maximum 4   !设置 MAC 地址数
!
interface FastEthernet0/4
 switchport mode access
 switchport port-security
 switchport port-security mac-address 000D.BD8C.6CCD
                                      !绑定 MAC 地址
!
interface FastEthernet0/5
!
interface FastEthernet0/6
 speed 100                            !配置端口带宽
!
……                                    !省略
line vty 5 15
 login
!
mac-address-table static 000d.db8c.6ccd vlan 1 interface FastEthernet0/5
!
                                      !使用 MAC 地址表绑定 F0/5 的 MAC 地址
End
```

## 训练小结

（1）交换机的端口主要有 Access 和 Trunk 两种模式。

（2）端口可进行带宽设置，以适应不同的网络。

（3）端口安全可通过对端口与 MAC 地址进行绑定实现。

# 任务二 交换机的 VLAN 配置

VLAN（virtual local area network，虚拟局域网）技术在局域网互联时得到广泛推广和应用。VLAN 是指一个在物理网络上根据用途、工作组、应用等来逻辑划分的局域网络，是一个广播域，与用户的物理位置没有关系。VLAN 中的网络用户是通过 LAN 交换机来通信的。一个 VLAN 中的成员看不到另一个 VLAN 中的成员。

交换机上可设置多个 VLAN，每个 VLAN 构成独立的“逻辑交换机”，包含了分配给 VLAN 的一个或多个端口。每个逻辑交换机的工作就像一台独立的物理交换机，也能进行数据的转发、过滤、广播。不过，数据的转发、广播只能在属于同一 VLAN 的端口上进行。而 VLAN 间的相互通信就要用到三层设备才能实现，在后面将慢慢学习到。

因此，划分 VLAN 能有效地控制网络广播风暴，提高网络的安全可靠性，是网络监控、数据流量控制的有效手段，还能实现不同地理位置部门间的局域网通信，可有效地节省构建网络时所需网络设备的费用。

本任务分为 3 个训练加以学习。

训练 1　交换机的 VLAN 划分。

训练 2　交换机间相同 VLAN 的通信。

训练 3　三层交换机的配置。

## 训练 1　交换机的 VLAN 划分

### 训练描述

每一个交换机都有编号为 1 的默认 VLAN。默认情况下，交换机所有的端口都隶属于这个 VLAN。因此，在没有划分其他 VLAN 时，与交换机所连接的计算机如被设置成同网段的 IP 地址是可以直接连通的，因为它们在同一个广播域中。

对交换机 VLAN 的划分在全局配置模式下完成，主要包括创建 VLAN、端口分配、VLAN 接口 IP 设置等步骤。交换机可以被划分为多个 VLAN，每个 VLAN 可以分配一个或多个端口，在同一个 VLAN 中所有端口连接的计算机设置成同网段的 IP 地址后可实现联网。

下面用一个实验来学习交换机 VLAN 的划分，其网络拓扑图如图 2.2.1 所示。

### 训练要求

（1）添加 6 台计算机，分别更改标签名为 PC1 ~ PC6。

（2）添加一台二层交换机 2960-24TT，标签名为 SwitchA。

（3）交换机划分的 VLAN 及端口分配见表 2.2.1。

表 2.2.1　交换机 VLAN 划分及端口分配

| VLAN 编号 | VLAN 名称 | 端口范围 | 连接的计算机 |
|---|---|---|---|
| 10 | VLAN0010 | 1 ~ 4 | PC1、PC2 |
| 20 | VLAN0020 | 5 ~ 8 | PC3、PC4 |
| 30 | VLAN0030 | 9 ~ 12 | PC5、PC6 |

（4）根据图 2.2.1 所示的拓扑图，使用直通线连接好所有计算机，并为每一台计算机设置好相应的 IP（Internet protocol address，IP 地址）、SM（subnet mask，子网掩码）和 GW（gateway，网关）。

（5）验证接入相同 VLAN 的计算机之间是否能相互通信，不同 VLAN 的计算机之间能不能通信。

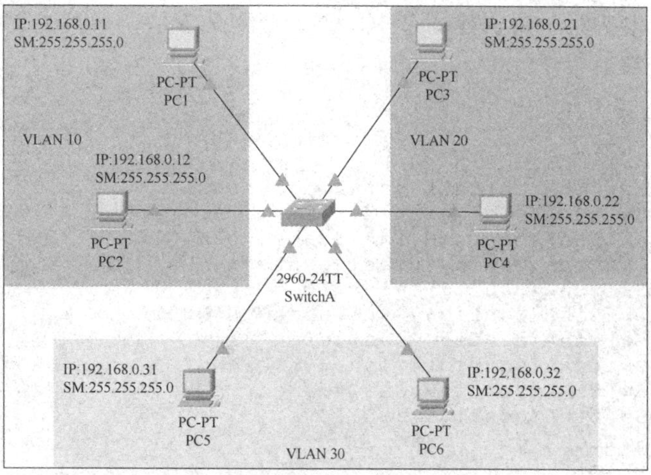


图 2.2.1　交换机的 VLAN 划分拓扑图

## 训练分析

按图 2.2.1 连接好每一台计算机，并按要求配置好每一台计算机的 IP 和 SM。由于分配给每一台计算机的 IP 都位于 192.168.0.0/24 网段，所以所有的计算机之间都应是相互连通的，因此可利用任何一台计算机使用 Ping 命令去测试与其他计算机的连通性。图 2.2.2 所示为在 PC1 上测试与 PC4 的连通性。

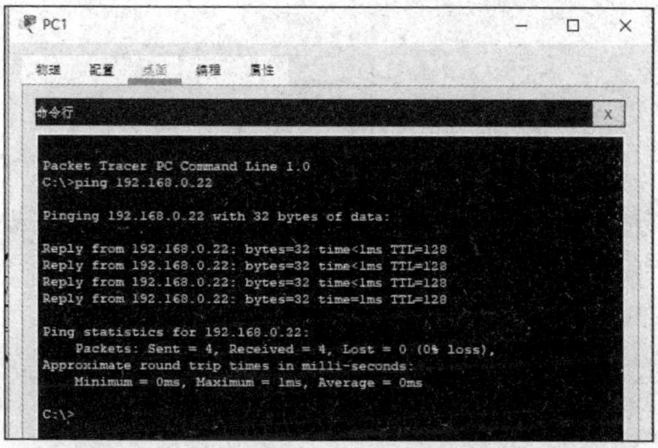


图 2.2.2　测试 PC1 与 PC4 的连通性

使用同样的方法，可以验证其他计算机之间的连通性。最终可以得出结论，即当前交换机上的所有计算机是相互连通的。

## 训练步骤

### 01 创建及删除 VLAN

交换机 VLAN 的创建需在全局配置模式下进行，因此要先进入全局配置模式。

交换机 VLAN 的划分

（1）创建 VLAN。VLAN [VLAN id]（如 VLAN 10）。

（2）删除 VLAN。no VLAN [VLAN id]（如 no VLAN 10）。

对于本实验，要创建 3 个 VLAN，分别为 VLAN 10、VLAN 20 和 VLAN 30。具体的实施过程如下。

```
Switch>
Switch>en                                     !进入特权模式
Switch#conf t                                 !进入全局配置模式
Switch(config)#hostname SwitchA
SwitchA(config)#vlan 10                       !创建 VLAN 10
SwitchA(config-vlan)#name VLAN0010            !为 VLAN 10 命名
SwitchA(config-vlan)#exit                     !返回全局配置模式
SwitchA(config)#vlan 20
SwitchA(config-vlan)#name VLAN0020
SwitchA(config-vlan)#exit
SwitchA(config)#vlan 30
SwitchA(config-vlan)#name VLAN0030
SwitchA(config-vlan)#exit
SwitchA(config)#
```

**02** 分配 VLAN 端口

对于刚创建好的 VLAN 是不包含任何端口的。可以在特权模式下，通过 show vlan 命令查看端口的分配情况。

```
SwitchA#show vlan

VLAN   Name       Status     Ports
-----------------------------------------------------------------
1    default     active     Fa0/1, Fa0/2, Fa0/3, Fa0/4
……                                  !省略
                          Fa0/21, Fa0/22, Fa0/23, Fa0/24
                          Gig0/1, Gig0/2
10   VLAN0010    active                                 !无任何端口
20   VLAN0020    active                                 !无任何端口
30   VLAN0030    active                                 !无任何端口
```

要把端口分配给相应的 VLAN，IOS 提供了两种方法：一种是逐一添加，另一种是分组添加（必须是连续的端口）。

逐一添加的方法：

```
SwitchA(config)#interface fastethernet0/1    !进入端口配置模式
SwitchA(config-if)#switchport access vlan 10
                                             !把端口分配到 VLAN 10 中
```

分组添加的方法：

```
SwitchA(config)#interface range fastEthernet 0/13-16 !进入端口组
SwitchA(config-if-range)#switchport access vlan 20
```

根据实验要求，可以采用第二种方法，把端口按要求分配到相应的 VLAN 中，具体的命令操作如下。

```
SwitchA(config)#interface range fastEthernet 0/1-4
SwitchA(config-if-range)#switchport access vlan 10
SwitchA(config-if-range)#exit
SwitchA(config)#interface range fastEthernet 0/5-8
SwitchA(config-if-range)#switchport access vlan 20
SwitchA(config-if-range)#exit
SwitchA(config)#interface range fastEthernet 0/9-12
SwitchA(config-if-range)#switchport access vlan 30
SwitchA(config-if-range)#exit
```

这时再用 show vlan 命令查看一下，会发现端口已经重新分配了，还可以检查一下配置是否正确。

```
SwitchA#show vlan
VLAN    Name         Status       Ports
---------------------------------------------------------------
1       default      active       Fa0/13, Fa0/14, Fa0/15, Fa0/16
                                  Fa0/17, Fa0/18, Fa0/19, Fa0/20
                                  Fa0/21, Fa0/22, Fa0/23, Fa0/24
10      VLAN0010     active       Fa0/1, Fa0/2, Fa0/3, Fa0/4
20      VLAN0020     active       Fa0/5, Fa0/6, Fa0/7, Fa0/8
30      VLAN0030     active       Fa0/9, Fa0/10, Fa0/11, Fa0/12
```

通过以上操作，对交换机进行了 VLAN 的创建和端口的分配，从而实现了交换机端口的隔离。

## 训练测试

确认 PC 是否被正确连接到对应 VLAN 上的端口，如 PC1、PC2 是否接入 VLAN 10，那么只能接入到交换机的 Fa0/1～Fa0/4 范围内的端口上。

验证本实验，可使用位于相同 VLAN 的计算机进行 Ping 测试和位于不同 VLAN 间的计算机进行 Ping 测试。下面分别用 PC1 和 PC2、PC1 和 PC4 进行 Ping 测试，结果如图 2.2.3 所示。

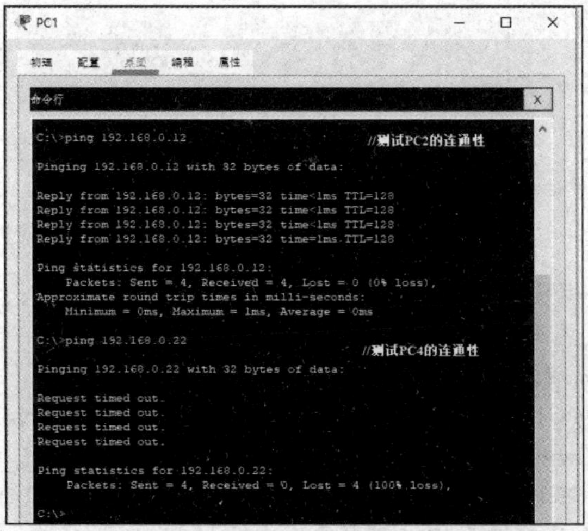


图 2.2.3　验证 VLAN 的配置

## 训练小结

在一个交换机中，划分了 VLAN 后，对所有计算机设置了同一个网段的 IP 地址，只有位于相同 VLAN 的 PC 间可以相互通信，位于不同 VLAN 的 PC 间不能通信。通过 VLAN 的划分，就可以实现广播域的控制。

# 训练2 交换机间相同 VLAN 的通信

## 训练描述

当网络中存在两台或两台以上的交换机，且每台交换机上均划分了相同的 VLAN 时，可以实现交换机间位于所有相同 VLAN 中的计算机之间通过交换机互联的端口进行通信。这里要学习一个新的知识，即交换机的端口模式，交换机的端口模式主要分为 Access 类型、Trunk 类型。默认情况下，交换机的端口均为 Access 类型，这种类型的端口只能隶属于一个 VLAN 中，通常用来连接计算机；而 Trunk 类型的端口可以允许多个 VLAN 通信，一般用来交换机互联。

下面通过实验来验证和实现交换机间位于相同 VLAN 的计算机之间相互通信，实验的拓扑如图 2.2.4 所示。

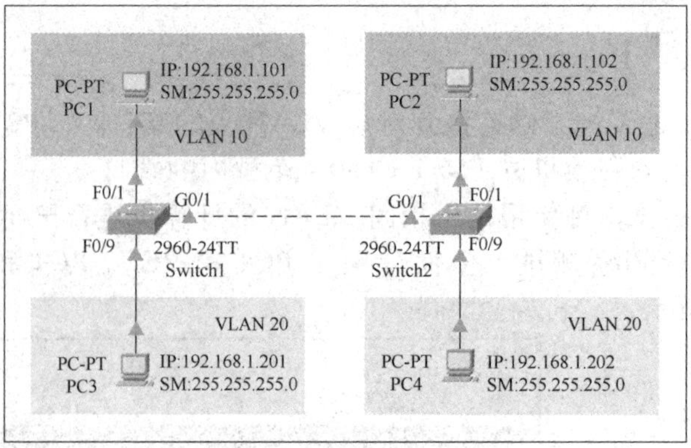


图 2.2.4 交换机间 VLAN 的通信实验拓扑图

## 训练要求

（1）添加 4 台计算机，分别更改标签为 PC1 ~ PC4。

（2）添加 2 台交换机 2960-24TT，标签名为 Switch1 和 Switch2，设置交换机的名称分别为 Switch1 和 Switch2。

（3）PC1 连 Switch1 的 F0/1，PC3 连 Switch1 的 F0/9，PC2 连 Switch2 的 F0/1，PC4 连 Switch2 的 F0/9，2 台交换机通过各自的 G0/1 互联。

（4）根据如图 2.2.4 所示的实验拓扑图，使用直通线连接好所有计算机，并设置每台计算机的 IP 地址和子网掩码。

（5）在 Switch1 和 Switch2 上分别划分两个 VLAN（VLAN 10 和 VLAN 20），端口的分配见表 2.2.2。

表 2.2.2 2 台交换机上 VLAN 端口的分配

| VLAN 编号 | 端口范围 |
|---|---|
| 10 | Fa1 ~ 8 |
| 20 | Fa9 ~ 16 |
| Trunk 口 | G0/1 |

（6）实现 PC1 与 PC2 相互通信，PC3 与 PC4 相互通信，其他组合不能通信。

## 训练分析

按要求连接好每一台计算机和交换机，并配置好每一台计算机的 IP 和 SM。由于分配给每一台计算机的 IP 都属于 192.168.1.0/24 网段的 IP 地址，而且两个交换机都只有一个共同的 VLAN，那就是默认的 VLAN1，所以所有的计算机之间都是相互连通的，可利用任何一台计算机通过使用 Ping 命令去测试与其他计算机的连通性。图 2.2.5 所示为在 PC1 上测试与 PC4 的连通性。

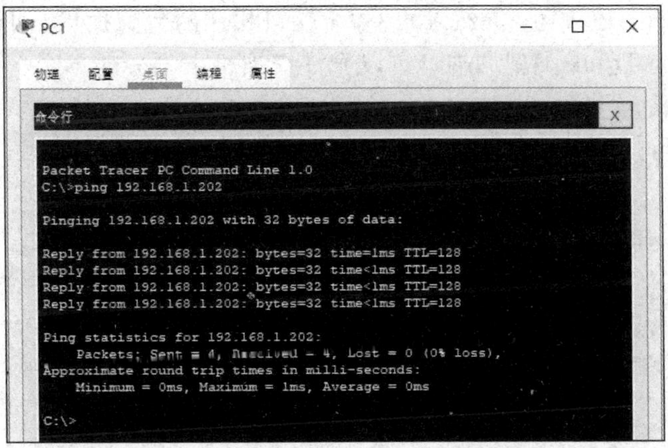


图 2.2.5　测试 PC1 与 PC4 的连通性

使用同样的方法可以验证其他计算机之间的连通性。最终可以得出结论，即当前网络拓扑图中的所有计算机都是相互连通的。

交换机间相同 VLAN 的通信

## 训练步骤

### 01 创建 VLAN 及端口分配

对两个交换机进行相同的 VLAN 划分，下面是 Switch1 配置过程，同理可实现 Switch2 的配置。

```
Switch>
Switch>en
Switch#conf t
Enter configuration commands, one per line.  End with CNTL/Z.
Switch(config)#hostname Switch1
Switch1(config)#vlan 10
Switch1(config-vlan)#vlan 20
Switch1(config-vlan)#exit
Switch1(config)#
Switch1(config)#interface range fastEthernet 0/1-8
Switch1(config-if-range)#switchport access vlan 10
Switch1(config-if-range)#exit
Switch1(config)#interface range fastEthernet 0/9-16
```

```
Switch1(config-if-range)#switchport access vlan 20
Switch1(config-if-range)#
```

当2台交换机都按上面的命令配置完成后，测试时发现4台计算机都不能相互通信。找一下原因，发现交换机是通过G0/1进行相连，而G0/1并不在VLAN 10和VLAN 20中。把与交换机互连的接口改为与Fa0/2（VLAN 10的端口）相连，再测试时可以发现PC1和PC2可以相互访问了，而PC3和PC4仍然不能访问。同样，可对接到VLAN 20的端口进行相连。

**02** 设置G0/1端口的模式为Trunk类型

要解决上述难题，仍然采用G0/1端口相连两台交换机，可以将G0/1口设置为Trunk类型。因为Trunk类型的端口可以允许交换机上划分的单个、多个甚至所有VLAN通过它进行通信。

设置方法如下（以Switch1为例）。

```
Switch1>ena
Switch1#config t
Switch1(config)#interface GigabitEthernet 0/1
Switch1(config-if)#switchport mode trunk
Switch1(config-if)#switchport trunk allowed vlan ? !查看命令参数
  WORD       !允许通过的 VLAN 的名称
  add        !创建允许通过的 VLAN 列表
  all        !允许所有 VLAN 通过
  except     !允许除去某个 VLAN 后所有 VLAN 通过
  none       !不允许任何 VLAN 通过
  remove     !从列表中删除某个已经允许的 VLAN 名称
Switch1(config-if)#switchport trunk allowed VLAN all  !允许所有VLAN通过
```

这时在特权模式下利用show vlan命令查看端口的分配情况将发现，G0/1不出现在任何一个VLAN中了。

```
Switch1#show vlan

VLAN    Name        Status     Ports
----------------------------------------------------------
1       default     active     Fa0/17, Fa0/18, Fa0/19, Fa0/20
                               Fa0/21, Fa0/22, Fa0/23, Fa0/24
                                Gig1/2
10      VLAN0010    active     Fa0/1, Fa0/2, Fa0/3, Fa0/4
                               Fa0/5, Fa0/6, Fa0/7, Fa0/8
20      VLAN0020    active     Fa0/9, Fa0/10, Fa0/11, Fa0/12

                               Fa0/13, Fa0/14, Fa0/15, Fa0/16
Switch1#
```

但使用show running-config命令查看时可以看到，G0/1端口的类型已经更改为Trunk类型了。以下是在Switch1查看到的配置。

```
Switch1#show running-config
Building configuration...
……
```

```
!
hostname Switch1                          !交换机命名
!
interface FastEthernet0/1
 switchport access vlan 10                !把 Fa0/1 端口分配至 VLAN 10
!
……
!
interface FastEthernet0/9
 switchport access vlan 20                !把 Fa0/9 端口分配至 VLAN 10
!
……
interface GigabitEthernet0/1
 switchport mode trunk                    !设置 G0/1 口为 Trunk 类型
!
……
```

同理，可以设置 Switch2 的 G0/1 端口为 Trunk 模式，并设置允许所有 VLAN 通过。至此，本实验配置完成。虽然在用 show vlan 命令查看时，G0/1 口并不显示在任何一个 VLAN 中，但这时与两个交换机相连的位于相同 VLAN 中的计算机之间已经可以通信了。

## 训练测试

验证时可以在任一台计算机上使用 Ping 命令去测试与其他计算机的连通性。如图 2.2.6 所示为在 PC1 上分别测试与 PC2（不同交换机，但相同 VLAN）和 PC4（不同交换机且不同 VLAN）相连的结果。

图 2.2.6　验证交换机间相同 VLAN 的通信

## 训练小结

在一个网络上存在两个或两个以上的交换机互联，且对交换机都进行了相同的VLAN配置，设置交换机相连的端口为Trunk类型并允许相应的VLAN通过时，可以实现交换机之间相同VLAN上的计算机之间相互通信。

# 训练3 三层交换机的配置

## 训练描述

三层交换技术就是二层交换技术加三层路由转发技术。传统的交换技术是在OSI网络标准模型中的第二层（即数据链路层）实现了数据的交换，而三层交换技术是在网络模型中的第三层（即网络层）实现了数据包的高速转发。应用第三层交换技术既可实现网络路由的功能，又可以根据不同的网络状况做到最优的网络性能。

在企业网和教育网中，一般会将三层交换机用在网络的核心层，用三层交换机上的千兆端口或百兆端口连接不同的子网或VLAN。不过，应清醒地认识到使用三层交换机最重要的目的是加快大型局域网内部的数据交换，所具备的路由功能也多是围绕这一目的而展开的，所以它的路由功能不如同一档次的专业路由器强。毕竟它在安全、协议支持等方面还有许多欠缺，并不能完全取代路由器工作。

在实际应用过程中，典型的做法（如图2.2.7所示）是：处于同一个局域网中的各个子网的互联以及局域网中VLAN间的路由，可以用三层交换机来代替路由器，而只有在局域网与公网之间要实现跨地域的网络访问时，才通过专业路由器。

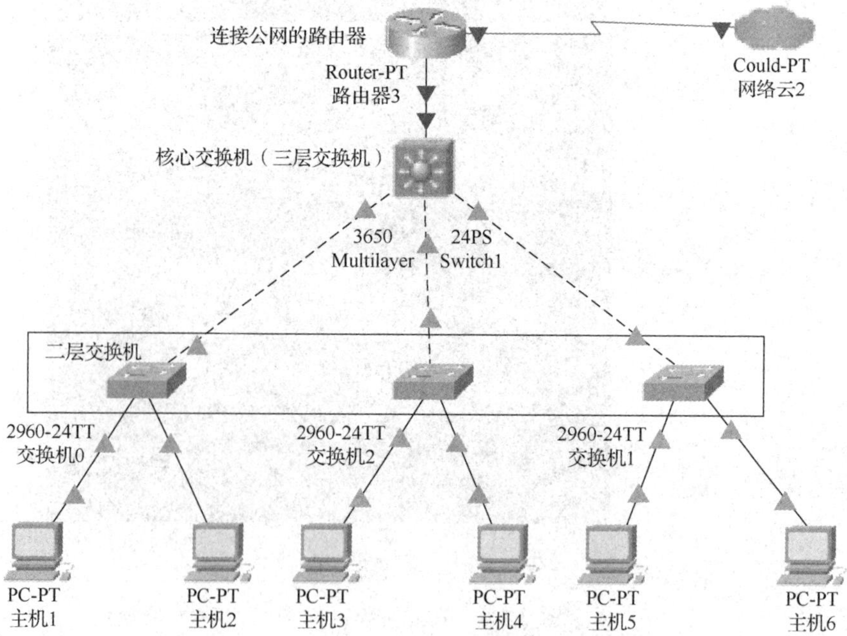


图2.2.7 三层交换机在实际应用中的拓扑图

使用三层交换机具有以下优点。

（1）访问速度快。

（2）充分利用现有资源。

（3）子网间带宽随意配置。

（4）降低网络成本。

（5）可实现部分安全机制，三层交换机具有访问列表的功能，可以实现不同VLAN间的单向或双向通信。

下面使用三层交换机搭建网络实训环境，验证三层交换机的路由功能。

## 训练要求

（1）添加 4 台计算机，分别更改标签为 PC1 ~ PC4。

（2）添加 1 台二层交换机 2960-24TT，更改标签名为 S2A。

（3）添加 1 台三层交换机 3650-24PS，添加 AC-POWER-SUPPLY 电源模块，用于设备供电。

（4）对三层交换机 3650-24PS 设备更改其标签名为 S3A。

（5）PC1 连 S2A 的 Fa0/1，PC2 连 S2A 的 Fa0/2，PC3 连 S2A 的 Fa0/9，PC4 连 S2A 的 Fa0/10。

（6）在 S2A 上划分两个 VLAN（VLAN 10、VLAN 20），并将 G0/1 接口设置为 Trunk，详细参数见表 2.2.3。

表 2.2.3　二层交换机的 VLAN 参数

| VLAN 编号 | 端口范围 | 端口模式 |
|---|---|---|
| 10 | 1 ~ 8 | Access |
| 20 | 9 ~ 16 | Access |
|  | G0/1 | Trunk |

（7）在 S3A 上划分两个 VLAN（VLAN 10、VLAN 20），并将 G1/0/1 接口设置为 Trunk，详细参数见表 2.2.4。

表 2.2.4　三层交换机的 VLAN 参数

| VLAN 编号 | 端口范围 | IP 地址 |
|---|---|---|
| 10 | 1 ~ 8 | 192.168.10.254/24 |
| 20 | 9 ~ 16 | 192.168.20.254/24 |
|  | G1/0/1 | Trunk |
|  | G1/0/2 | 10.1.1.1/24 |

（8）根据图 2.2.8 所示的拓扑图，使用直通线连接好所有计算机，并设置每台计算机的 IP 地址和子网掩码，网关（GW）预留。

（9）开启 S3A 交换机的路由功能，设置 G1/0/2 口的 IP 为 10.1.1.1/24，预留用于连接上连的路由器。

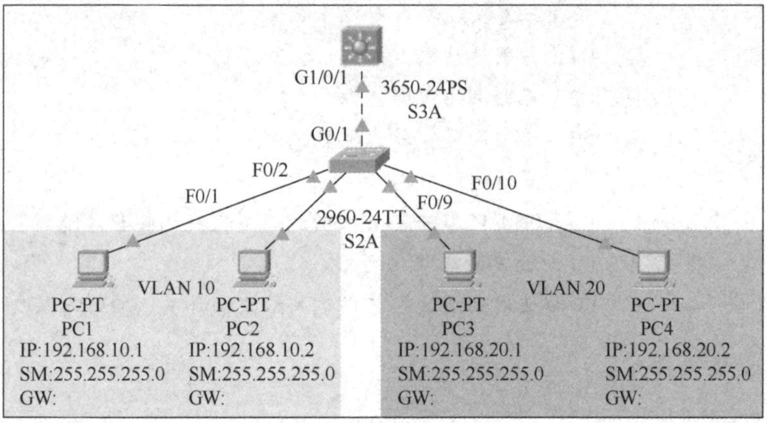


图 2.2.8　三层交换机的路由实验拓扑图

## 训练分析

按照如图 2.2.8 所示的实验拓扑搭建好网络，配置好每台计算机的 IP 及子网掩码后，测试 4 台计算机间的通信可以发现，PC1 和 PC2 可以通信，PC3 和 PC4 可以通信，但 PC1、PC2 与 PC3、PC4 之间是不能通信的。图 2.2.9 所示为使用 PC1 测试与 PC2 和 PC3 连通的结果。

图 2.2.9　使用 PC1 测试与 PC2 和 PC3 连通的结果

所有计算机都连接在一个交换机上，且交换机没有划分 VLAN，所有端口都在同一个 VLAN1 中。那么为什么所有计算机之间不能相互通信呢？原因是 4 台计算机并不在同一个网络段中，PC1 和 PC2 是属于 192.168.10.0/24 网络段的 IP，而 PC3 和 PC4 是属于 192.168.20.0/24 网络段的 IP。

## 训练步骤

要实现 4 台计算机之间都能通信且不借助其他设备，就要对交换机划分不同网络的广播域，即划分 VLAN，并开启三层交换机的路由功能，从而实现不同 VLAN 间及不同网络间的路由转发、寻址功能。

三层交换机的配置

**01** 划分二层交换机的 VLAN 及端口分配

```
Switch>
Switch>ena
Switch#config t
Switch(config)#hostname S2A
S2A(config)#vlan 10
S2A(config-vlan)#exit
S2A(config)#vlan 20
S2A(config-vlan)#exit
S2A(config)#interface range fastEthernet 0/1-8
S2A(config-if-range)#switchport access vlan 10
S2A(config-if-range)#exit
S2A(config)#interface range fastEthernet 0/9-16
S2A(config-if-range)#switchport access vlan 20
S2A(config-if-range)#exit
S2A(config)#int GigabitEthernet 0/1
S2A(config-if)#switchport mode trunk
S2A(config-if)#exit
S2A(config)#
```

**02** 划分三层交换机上的 VLAN 并配置每个 VLAN 的接口 IP

```
Switch>
Switch>ena
Switch#config t
Switch(config)#hostname S3A
S3A(config)#vlan 10
S3A(config-vlan)#vlan 20
S3A(config-vlan)#exit
S3A(config)#interface vlan 10
S3A(config-if)#ip address 192.168.10.254 255.255.255.0
S3A(config-if)#no shutdown
S3A(config-if)#exit
S3A(config)#interface vlan 20
S3A(config-if)#ip address 192.168.20.254 255.255.255.0
S3A(config-if)#no shutdown
S3A(config-if)#exit
S3A(config)#int g1/0/1
S3A(config-if)#switchport trunk encapsulation dot1q !开启Trunk
```

```
S3A(config-if)#switchport mode trunk                      !开启 Trunk
S3A(config-if)#exit
S3A(config)#
```

**03** 开启三层交换机的路由功能

```
S3A(config)#ip routing                   !开启三层交换机的路由功能
S3A(config)#
S3A(config)#interface GigabitEthernet 1/0/2
S3A(config-if)#no switchport             !开启端口的三层路由功能
S3A(config-if)#ip address 10.1.1.1 255.255.255.0
S3A(config-if)#exit
S3A(config)#
```

**04** 设置计算机的网关以实现不同 VLAN 间和不同网络间的通信

计算机之间在要实现跨网络互联时，必须要通过网关进行路由转发，所以要实现交换机 VLAN 间的路由还需为每一台计算机配置网关。

设置计算机的网关时应该选择该计算机的上连设备 IP 地址，也可以称为下一跳地址。对于本实验的拓扑图，PC1 和 PC2 的上连设备为 SA 的 VLAN 10，而 VLAN 10 的接口 IP 为 192.168.10.254，那么 VLAN 10 的接口 IP 为 PC1 和 PC2 的下一跳地址。因此，PC1 和 PC2 的网关就应设为 192.168.10.254。同理，PC3 和 PC4 的网关为 VLAN 20 的接口 IP 为 192.168.20.254。

配置网关在计算机桌面的 IP 设置中完成。图 2.2.10 所示为设置计算机 PC1 的网关。

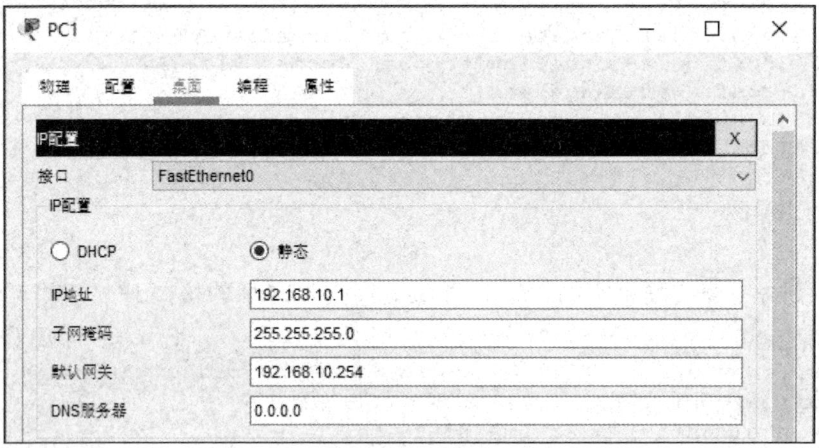


图 2.2.10　设置计算机 PC1 的网关

使用同样的方法，为其他 3 台计算机的网关做相应的设置。至此，本实验的所有配置都已经完成。下面进行验证及测试。

## 训练测试

在每一台计算机上利用桌面的“命令提示符”使用 Ping 命令去测试与其他计算机的连通情况。图 2.2.11 所示为在 PC1 上测试与 PC3 连通的结果。

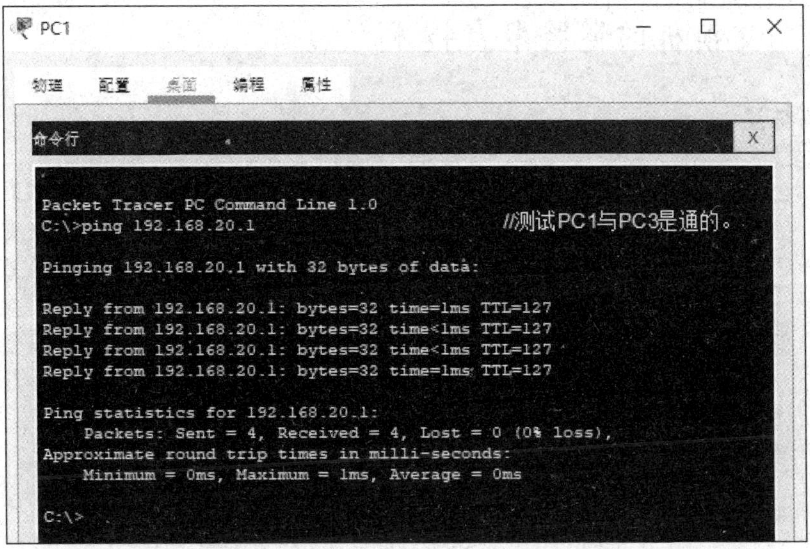


图 2.2.11 在 PC1 上测试与 PC3 连通的结果

### 训练小结

当在三层交换机上划分了多个 VLAN 且每个 VLAN 使用不同网段的 IP 地址时，要实现与交换机下连的所有计算机进行相互通信，必须要设置每个 VLAN 的接口 IP，并且所有计算机都要设置网关，网关为上连 VLAN 的接口 IP 地址。

## 任务三 交换机的常用技术

交换机是一种功能非常强大、应用非常广泛的网络设备。其中，VLAN 技术是交换机最典型的应用技术。另外，还有链路聚合技术、VLAN 中继协议（VTP）技术、生成树技术、动态主机配置协议（DHCP）技术和热备份路由器协议（HSRP）技术等相关技术的应用。本任务重点学习交换机的 5 个常用技术，因此设计 5 个训练来进行学习。

训练 1 交换机的链路聚合技术。

训练 2 交换机的 VTP 技术。

训练 3 交换机的生成树技术。

训练 4 交换机的 DHCP 技术。

训练 5 交换机的 HSRP 技术。

# 训练 1 交换机的链路聚合技术

## 训练描述

链路聚合又称为端口汇聚，是指两台交换机在物理上将两个或多个端口连接起来，将多条链路聚合成一条逻辑链路，从而增大链路带宽，解决交换网络中因带宽引起的网络瓶颈问题。多条物理链路之间能够相互冗余备份，其中任意一条链路断开，都不会影响其他链路的正常转发数据。

下面利用两台交换机搭建网络实训环境，验证交换机的链路聚合功能，实验拓扑图如图 2.3.1 所示。

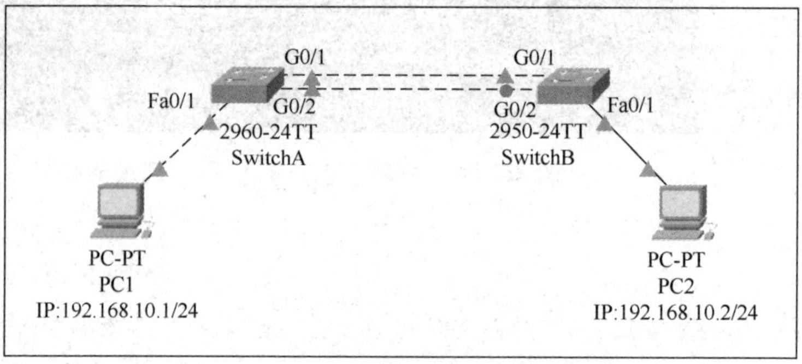


图 2.3.1 交换机链路聚合实验拓扑图

## 训练要求

（1）添加两台计算机，分别更改标签为 PC1、PC2。

（2）添加两台二层交换机 2960-24TT，标签名为 SwitchA、SwitchB。

（3）PC1 连 SwitchA 的 Fa0/1 端口，PC2 连 SwitchB 的 Fa0/1 端口。

（4）设置两台交换机的 G0/1、G0/2 两个端口为端口汇聚，实现链路聚合功能。

## 训练分析

由于本训练使用的是二层交换机以实现链路聚合功能，在二层交换机互联时要用交叉线进行互联。当连接好设备时会发现，交换机互联的两条链路中，有一条的链路标志是黄色的，表示该链路处于关闭状态，此时两台交换机之间并没有实现链路聚合功能。

交换机的链路聚合技术

## 训练步骤

**01** 交换机 A 的基本配置

```
Switch(config)#hostname SwitchA
SwitchA(config)#vlan 10
```

```
SwitchA(config-vlan)#name sales
SwitchA(config-vlan)#exit
SwitchA(config)#interface fastEthernet 0/1
SwitchA(config-if)#switchport access vlan 10
SwitchA(config-if)#end
SwitchA#show vlan id 10

VLAN Name                Status     Ports
---- -------------------------------- ---------
-------------------------------
10   sales               active     Fa0/1
```

**02** 在交换机 A 上配置聚合端口

```
SwitchA(config)#interface range GigabitEthernet 0/1-2
                                          !进入接口 G0/1 和 G0/2
SwitchA(config-if-range)#channel-group 1 mode on
                                          !启动链路聚合功能
SwitchA(config-if)#exit
SwitchA(config)#interface port-channel 1  !创建聚合组 1
SwitchA(config-if)#switchport mode trunk  !配置模式为 Trunk
SwitchA(config-if-range)#end
SwitchA#show etherchannel summary         !查看链路聚合组 1 的信息
SwitchA#show etherchannel summary
……

Group  Port-channel     Protocol      Ports
------+-------------+-----------+-----------------------------------
----------------

1      Po1(SU)             -       Gig0/1(P) Gig0/2(P)
SwitchA#
```

**03** 交换机 B 的基本配置

```
SwitchB(config)#vlan 10
SwitchB(config-vlan)#name sales
SwitchB(config-vlan)#exit
SwitchB(config)#interface fastEthernet 0/1
SwitchB(config-if)#switchport access vlan 10
SwitchB(config-if)#end
SwitchB#
```

**04** 在交换机 B 上配置聚合端口

```
SwitchB(config)#interface range GigabitEthernet 0/1-2
SwitchB(config-if-range)#channel-group 1 mode on
SwitchB(config-if)#exit
SwitchB(config)#interface port-channel 1
```

```
SwitchB(config-if)#switchport mode trunk
SwitchB(config-if-range)#end
SwitchB#
```

## 训练测试

（1）当完成以上配置时，再次检查网络拓扑图可以发现，这时交换机互联的两条链路的标记都变为绿色，如图 2.3.2 所示。

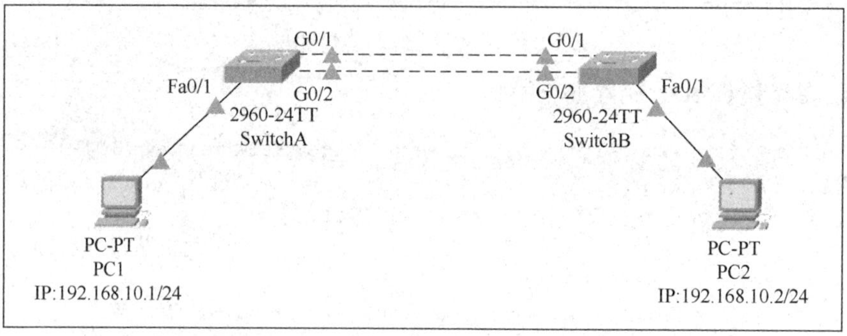


图 2.3.2 验证交换机链路聚合实验

（2）验证当交换机之间的任意一条链路断开时，PC1 与 PC2 仍能互相通信。

## 训练小结

（1）在设置交换机的端口汇聚时应选择偶数数目的端口，如 2 个、4 个、8 个等。
（2）选择的端口必须是连续的。
（3）因端口汇聚组一般和 VLAN 联合使用，所以应设置成 Trunk 模式。

# 训练 2 交换机的 VTP 技术

### 训练描述

VTP（VLAN trunk protocol，VLAN 中继协议）负责保持 VLAN 配置的统一性。VTP 实现了系统化管理，方便管理员增加、删除和调整 VLAN 的相关操作，实现了自动地将 VLAN 配置信息向网络中其他的交换机广播。此外，VTP 还减小了那些可能导致安全问题的配置，便于管理，只要在 VTP 服务器做相应设置，VTP 客户端会自动学习 VTP 服务器上的 VLAN 信息。

下面利用实验来学习交换机 VTP 技术的应用及配置方法，实验拓扑图如图 2.3.3 所示。

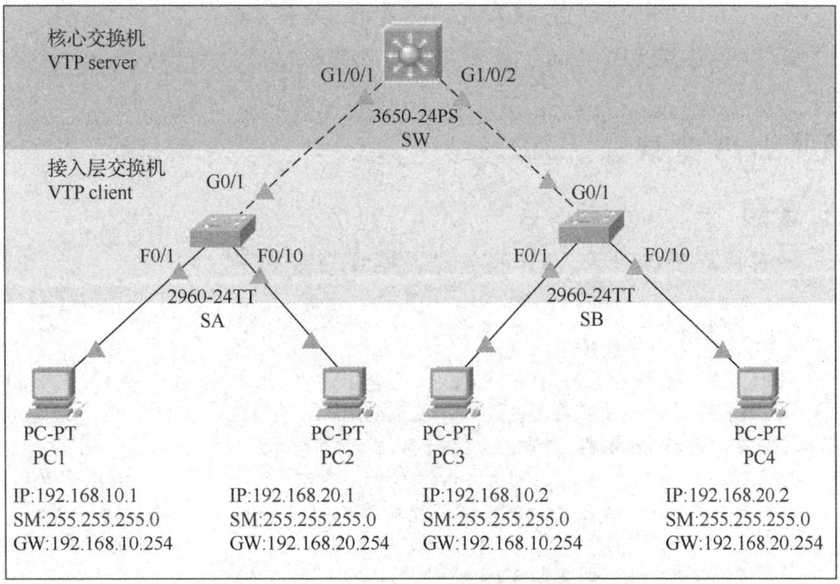


图 2.3.3 交换机的 VTP 实验拓扑图

## 训练要求

（1）添加 4 台计算机，分别更改标签为 PC1 ~ PC4。

（2）添加 1 台三层交换机 3650-24PS，添加 AC-POWER-SUPPLY 电源模块用于设备供电。

（3）对三层交换机 3650-24PS 设备更改其标签名为 SW，作为 VTP 服务器。

（4）添加 2 台二层交换机 2960-24TT，作为 VTP 客户端，分别更改标签名为 SA 和 SB。

（5）在交换机 SW 上划分两个 VLAN，划分情况见表 2.3.1。

表 2.3.1 VTP 服务器的 VLAN 划分及 IP 设置

| VLAN 编号 | VLAN 名称 | 端口范围 | IP 地址 |
|---|---|---|---|
| 10 | VLAN10 | 无 | 192.168.10.254/24 |
| 20 | VLAN20 | 无 | 192.168.20.254/24 |

（6）根据图 2.3.3，使用直通线连接所有网络设备及计算机，并按图设置所有计算机的 IP 地址、子网掩码和网关。

（7）设置 SW 为 VTP Server，设置 SA 和 SB 为 VTP Client，使得 SA 和 SB 具有与 SW 相同的 VLAN 配置。

## 训练分析

设置核心层交换机 SW 为 VTP 服务器，并创建两个 VLAN 分别为 VLAN 10 和 VLAN 20。设置接入层交换机 SA 和 SB 为 VTP 客户机，使它们实现 VLAN 的中继，自动创建与 VTP 服务器相同的 VLAN 规划。配置交换机互联端口为

Trunk 类型，以及规划交换机 SA 和交换机 SB 的 VLAN 的端口分配，最终实现全网互通。

交换机的 VTP 技术

## 训练步骤

### 01 定义 VTP 服务器

设置核心交换机为 VTP 服务器，设置命令如下。

```
Switch>
Switch>enable
Switch#configure terminal
Enter configuration commands, one per line.  End with CNTL/Z.
Switch(config)#hostname SW
SW(config)#vtp domain myvtp                    !创建名为myvtp的VTP域名
Changing VTP domain name from NULL to myvtp
SW(config)#vtp mode server                     !定义交换机为VTP服务端
Device mode already VTP SERVER.
SW(config)#
SW#show vtp status                             !查看vtp的状态
VTP Version capable : 1 to 2
VTP version running : 2
VTP Domain Name : myvtp                        !vtp域名
VTP Pruning Mode : Disabled
VTP Traps Generation : Disabled
VTP Operating Mode : Server                    !vtp模式
SW#
```

### 02 定义 VTP 客户器

设置接入层交换机为 VTP 客户端。以交换机 SA 为例，设置命令如下。

```
Switch>
Switch>enable
Switch#configure terminal
Enter configuration commands, one per line.  End with CNTL/Z.
Switch(config)#hostname SA
SA(config)#vtp domain myvtp                    !创建与服务端相同名称的VTP
Changing VTP domain name from NULL to myvtp
SA(config)#vtp mode client                     !定义为VTP的客户端
Device mode already VTP CLIENT.
SA(config)#
```

使用同样的方法，设置交换机 SB 为 VTP 的客户端。

### 03 配置 VTP 服务器端的 VLAN 规划

根据实验要求，对交换机 SW 划分两个 VLAN（VLAN10 和 VLAN20），不进行端口分配，并设置相应的 IP 参数，具体实现命令如下。

```
SW(config)#vlan 10
```

```
SW(config-vlan)#name vlan10
SW(config-vlan)#exit
SW(config)#vlan 20
SW(config-vlan)#name vlan20
SW(config-vlan)#exit
SW(config)#interface vlan 10
SW(config-if)#ip address 192.168.10.254 255.255.255.0
SW(config-if)#no shutdown
SW(config-if)#exit
SW(config)#interface vlan 20
SW(config-if)#ip address 192.168.20.254 255.255.255.0
SW(config-if)#no shutdown
SW(config-if)#
```

**04** 查看 VTP 中继的结果

当配置好 VTP 服务端的 VLAN 规划时，客户端的交换机 SA 和 SB 会自动创建跟 VTP 服务端相同的 VLAN 规划。以下是在 SA 上查看到的 VLAN 情况。

```
SA#show vlan

VLAN    Name        Status      Ports
------------------------------------------------------------------
1       default     active      Fa0/1, Fa0/2, Fa0/3, Fa0/4
                                Fa0/5, Fa0/6, Fa0/7, Fa0/8
                                Fa0/9, Fa0/10, Fa0/11, Fa0/12
                                Fa0/13, Fa0/14, Fa0/15, Fa0/16
                                Fa0/17, Fa0/18, Fa0/19, Fa0/20
                                Fa0/21, Fa0/22, Fa0/23, Fa0/24
                               Gig0/1,Gig0/2
10      vlan10     active
20      vlan20     active
```

使用同样的方法，在交换机 SB 上查看到的 VLAN 情况跟交换机 SA 上是一样的。事实上，在交换机 SA 和交换机 SB 上并没有进行 VLAN 的配置，这就是 VTP 中继所起的作用，只要更新 VTP 服务端的 VLAN 规划，VTP 客户端的交换机就会自动更新。

**05** 设置交换机互联的端口为 Trunk 类型

要实现全网互通就要设置所有交换机之间互联的端口为 Trunk 类型，并允许所有的 VLAN 通过。本实验拓扑图中有 3 个交换机，分别对它们相连的端口进行设置。

（1）配置交换机 SA。

```
SA(config)#interface GigabitEthernet 0/1
SA(config-if)#switchport mode trunk
SA(config-if)#switchport trunk allowed vlan all
SA(config-if)#
```

（2）配置交换机 SB。

```
SB(config)#interface GigabitEthernet 0/1
SB(config-if)#switchport mode trunk
SB(config-if)#switchport trunk allowed vlan all
SB(config-if)#
```

（3）配置交换机 SW。

```
SW(config)#interface range GigabitEthernet 1/0/1-2
SW(config-if)#switchport trunk encapsulation dot1q
SW(config-if-range)#switchport mode trunk
SW(config-if-range)#switchport trunk allowed vlan all
SW(config-if-range)#
```

**06** 实现全网互通

在本训练中要实现全网互通，还需要把计算机所连的端口分配到相应的 VLAN 中。例如，PC1 的 IP 地址为 192.168.10.1，属于 VLAN 10 所在的网络，而 PC1 所接的端口为交换机 SA 的 Fa0/1 口，因此还要在交换机 SA 上把 Fa0/1 划分到 VLAN 10 中。同理，对 PC2 所连的端口 Fa0/10 也要划分到 VLAN20 中。所以交换机 SA 还要做如下配置。

```
SA(config)#interface fastEthernet 0/1
SA(config-if)#switchport access vlan 10
SA(config-if)#exit
SA(config)#interface fastEthernet 0/10
SA(config-if)#switchport access vlan 20
SA(config-if)#exit
SA(config)#
```

在交换机 SB 做如下配置。

```
SB(config)#interface fastEthernet 0/1
SB(config-if)#switchport access vlan 10
SB(config-if)#exit
SB(config)#interface fastEthernet 0/10
SB(config-if)#switchport access vlan 20
SB(config-if)#exit
SB(config)#
```

## 训练测试

完成以上所有配置，已经实现了全网互通的目标。为了验证实验结果，可以使用任意一台计算机去测试与其他计算机的连通性。可以使用 PC1 测试与 PC2 和 PC4 的连通性，结果如图 2.3.4 所示。

图 2.3.4 使用 PC1 测试 PC2 和 PC4 的连通性

## 训练小结

交换机 VTP 技术的应用大大减轻了网络管理员对 VLAN 的管理操作，使网络管理员能方便地增加、删除和调整网络中 VLAN 规划，并保持网络中 VLAN 规划的统一性。

# 训练 3 交换机的生成树技术

## 训练描述

生成树协议（spanning tree protocol，STP）是一个二层的链路管理协议，它在提供冗余链路的同时防止网络产生环路，与 Vlan 配合可以提供链路负载均衡。生成树协议目前常见的版本有 STP（生成树协议 IEEE 802.1d）、RSTP（快速生成树协议 IEEE 802.1w）、MSTP（多生成树协议 IEEE 802.1s）。

生成树算法作用是在存在交换环路的网络中生成一个没有环路的树形网络。

运用该算法将交换网络冗余的备份链路逻辑上断开，当主要链路出现故障时，能够自动切换到备份链路，保证数据的正常转发。

下面利用实验来学习交换机 STP 生成树协议的应用及配置方法，实验拓扑图如图 2.3.5 所示。

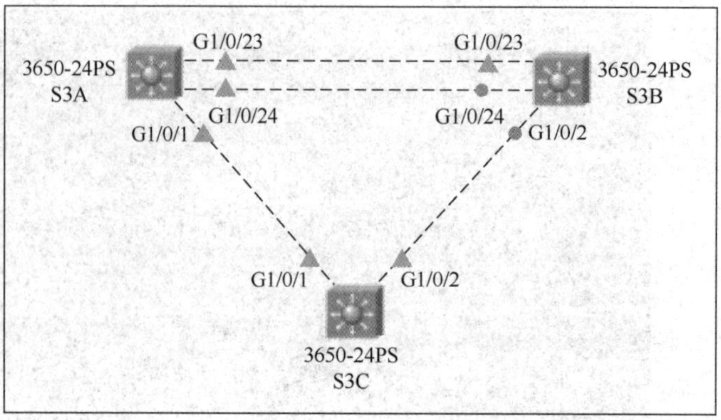


图 2.3.5　交换机的生成树协议实验拓扑图

## 训练要求

（1）添加 3 台三层交换机 3650-24PS，添加 AC-POWER-SUPPLY 电源模块用于设备供电。

（2）根据图 2.3.5，使用交叉线连接所有网络设备。

（3）对 3 台三层交换机 3650-24PS 分别更改其标签名为 S3A、S3B 和 S3C。

（4）在交换机 S3A、S3B 和 S3C 上均划分两个 VLAN 分别为 VLAN 10 和 VLAN 20。

（5）在交换机 S3A 和 S3B 上配置生成树协议，实现 VLAN 的负载均衡，使得 VLAN 10 中的计算机之间进行通信时走 G1/0/23 的链路，VLAN 20 中的计算机之间通信时走 G1/0/24 的链路。

## 训练分析

按图 2.3.5 所示搭建好网络拓扑图，其中交换机 S3A、S3B 使用 G1/0/23 和 G1/0/24 相连。连接好后会发现两条链路中有一个端点显示为黄色标记，此标记表示该端口处于 Block（关闭）状态。当前拓扑图中仅有 G1/0/23 口的互联的链路是在工作状态，而另一条 G1/0/24 口的互联链路是处于关闭状态的，称为冗余链路，仅起备份作用。

交换机的生成树技术

# 训练步骤

配置交换机的 STP，实现交换机两条冗余备份链路功能，使交换机之间位于相同 VLAN 的计算机能相互通信，最后使用交换机的生成树技术实现 VLAN 的负载均衡功能，使两条冗余链路都处于工作状态。具体实施步骤如下。

**01** 交换机的基本配置

（1）配置交换机 S3A。

```
Switch(config)#hostname S3A
S3A(config)#vlan 10
S3A(config-vlan)#exit
S3A(config)#vlan 20
S3A(config-vlan)#exit
S3A(config)#
```

（2）配置交换机 S3B。

```
Switch(config)#hostname S3B
S3B(config)#vlan 10
S3B(config-vlan)#exit
S3B(config)#vlan 20
S3B(config-vlan)#exit
S3B(config)#
```

（3）配置交换机 S3C。

```
Switch(config)#hostname S3C
S3C(config)#vlan 10
S3C(config-vlan)#exit
S3C(config)#vlan 20
S3C(config-vlan)#exit
S3C(config)#
```

**02** 交换机开启 STP 协议

在 Cisco Packet Tracer 软件中，交换机在默认情况下 STP 是启用的。因此，不用进行启动 STP 的设置，但在真实的交换机上通常要进行开启 STP 的设置。

例如，对锐捷网络的交换机开启 STP 的配置如下。

```
RJ_2126#conf t                                 !进入全局模式
RJ_2126(config)#spanning-tree                  !开启生成树协议
RJ_2126 (config)#spanning-tree mode rstp       !指定生成树协议的类型为 RSTP
```

**03** 在交换机中启用 RSTP（快速生成树协议）

```
S3A(config)#spanning-tree mode rapid-pvst
S3B(config)#spanning-tree mode rapid-pvst
S3C(config)#spanning-tree mode rapid-pvst
```

**04** 在各交换机上完成 Trunk 链路配置

（1）配置交换机 S3A。

```
S3A(config)#int g1/0/1
S3A(config-if)#switchport trunk encapsulation dot1q
S3A(config-if)#switchport mode trunk
```

```
S3A(config-if)#exit
S3A(config-if)# int g1/0/23
S3A(config-if)#switchport trunk encapsulation dot1q
S3A(config-if)#switchport mode trunk
S3A(config-if)#exit
S3A(config-if)# int g1/0/24
S3A(config-if)#switchport trunk encapsulation dot1q
S3A(config-if)#switchport mode trunk
S3A(config-if)#
```

（2）配置交换机 S3B。

```
S3B(config)#int g1/0/2
S3B(config-if)#switchport trunk encapsulation dot1q
S3B(config-if)#switchport mode trunk
S3B(config-if)#exit
S3B(config)#int g1/0/23
S3B(config-if)#switchport trunk encapsulation dot1q
S3B(config-if)#switchport mode trunk
S3B(config-if)#exit
S3B(config)#int g1/0/24
S3B(config-if)#switchport trunk encapsulation dot1q
S3B(config-if)#switchport mode trunk
S3B(config-if)#
```

（3）配置交换机 S3C。

```
S3C(config)#int g1/0/1
S3C(config-if)#switchport trunk encapsulation dot1q
S3C(config-if)#switchport mode trunk
S3C(config-if)#exit
S3C(config)#int g1/0/2
S3C(config-if)#switchport trunk encapsulation dot1q
S3C(config-if)#switchport mode trunk
S3C(config-if)#exit
```

**05** 修改生成树根网桥和优先级

在本实验中，设置交换机 S3A 为 VLAN 10 的根网桥，为 VLAN 20 的备用。设置命令如下。

```
S3A(config)#spanning-tree vlan 10 priority 4096
                                    !设置 VLan10 的优先级，也是根网桥
                              !4096 的倍数,值越小,优先级越高,默认为 32768
S3A(config)#spanning-tree vlan 20 root secondary
```

在本实验中，设置交换机 S3B 为 VLAN 20 的根网桥，为 VLAN 10 的备用。设置命令如下。

```
S3B(config)#spanning-tree vlan 20 priority 4096
```

```
S3B(config)#spanning-tree vlan 10 root secondary
```

**06** 查看和检验 STP 的配置

查看生成树的配置，可以在全局模式下使用 show spanning-tree 命令进行查看。下面是在交换机 S3A 查看到的生成树信息。此信息会显示交换机上所有 VLAN 的生成树信息。

```
S3A#show spanning-tree vlan 10
VLAN0010

This bridge is the root        !根网桥

Interface        Role   Sts    Cost     Prio.Nbr Type
---------------- ---- --- --------- --------
Gi1/0/1          Desg   FWD     4        128.1 P2p
Gi1/0/23         Desg   FWD     4        128.23 P2p
Gi1/0/24         Desg   FWD     4        128.24 P2p
S3A#show spanning-tree vlan 20
VLAN0020

Interface        Role   Sts    Cost     Prio.Nbr Type
---------------- ---- --- --------- --------
Gi1/0/1          Desg   FWD     4        128.1 P2p
Gi1/0/23         Root   FWD     4        128.23 P2p
Gi1/0/24         Altn   BLK     4        128.24 P2p


S3B#show spanning-tree vlan 10
VLAN0010
Interface   Role   Sts    Cost          Prio.Nbr Type
---------------- ---- --- --------- --------
Gi1/0/24    Altn   BLK    4             128.24 P2p
Gi1/0/23    Root   FWD    4             128.23 P2p
Gi1/0/2     Desg   FWD    4             128.2 P2p

S3B#show spanning-tree vlan 20
VLAN0020
This bridge is the root       !根网桥

Interface   Role   Sts    Cost          Prio.Nbr Type
---------------- ---- --- --------- --------
Gi1/0/24    Desg   FWD    4             128.24 P2p
Gi1/0/23    Desg   FWD    4             128.23 P2p
Gi1/0/2     Desg   FWD    4             128.2 P2p
//通过查询，可以看到 VLAN10 和 VLAN20 的数据要在 S3A 和 S3B 之间传输，将全部
会在 G0/23 之间的链路上传输，这样不是很合理，要实现负载均衡才好。
```

**07** 配置 VLAN 的负载均衡

生成树不但提供了冗余备份链路，还可以为 VLAN 配置负载均衡，即为每一个 VLAN 配置一条指定的链路。配置 VLAN 负载均衡后，每个 VLAN 都有自己的根网桥，且每条链路只转发所允许的 VLAN 数据帧，有两种方法可以实现。

在本实验中，为 VLAN 10 配置交换机 G0/24 口互联的链路，为 VLAN 20 配置交换机 G0/23 口互联的链路。具体实施如下。

第一种方法：修改 Cost 值。

```
S3B(config)#interface GigabitEthernet1/0/24
S3B(config-if)#spanning-tree vlan 10 cost 3
//在 S3B 上修改 G1/0/24 的 Cost 值，由于 G1/0/23 上的 Cost 默认值为 4，因此
G1/0/24 接口成为根端口，而 G1/0/23 被阻断。
```

第二种方法：修改端口的优先级。

```
S3A(config)# interface GigabitEthernet1/0/24
S3A(config-if)# spanning-tree vlan 10 port-priority 112
//在接口上配置优先级。需要注意的是：要在 S1 上配置。端口优先级默认为 128，值
越小，优先级越高，优先级需要 16 的倍数。
```

## 训练测试

（1）查看和检验修改 Cost 值后的 STP 的配置。

```
S3A#show spanning-tree vlan 10
VLAN0010

This bridge is the root

Interface        Role   Sts     Cost      Prio.Nbr Type
---------------- ---- --- --------- --------
Gi1/0/1          Desg   FWD     4         128.1  P2p
Gi1/0/24         Desg   FWD     4         128.23 P2p
Gi1/0/23         Desg   FWD     4         128.24 P2p
S3A#show spanning-tree vlan 20
VLAN0020

Interface        Role   Sts     Cost      Prio.Nbr Type
---------------- ---- --- --------- --------
Gi1/0/1          Desg   FWD     4         128.1  P2p
Gi1/0/24         Root   BLK     4         128.23 P2p
Gi1/0/23         Altn   FWD     4         128.24 P2p

S3B#show spanning-tree vlan 10
VLAN0010
Interface        Role   Sts     Cost          Prio.Nbr Type
---------------- ---- --- --------- --------
```

```
Gi1/0/2          Desg   FWD    4          128.2 P2p
Gi1/0/24         Altn   FWD    4          128.24 P2p
Gi1/0/23         Root   BLK    4          128.23 P2p

S3B#show spanning-tree vlan 20
VLAN0020
This bridge is the root       !根网桥

Interface        Role   Sts    Cost       Prio.Nbr Type
---------------- ---- --- --------- --------
Gi1/0/2          Desg   FWD    4          128.2 P2p
Gi1/0/24         Desg   FWD    4          128.24 P2p
Gi1/0/23         Desg   FWD    4          128.23 P2p
//通过查询，可以看到修改了 G1/0/24 的 Cost 值后，S3A 和 S3B 之间的 VLAN10
数据通过 G1/0/24 链路传输，VLAN20 的数据通过 G1/0/23 链路传输。
```

（2）查看拓扑图。

完成以上所有配置后，再次查看拓扑图可以发现，交换机所有互联的端口全都为绿色，不再有黄色的标记。生成树 VLAN 负载均衡设置，如图 2.3.6 所示。

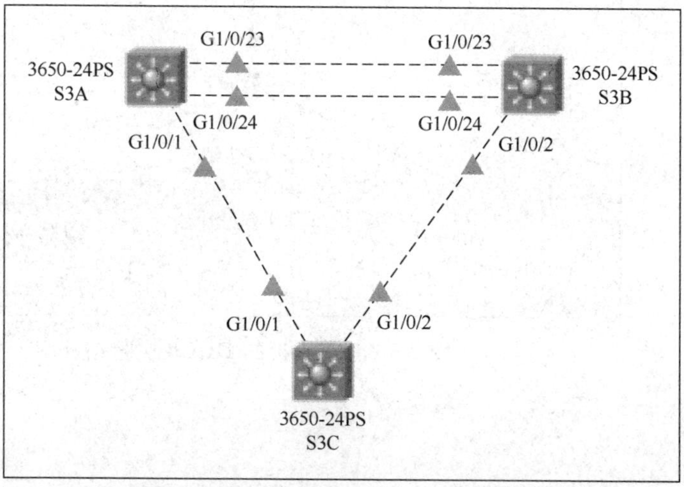


图 2.3.6 生成树 VLAN 负载均衡设置

## 训练小结

通过对交换机配置生成树协议可以为互联网络中提供多条冗余备份链路，并解决互联网络中的环路问题。默认情况下，两个交换机间的多条冗余链路仅有一条是处于工作状态，其他链路都处于关闭状态，只有当其他链路出现故障或断开的情况下才会启用。但如果设置了生成树的 VLAN 负载均衡技术，则可以实现多条链路同时工作，这在一定程度上实现了网络带宽的拓容，从而提升网络的速度。

# 训练4 交换机的DHCP技术

## 训练描述

动态主机配置协议（dynamic host configuration protocol，DHCP）是TCP/IP协议簇中的一种，主要作用是给网络中其他计算机动态分配IP地址。

通过配置DHCP，客户机登录服务器时就可以自动获得服务器分配的IP地址、子网掩码、网关和DNS地址。首先，网络中必须存在一部DHCP服务器，这个服务器可以采用Windows Server系统的计算机，也可以是交换机设备和路由器设备；其次，客户机要设置为自动获取IP地址的方式才能正常获取到DHCP服务器提供的IP地址。

下面利用实验来学习交换机DHCP技术的应用及配置方法，实验拓扑如图2.3.7所示。

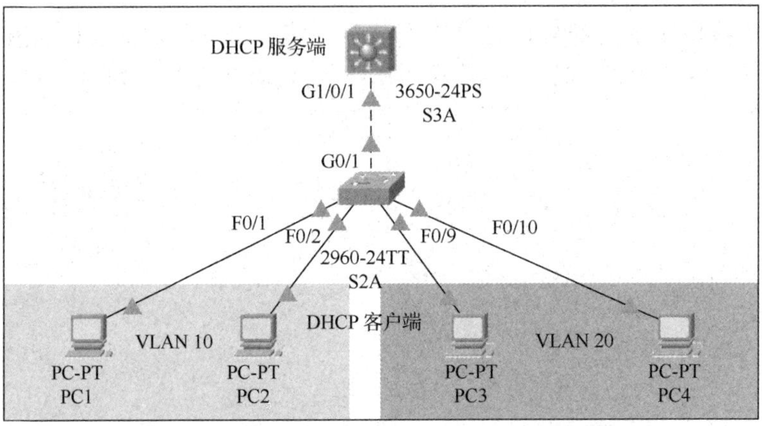


图2.3.7 交换机的DHCP实验拓扑图

## 训练要求

（1）添加4台计算机，分别更改其标签为PC1 ~ PC4。

（2）添加1台二层交换机2960-24TT，设置标签名为S2A。

（3）添加1台三层交换机3650-24PS，添加AC-POWER-SUPPLY电源模块用于设备供电。

（4）对三层交换机3650-24PS设备设置其标签名为S3A。

（5）PC1连交换机S2A的Fa0/1口，PC2连交换机S2A的Fa0/2口，PC3连交换机S2A的Fa0/9口，PC4连交换机S2A的Fa0/10口。

（6）交换机S2A的G0/1口连交换机S3A的G1/0/1口。

（7）在S2A上划分两个VLAN（VLAN 10、VLAN 20），并将G0/1接口设置为Trunk，详细参数见表2.3.2。

表 2.3.2　二层交换机的 VLAN 参数

| VLAN 编号 | 端口范围 | 端口模式 |
|---|---|---|
| 10 | 1～8 | Access |
| 20 | 9～16 | Access |
|  | G0/1 | Trunk |

（8）在 S3A 上划分两个 VLAN（VLAN 10、VLAN 20），并将 g1/0/1 接口设置为 Trunk，详细参数见表 2.3.3。

表 2.3.3　三层交换机的 VLAN 参数

| VLAN 编号 | 端口范围 | IP 地址 |
|---|---|---|
| 10 | 1～8 | 192.168.10.254/24 |
| 20 | 9～16 | 192.168.20.254/24 |

（9）根据图 2.3.7 所示的拓扑图，使用直通线连接好所有计算机，并设置每台计算机的 IP 地址为 DHCP 获取方式。

（10）在交换机 S3A 上划分两个 VLAN，同时开启 DHCP 服务，使连接在交换机上的不同 VLAN 的计算机获得相应的 IP 地址，最终实现全网互通。

## 训练分析

按图 2.3.7 所示搭建好网络拓扑，对所有的计算机不配置静态 IP，那么网络中所有计算机之间是无法通信的。可以使用计算机桌面的"命令提示符"工具来查看当前计算机的 IP 设置。查看 IP 设置的命令为 ipconfig。如果还要查看详细参数（如 MAC 地址、DNS 配置）可使用 ipconfig /all 命令。如图 2.3.8 所示为在 PC1 查看到的结果。

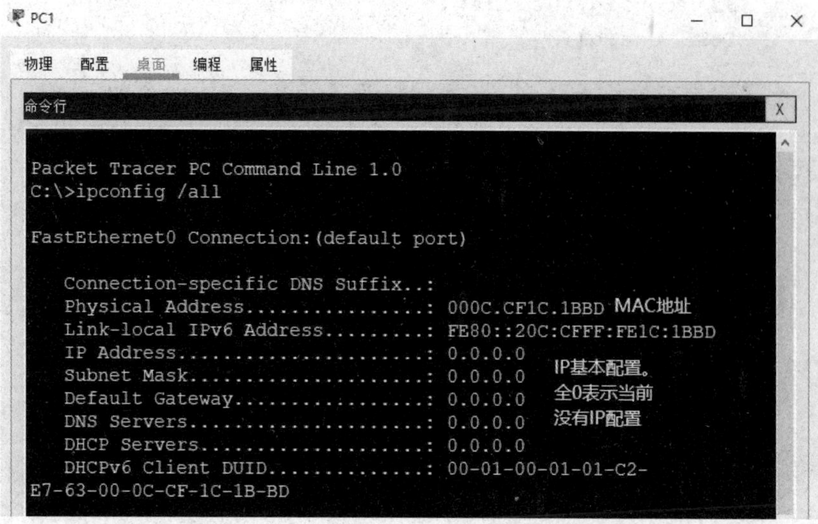


图 2.3.8　使用命令查看 PC1 的 IP 配置

## 训练步骤

交换机的 DHCP 技术

### 01 交换机的基本配置

配置二层交换机的名称为 S2A，在交换机上划分两个 VLAN，即 VLAN 10 和 VLAN 20，并按要求为两个 VLAN 分配端口。具体命令如下。

```
Switch(config)#hostname S2A
S2A(config)#vlan 10
S2A(config-vlan)#exit
S2A(config)#vlan 20
S2A(config-vlan)#exit
S2A(config)#interface range fastEthernet 0/1-8
S2A(config-if-range)#switchport access vlan 10
S2A(config-if-range)#exit
S2A(config)#interface range fastEthernet 0/9-16
S2A(config-if-range)#switchport access vlan 20
S2A(config-if-range)#exit
S2A(config)#
```

配置三层交换机的名称为 S3A，在交换机上划分两个 VLAN，即 VLAN 10 和 VLAN 20。具体命令如下。

```
Switch(config)#hostname S3A
S3A(config)#ip routing
S3A(config)#vlan 10
S3A(config-vlan)#exit
S3A(config)#vlan 20
S3A(config-vlan)#exit
S3A(config)#
```

配置二层交换机 S2A 的 G0/1 端口为 Trunk，具体命令如下。

```
S2A(config)# int GigabitEthernet 0/1
S2A(config-if)#switchport mode trunk
S2A(config-if)#exit
S2A(config)#
```

### 02 配置 VLAN 的接口 IP

开启三层交换机 S3A 的三层功能，配置在交换机上划分的每个 VLAN 的接口 IP。

```
S3A(config)#interface vlan 10
S3A(config-if)#ip address 192.168.10.254 255.255.255.0
S3A(config-if)#no shutdown
S3A(config-if)#exit
S3A(config)#interface vlan 20
S3A(config-if)#ip address 192.168.20.254 255.255.255.0
```

```
S3A(config-if)#no shutdown
S3A(config-if)#end
S3A#
```

**03** 配置交换机的 DHCP 服务

在 Cisco Packet Tracer 软件中，在默认情况下交换机 DHCP 服务是启用的。但在一些真实的交换机上 DHCP 服务默认是没有启动的。所以 Cisco Packet Tracer 软件中只需设置 DHCP 的具体参数即可。为了实现两个 VLAN 所连接的计算机分别获取不同网段的 IP 地址，在本实验中要配置两个 DHCP 的地址池。具体实施命令如下。

```
S3A(config)#ip dhcp pool vlan10                          !定义地址池 vlan10
S3A(dhcp-config)#network 192.168.10.0 255.255.255.0!地址池网络范围
S3A(dhcp-config)#dns-server 202.96.128.166                !配置 DNS 地址
                                    !这里使用了广东省的 DNS 服务器地址
S3A(dhcp-config)#default-router 192.168.10.254              !配置网关
S3A(dhcp-config)#exit
S3A(config)#ip dhcp pool vlan20
S3A(dhcp-config)#network 192.168.20.0 255.255.255.0
S3A(dhcp-config)#dns-server 202.96.128.166
S3A(dhcp-config)#default-router 192.168.20.254
S3A(dhcp-config)#end
S3A#
```

**04** 设置计算机以 DHCP 方式获取 IP 地址

设置计算机为以 DHCP 方式获取 IP 地址，打开计算机桌面的 IP 配置，在弹出的对话框中勾选 DHCP 选项即可。等待几秒钟时间，如果前面的配置正确，计算机将获取到 IP 地址。图 2.3.9 所示为计算机 PC3 所获取的 IP 地址。

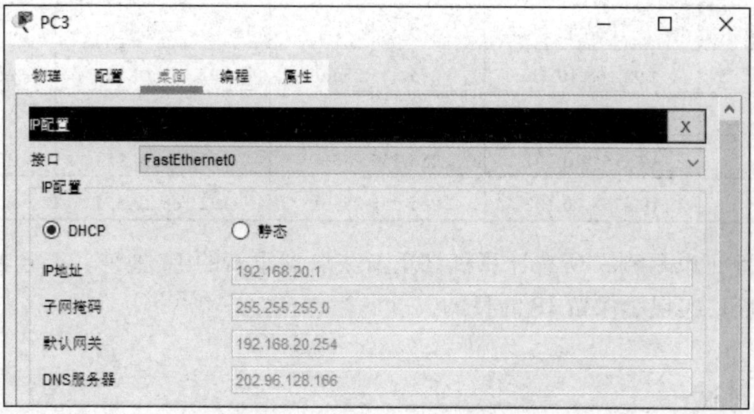


图 2.3.9 PC3 成功获取 IP 地址

使用同样的方法，为每一台计算机设置以 DHCP 方式获取 IP 方式，并查看每一台计算机所获取到的 IP 信息，见表 2.3.4。

表 2.3.4 计算机获取的 IP 信息表

| 计算机 | IP 地址 | 子网掩码 | 网关 | DNS 地址 |
|---|---|---|---|---|
| PC1 | 192.168.10.1 | 255.255.255.0 | 192.168.10.254 | 202.96.128.166 |
| PC2 | 192.168.10.2 | 255.255.255.0 | 192.168.10.254 | 202.96.128.166 |
| PC3 | 192.168.20.1 | 255.255.255.0 | 192.168.20.254 | 202.96.128.166 |
| PC4 | 192.168.20.2 | 255.255.255.0 | 192.168.20.254 | 202.96.128.166 |

分析表 2.3.4 可以清楚地看到，每一台计算机都获取到了 IP 地址、子网掩码、网关及 DNS 地址，而且连接到 VLAN 10 的计算机获取到 192.168.10.0/24 网段的 IP 地址，连接到 VLAN 20 的计算机获取到 192.168.20.0/24 网段的 IP 地址，实现了本实验的要求。

**05** 设置保留的 IP

在做 DHCP 服务时，通常要保留部分 IP 地址，用于以固定分配方式给服务器或其他网络设备使用。如本实验中，交换机两个 VLAN 的接口 IP 就属于固定分配。这些作为保留的 IP 就不能以 DHCP 方式分配给其他计算机了。

假如在本实验中，要对 192.168.10.0/24 网段保留前 10 个 IP 留作备用，对 192.168.20.0/24 网段保留前 100 个 IP 作备用。具体实现命令分别如下。

```
S3A(config)#ip dhcp excluded-address 192.168.10.1 192.168.10.10
S3A(config)#ip dhcp excluded-address 192.168.20.1 192.168.20.100
```

添加完以上命令，再次检测每一台计算机获取到的 IP 地址。检测的方法可以利用计算机桌面的“IP 配置”选项卡，先选中“静态”选项，再改为 DHCP 方式，计算机将重新获取 IP 参数，见表 2.3.5。

表 2.3.5 计算机获取的 IP 信息表

| 计算机 | IP 地址 | 子网掩码 | 网关 | DNS 地址 |
|---|---|---|---|---|
| PC1 | 192.168.10.11 | 255.255.255.0 | 192.168.10.254 | 202.96.128.166 |
| PC2 | 192.168.10.12 | 255.255.255.0 | 192.168.10.254 | 202.96.128.166 |
| PC3 | 192.168.20.101 | 255.255.255.0 | 192.168.20.254 | 202.96.128.166 |
| PC4 | 192.168.20.102 | 255.255.255.0 | 192.168.20.254 | 202.96.128.166 |

从表 2.3.5 可以看到，所有计算机都重新获取到了新的 IP 地址，而且都是保留地址以外的 IP 地址，实现了保留 IP 的目的。

## 训练测试

在每一台计算机中，利用桌面的“命令提示符”工具，使用 Ping 命令去测试与其他计算机的连通情况。可以得出结论，即当前网络中的所有计算机之间是连通的。

## 训练小结

对交换机开启 DHCP 服务，可以使下连的计算机通过交换机自动获取到 IP 地址、子网掩码、网关和 DNS 服务器地址。当一个网络中计算机数量庞大时，使用 DHCP 服务，可以很方便地为每一台计算机配置好相应的 IP 参数，减轻了网络管理员 IP 分配的工作。

## 训练 5 交换机的 HSRP 技术

### 训练描述

热备份路由器协议（hot standby router protocol，HSRP）是一种容错协议，运行于局域网的多台路由器（或三层交换机）上，它将这几台路由器组织成一台“虚拟”路由器，其中一台路由器作为活动路由器（主设备），其余设备作为备份，并不断监控主设备，以便在主设备出现故障时，备份设备能够及时接管数据转发工作，为用户提供透明的切换，提高网络的可靠性。

下面利用实验来学习交换机 HSRP 技术的应用及配置方法，实验拓扑图如图 2.3.10 所示。

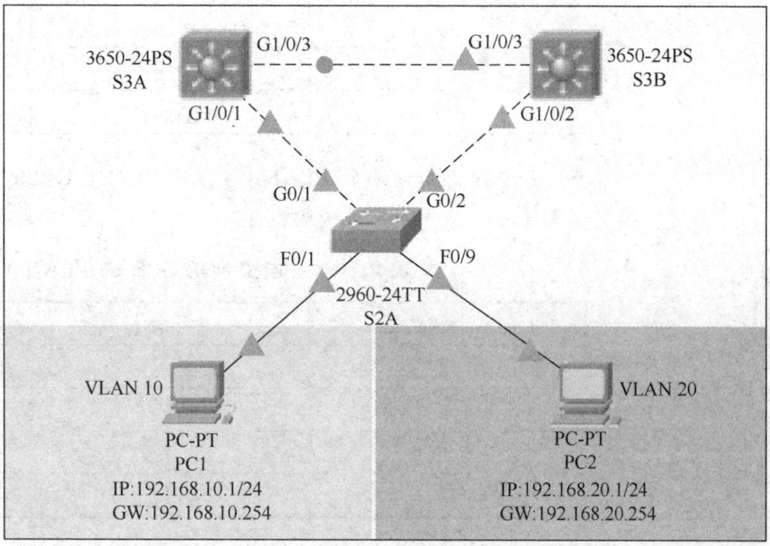


图 2.3.10 交换机的 HSRP 技术实验拓扑图

### 训练要求

（1）添加 2 台计算机，分别更改其标签为 PC1、PC2。

（2）添加 1 台二层交换机 2960-24TT，设置其标签名为 S2A。

（3）添加 2 台三层交换机 3650-24PS，分别添加 AC-POWER-SUPPLY 电源模

块用于设备供电。

（4）对 2 台三层交换机 3650-24PS 设备分别设置其标签名为 S3A、S3B。

（5）PC1 连交换机 S2A 的 Fa0/1 口，PC2 连交换机 S2A 的 Fa0/2 口。

（6）交换机 S2A 的 G0/1 口连交换机 S3A 的 G1/0/1 口。

（7）在 S2A 上划分两个 VLAN（VLAN 10、VLAN 20），并将 G0/1、G0/2 接口设置为 Trunk，详细参数见表 2.3.6。

表 2.3.6　二层交换机的 VLAN 参数

| VLAN 编号 | 端口范围 | 端口模式 |
| --- | --- | --- |
| 10 | 1～8 | Access |
| 20 | 9～16 | Access |
|  | G0/1 | Trunk |
|  | G0/2 | Trunk |

（8）在 S3A 上划分两个 VLAN（VLAN 10、VLAN 20），并将 G1/0/1、G1/0/3 接口设置为 Trunk，详细参数见表 2.3.7。

表 2.3.7　三层交换机 S3A 的 VLAN 参数

| VLAN 编号 | 端口范围 | IP 地址/端口模式 |
| --- | --- | --- |
| 10 |  | 192.168.10.100/24 |
| 20 |  | 192.168.20.100/24 |
|  | G1/0/1 | Trunk |
|  | G1/0/3 | Trunk |

（9）在 S3B 上划分两个 VLAN（VLAN 10、VLAN 20），并将 G1/0/1、G1/0/3 接口设置为 Trunk，详细参数见表 2.3.8。

表 2.3.8 三层交换机 S3B 的 VLAN 参数

| VLAN 编号 | 端口范围 | IP 地址/端口模式 |
| --- | --- | --- |
| 10 |  | 192.168.10.200/24 |
| 20 |  | 192.168.20.200/24 |
|  | G1/0/2 | Trunk |
|  | G1/0/3 | Trunk |

（10）根据图 2.3.10 所示的拓扑图，使用直通线连接好所有计算机，并设置每台计算机的 IP 地址为 DHCP 获取方式。

（11）在交换机 S3A、S3B 上配置 HSRP 服务，使连接在二层交换机上的不同 VLAN 的计算机实现透明的切换，提高网络的可靠性。

## 训练分析

按图 2.3.10 所示搭建好网络，将多台路由器（三层交换机）组成一个“热备份组”，这个组形成一个虚拟路由器。在任一时刻，一个组内只有一个路由器（三层交换机）是活动的，并由它来转发数据包，如果活动路由器发生了故障，将选择一个备份路由器来替代活动路由器，但是从本网络内的主机来看，虚拟路由器没有改变，所以主机仍然保持连接，没有受到故障的影响，这样就较好地解决了路由器切换的问题。

## 训练步骤

交换机的 HSRP 技术

### 01 交换机的基本配置

配置二层交换机的名称为 S2A，在交换机上划分两个 VLAN，即 VLAN 10 和 VLAN 20，并按要求为两个 VLAN 分配端口。具体命令如下。

```
Switch(config)#hostname S2A
S2A(config)#vlan 10
S2A(config-vlan)#exit
S2A(config)#vlan 20
S2A(config-vlan)#exit
S2A(config)#interface range fastEthernet 0/1-8
S2A(config-if-range)#switchport access vlan 10
S2A(config-if-range)#exit
S2A(config)#interface range fastEthernet 0/9-16
S2A(config-if-range)#switchport access vlan 20
S2A(config-if-range)#exit
S2A(config)#
```

配置三层交换机的名称为 S3A，在交换机上划分两个 VLAN，即 VLAN 10 和 VLAN 20。具体命令如下。

```
Switch(config)#hostname S3A
S3A(config)#vlan 10
S3A(config-vlan)#exit
S3A(config)#vlan 20
S3A(config-vlan)#exit
S3A(config)#
```

配置三层交换机的名称为 S3B，在交换机上划分两个 VLAN，即 VLAN 10 和 VLAN 20。具体命令如下。

```
Switch(config)#hostname S3B
S3B(config)#vlan 10
S3B(config-vlan)#exit
S3B(config)#vlan 20
S3B(config-vlan)#exit
S3B(config)#
```

配置二层交换机 S2A 的 G0/1 端口为 Trunk，具体命令如下。

```
S2A(config)#int GigabitEthernet 0/1
S2A(config-if)#switchport mode trunk
S2A(config-if)#exit
S2A(config)#int GigabitEthernet 0/2
S2A(config-if)#switchport mode trunk
S2A(config-if)#exit
```

**02** 配置 VLAN 的接口 IP

开启三层交换机 S3A 的三层功能，配置在交换机上划分的每个 VLAN 的接口 IP 地址。

```
S3A(config)#ip routing
S3A(config)#interface vlan 10
S3A(config-if)#ip address 192.168.10.100 255.255.255.0
S3A(config-if)#no shutdown
S3A(config-if)#exit
S3A(config)#interface vlan 20
S3A(config-if)#ip address 192.168.20.100 255.255.255.0
S3A(config-if)#no shutdown
S3A(config-if)#end
S3A#
```

开启三层交换机 S3B 的三层功能，配置在交换机上划分的每个 VLAN 的接口 IP 地址。

```
S3B(config)#ip routing
S3B(config)#interface vlan 10
S3B(config-if)#ip address 192.168.10.200 255.255.255.0
S3B(config-if)#no shutdown
S3B(config-if)#exit
S3B(config)#interface vlan 20
S3B(config-if)#ip address 192.168.20.200 255.255.255.0
S3B(config-if)#no shutdown
S3B(config-if)#end
S3B#
```

**03** 配置交换机的 HSRP 服务

配置三层交换机 S3A 的 HSRP 服务，配置在交换机上划分的每个 VLAN 的接口 IP 地址、虚拟 IP 地址、优先级、抢占模式。

```
S3A(config)# int vlan 10
S3A(config-if)#standby 10 priority 110
                              !将接口加入 standby 10 组中，优先级为 110
```

```
S3A(config-if)#standby 10 ip 192.168.10.254
                                        !设置 standby 10 组的虚拟 IP
S3A(config-if)#standby 10 preempt   !允许 standby 10 组的抢占功能
S3A(config-if)#standby 10 track GigabitEthernet 1/0/1
                                        !设置 standby 10 组监控 f0/1 接口
S3A(config-if)#exit
S3A(config)#int vlan 20
S3A(config-if)#standby 20 priority 100
                                   !接口加入 standby 20 虚拟组，优先级为 100
S3A(config-if)#standby 20 ip 192.168.20.254
                                               !standby20 组的虚拟 IP
S3A(config-if)#exit
S3A(config)#
```

配置三层交换机 S3B 的 HSRP 服务，配置在交换机上划分的每个 VLAN 的接口 IP 地址、虚拟 IP 地址、优先级、抢占模式。

```
S3B(config)# int vlan 10
S3B(config-if)#standby 10 priority 100
S3B(config-if)#standby 10 ip 192.168.10.254
S3B(config-if)#exit
S3B(config)#int vlan 20
S3B(config-if)#standby 20 priority 110
S3B(config-if)#standby 20 ip 192.168.20.254
S3B(config-if)#standby 20 preempt
S3B(config-if)#standby 20 track GigabitEthernet 1/0/2
S3B(config-if)#exit
S3B(config)#
```

**04** 查看交换机的 HSRP 服务

在交换机 S3A 上使用 show standby 命令，查看当前 standby 工作状况。

```
S3A#show standby
Vlan10 - Group 10                            !vlan10 组
State is Active                              !本地状态为活动状态（主设备）
Virtual IP address is 192.168.10.254         !虚拟 IP 地址
Preemption enabled                           !开启抢占模式
Priority 110 (default 100)                   !优先级，默认为 100
Vlan20 - Group 20                            !vlan20 组
State is Standby                             !本地状态为备份状态（备设备）
Virtual IP address is 192.168.20.254         !虚拟 IP 地址
Preemption disabled                          !未开启抢占模式
Priority 100 (default 100)
S3A#
```

## 训练测试

在 PC1 上利用桌面的“命令提示符”工具，使用 Ping 命令和 tracert 命令去测试与 PC2 的连通性，如图 2.3.11 所示。

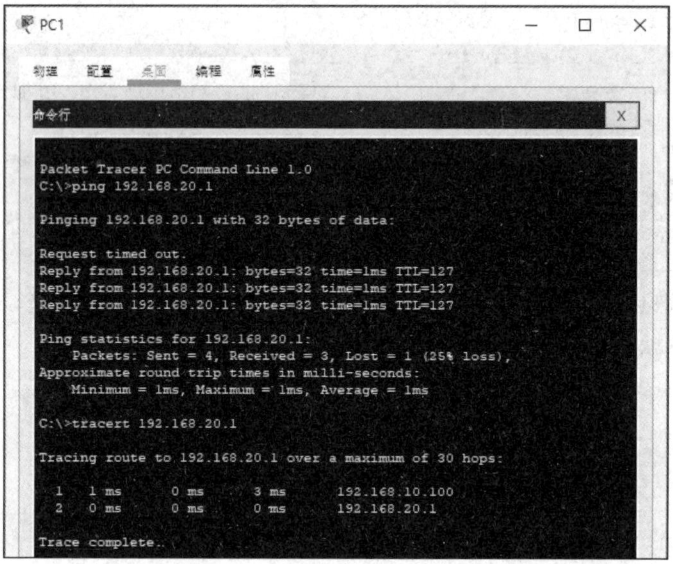


图 2.3.11　在 PC1 上使用 Ping 命令和 tracert 命令测试与 PC2 的连通性

断开交换机 S2A 的 G0/1 接口的上连线，验证 PC 的连通性，发现此时有短暂的丢包现象以后又恢复了连通，如图 2.3.12 所示。可以得出结论，即当前网络中的所有计算机之间是连通的。注意 S3A 和 S3B 交换机状态的变化（Standby→Active）。

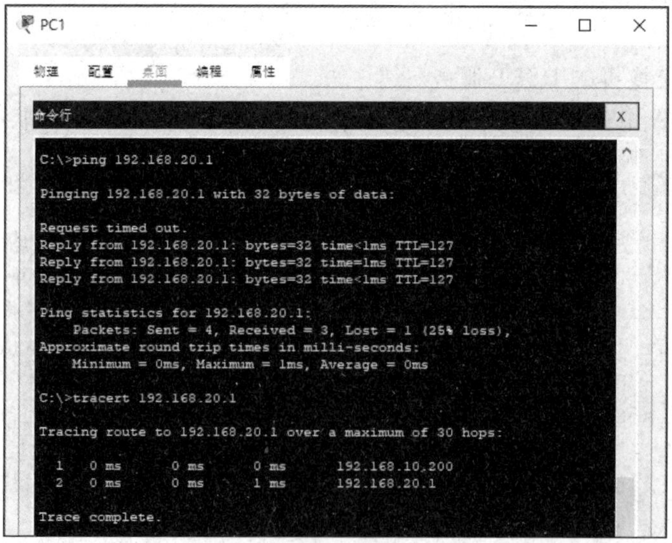


图 2.3.12　在 PC1 上使用 Ping 命令和 tracert 命令再次测试与 PC2 的连通性

## 训练小结

为交换机开启 HSRP 服务可以在链路出现故障影响正常通行的情况下使下连的计算机仍然保持连接，一旦主动路由器出现故障，HSRP 服务会将激活备份路由器取代主动路由器，为用户实现透明的切换，提高了网络的可靠性，较好地解决了路由器切换的问题。

# 任务四 交换机间的路由配置

为交换机划分 VLAN 后可以连接多个不同的网络。当然，网络中存在多个交换机互联时，要实现交换机间多个不同网络的通信，则要在交换机上配置路由协议。交换机提供的路由协议包括静态路由协议、路由信息协议(RIP)、增强内部网关路由协议(EIGRP)、开放式最短路径优先（OSPF）动态路由协议等。本任务就以上四种路由协议分别进行配置实验。

训练 1 交换机间的静态路由配置。
训练 2 交换机间的 RIP 动态路由配置。
训练 3 交换机间的 EIGRP 动态路由配置。
训练 4 交换机间的 OSPF 动态路由配置。

## 训练 1 交换机间的静态路由配置

### 训练描述

静态路由是指由网络管理员手动配置路由信息。当网络的拓扑结构或链路状态发生变化时，网络管理员需要手动去修改路由表中相关的静态路由信息。静态路由信息在默认情况下是私有的，不会传递给其他的路由器。当然，网络管理员也可以通过对路由器进行设置使之成为共享的，此种技术称为路由重分布技术。静态路由一般适用于比较简单的网络环境，易于网络管理员清楚地了解网络的拓扑结构，便于设置正确的路由信息。

使用静态路由的好处是网络安全保密性高。动态路由因为需要路由器之间频繁地交换各自的路由表，而对路由表的分析可以揭示网络的拓扑结构和网络地址等信息。因此，出于安全方面的考虑也可以采用静态路由。

大型和复杂的网络环境通常不宜采用静态路由。一方面，网络管理员难以全面地了解整个网络的拓扑结构；另一方面，当网络的拓扑结构和链路状态发生变化时，路由器中的静态路由信息需要大范围地调整，这一工作的难度和复杂程度非常高。

下面利用实验来学习交换机静态路由的配置方法，实验拓扑图如图 2.4.1 所示。

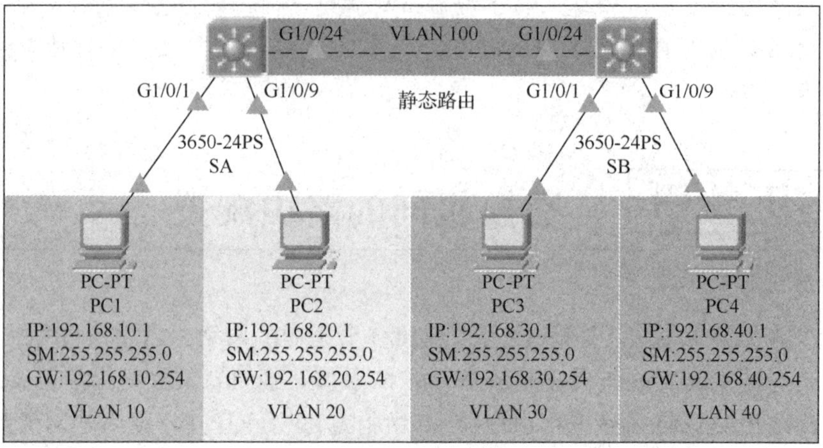


图 2.4.1 交换机静态路由实验拓扑图

## 训练要求

（1）添加 4 台计算机，分别更改其标签为 PC1 ~ PC4。

（2）添加 2 台三层交换机 3650-24PS，分别添加 AC-POWER-SUPPLY 电源模块用于设备供电。

（3）分别为三层交换机 3650-24PS 设备更改其标签名为 SA 和 SB。

（4）在 SA 和 SB 上分别划分 3 个 VLAN，划分情况见表 2.4.1。

表 2.4.1 交换机 VLAN 划分及 IP 设置

| 交换机名 | VLAN 编号 | 端口范围 | IP 地址 |
| --- | --- | --- | --- |
| SA | VLAN 10 | 1 ~ 8 | 192.168.10.254/24 |
| | VLAN 20 | 9 ~ 16 | 192.168.20.254/24 |
| | VLAN 100 | 24 | 192.168.100.1/24 |
| SB | VLAN 30 | 1 ~ 8 | 192.168.30.254/24 |
| | VLAN 40 | 9 ~ 16 | 192.168.40.254/24 |
| | VLAN 100 | 24 | 192.168.100.2/24 |

（5）根据图 2.4.1 所示，交换机之间通过 G1/0/24 口相连，PC1、PC2 分别连接 SA 的 G1/0/1 和 G1/0/9 口，PC3、PC4 分别连接 SB 的 G1/0/1 和 G1/0/9 口，并根据表 2.4.1 配置所有计算机的 IP 地址、子网掩码和网关。

（6）在两台交换机上配置静态路由实现全网互通。

## 训练分析

按图 2.4.1 连接好每一台计算机，并按要求配置好每一台计算机的 IP 地址、子网掩码和网关。由于分配给每一台计算机的 IP 地址都不在同一网段，属于不同的网络，因此当前网络中所有计算机之间都是不能通信的。

那么要实现当前网络的所有计算机能相互通信，就要在 2 个交换机中分别规划 3 个 VLAN，为每个 VLAN 设置对应网段的 IP 地址，最后使用静态路由实现全网互通，从而实现所有计算机能相互通信。

# 训练步骤

交换机间的静态路由配置

### 01 交换机的基本配置

为 2 台交换机划分 3 个 VLAN，按要求分配端口，并设置每个 VLAN 对应的接口 IP 地址。为交换机 SA 做如下配置。

```
Switch>ena
Switch#conf t
Switch(config)#hostname SA                                  !交换机命名
SA(config)#ip routing                                       !开启三层交换功能
SA(config)#vlan 10                                          !创建 VLAN 10
SA(config-vlan)#exit
SA(config)#vlan 20                                          !创建 VLAN 20
SA(config-vlan)#exit
SA(config)#vlan 100                                         !创建 VLAN 100
SA(config-vlan)#exit
SA(config)#interface range GigabitEthernet 1/0/1-8
                                                            !分配 VLAN 10 的端口
SA(config-if-range)#switchport access vlan 10
SA(config-if-range)#exit
SA(config)#interface range GigabitEthernet1 /0/9-16
                                                            !分配 VLAN 20 的端口
SA(config-if-range)#switchport access vlan 20
SA(config-if-range)#exit
SA(config)#interface GigabitEthernet1 1/0/24  !分配 VLAN 100 的端口
SA(config-if)#switchport access vlan 100
SA(config-if)#exit
SA(config)#interface vlan 10                               !配置 VLAN 10 的 IP
SA(config-if)#ip address 192.168.10.254 255.255.255.0
SA(config-if)#no shutdown
SA(config-if)#exit
SA(config)#interface vlan 20                               !配置 VLAN 20 的 IP
SA(config-if)#ip address 192.168.20.254 255.255.255.0
SA(config-if)#no shutdown
```

```
SA(config-if)#exit
SA(config)#interface vlan 100                          !配置 VLAN 100 的 IP
SA(config-if)#ip address 192.168.100.1 255.255.255.0
SA(config-if)#no shutdown
SA(config-if)#
```

使用同样的方法配置交换机 SB，配置如下。

```
Switch>ena
Switch#conf t
Switch(config)#hostname SB
SA(config)#ip routing
SB(config)#vlan 30
SB(config-vlan)#exit
SB(config)#vlan 40
SB(config-vlan)#exit
SB(config)#vlan 100
SB(config-vlan)#exit
SB(config)#interface range GigabitEthernet 1/0/1  8
SB(config-if-range)#switchport access vlan 30
SB(config-if-range)#exit
SB(config)#interface range GigabitEthernet 1/0/9-16
SB(config-if-range)#switchport access vlan 40
SB(config-if-range)#exit
SB(config)#interface GigabitEthernet 1/0/24
SB(config-if)#switchport access vlan 100
SB(config-if)#exit
SB(config)#interface vlan 30
SB(config-if)#ip address 192.168.30.254 255.255.255.0
SB(config-if)#no shutdown
SB(config-if)#exit
SB(config)#interface vlan 40
SB(config-if)#ip address 192.168.40.254 255.255.255.0
SB(config-if)#no shutdown
SB(config-if)#exit
SB(config)#interface vlan 100
SB(config-if)#ip address 192.168.100.2 255.255.255.0
SB(config-if)#no shutdown
SB(config-if)#
```

配置好两台交换机后，需要验证一下网络的运行情况。通过验证不难发现，同一个交换机上的两台计算机是可以相互通信的，但不同交换机上的计算机之间不能通信。图 2.4.2 所示为使用 PC1 测试与 PC2、PC3 连通的结果。

图 2.4.2　使用 PC1 测试与 PC2、PC3 连通的结果

**02** 配置静态路由实现全网互通

添加静态路由的命令为：ip route [网络号] [子网掩码] [下一跳地址]。删除静态路由直接在此命令前加上 no 即可。具体命令如下。

创建静态路由：

```
ip route 192.168.30.0 255.255.255.0 192.168.100.2
```

删除静态路由：

```
no ip route 192.168.30.0 255.255.255.0 192.168.100.2
```

以交换机 SA 为例，对于与交换机 SA 不能直连的网络都要添加静态路由。由本实验的拓扑图分析可以得出，交换机 SB 下的 VLAN 30 和 VLAN 40 的网络，都不是 SA 的直连网络，因此对这两个网络要添加相应的静态路由，其下一跳的地址为与交换机相连的对端 VLAN 的接口 IP 地址。具体实现方法如下。

```
SA(config)#ip route 192.168.30.0 255.255.255.0 192.168.100.2
SA(config)#ip route 192.168.40.0 255.255.255.0 192.168.100.2
```

同理，可为交换机 SB 添加静态路由，命令如下。

```
SB(config)#ip route 192.168.10.0 255.255.255.0 192.168.100.1
SB(config)#ip route 192.168.20.0 255.255.255.0 192.168.100.1
```

**03** 查看路由表

至此，交换机的静态路由配置完成，可以通过查看路由表的方法查看配置是否成功。查看路由表在全局模式下完成，命令为 show ip route。下面是在交换机 SA 上查看到的路由表。

**注 意**

使用 show ip route 命令时可以看到每条路由表信息前面都带有大写字母（如 C、O、R、IA 等），这些字母代表了该条路由表的实现方式。重点记住由以下几个字母开头的路由信息：

C 表示设备直连的网络。

S 表示是静态路由，由管理员手动添加的路由信息。

R 表示该设备通过 RIP 路由协议学习到的路由信息。

O 表示该设备通过 OSPF 路由协议学习到的路由信息。

E1、E2 表示设备通过 OSPF 路由重发布学习到的路由信息。

```
SA#show ip route
Codes: C - connected, S - static, I - IGRP, R
     - RIP,M - mobile, B - BGP
     D - EIGRP, EX - EIGRP external, O - OSPF,
     IA - OSPF inter area
     N1 - OSPF NSSA external type 1, N2 - OSPF
     NSSA external type 2
     E1 - OSPF external type 1, E2 - OSPF
     external type 2, E - EGP
     i -  IS-IS, L1 - IS-IS level-1, L2 - IS-IS
     level-2, ia - IS-IS
     inter area
     * - candidate default, U - per-user
     static route, o - ODR
     P - periodic downloaded static route
     Gateway of last resort is not set
C    192.168.10.0/24 is directly connected,
     Vlan 10                      !直连路由
C    192.168.20.0/24 is directly connected,
     Vlan 20
S    192.168.30.0/24 [1/0] via 192.168.100.2
                                  !添加的静态路由
S    192.168.40.0/24 [1/0] via 192.168.100.2
C    192.168.100.0/24 is directly connected,
      Vlan 100
```

## 训练测试

如验证本实验的静态路由配置是否成功，可以再次使用 PC1 去测试与 PC3 的连通性。在测试时会发现，刚开始是不通的，后来全通了，原因是交换机静态路由有个生效的过程，如图 2.4.3 所示。同理，可以测试其他的计算机，最终可以得出结论，即当前网络中的所有计算机之间是相互连通的，实现了全网互通。

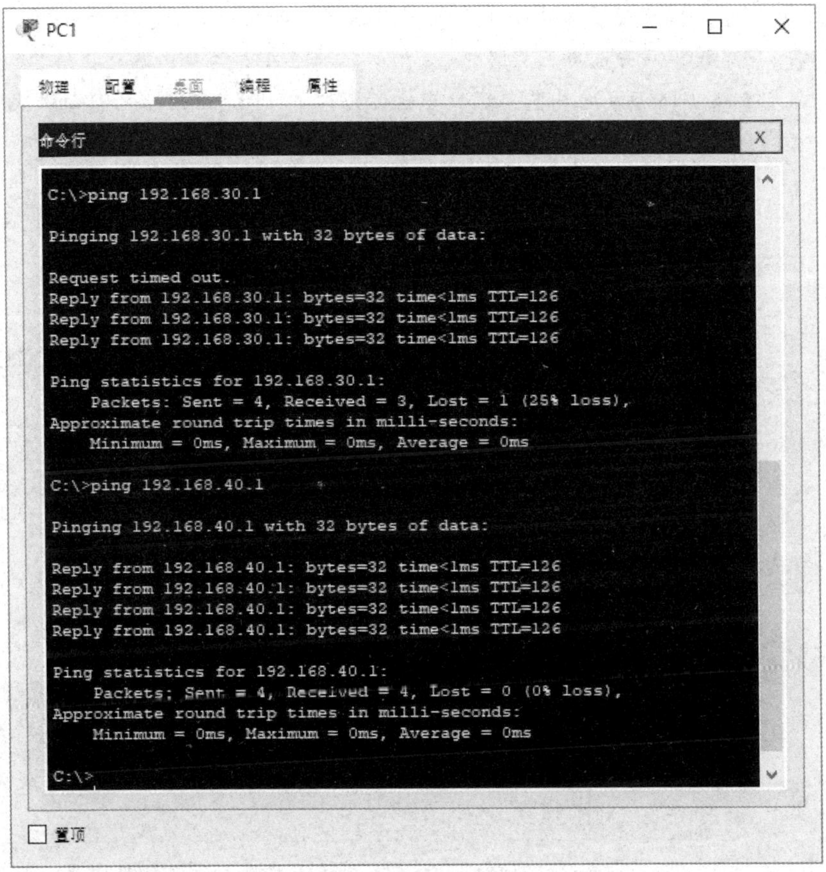


图 2.4.3　使用 PC1 测试与 PC2、PC3 连通性的结果

## 训练小结

当一个网络上存在两个或多个交换机，且交换机上划分了多个不同的 VLAN，每个 VLAN 所连的网络都不相同时，要实现全网互通，可以通过添加静态路由的方法实现。

另外，添加静态路由要注意以下几点。

（1）目标网络是本交换机不直连的网络。

（2）下一跳地址为与交换机互联的 VLAN 接口 IP 地址。

（3）所有计算机均要配置相应的网关。

# 训练 2　交换机间的 RIP 动态路由配置

## 训练描述

路由信息协议（routing information protocol，RIP）是一种动态路由选择协议，

它基于距离矢量算法（D-V），总是按最短的路由做出相应的选择。这种协议的网络设备只关心自己周围的世界，只与自己相邻的路由器交换信息，范围限制在15跳（15度）之内，再远，它就不关心了。RIP应用于OSI网络七层模型的网络层。

RIP是典型的距离矢量路由协议，交换机开启了RIP后，会对外发送RIP的广播报文，报文信息来自本地路由表，只有当对方设备也开启了RIP，两台设备才能相互学习，知道对方连接了什么网络，从而更新自身的路由表，实现信息的寻址和转发功能。

下面利用实验来学习交换机RIP动态路由的配置方法，实验拓扑图如图2.4.4所示。

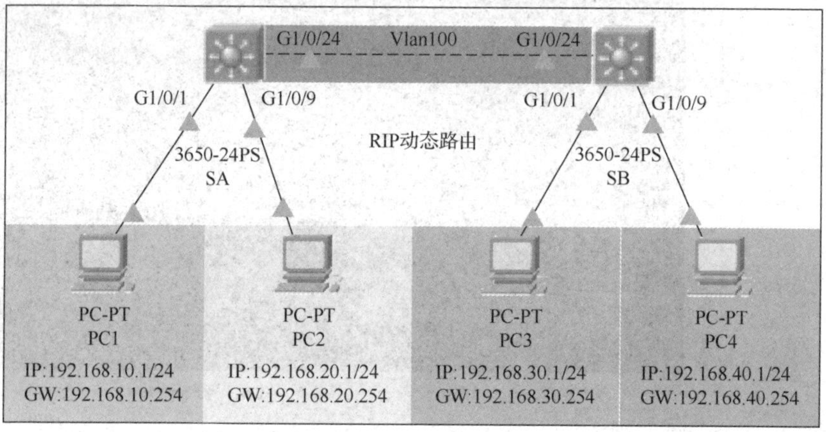


图 2.4.4　交换机RIP动态路由实验拓扑图

## 训练要求

（1）添加4台计算机，分别更改其标签为PC1 ~ PC4。

（2）添加2台三层交换机3650-24PS，分别添加AC-POWER-SUPPLY电源模块用于设备供电。

（3）分别对三层交换机3650-24PS设备更改其标签名为SA和SB。

（4）SA和SB上分别设置链路汇聚接口为三层接口，并设置端口IP地址，具体情况见表2.4.2。

表 2.4.2　交换机端口编号及IP地址信息

| 交换机名 | 端口编号 | IP地址 |
|---|---|---|
| SA | G1/0/1 | 192.168.10.254/24 |
| | G1/0/9 | 192.168.20.254/24 |
| | G1/0/24 | 192.168.100.1/24 |
| SB | G1/0/1 | 192.168.30.254/24 |
| | G1/0/9 | 192.168.40.254/24 |
| | G1/0/24 | 192.168.100.2/24 |

（5）根据图 2.4.4 所示，交换机之间通过 G1/0/24 口相连，PC1、PC2 分别连接 SA 的 G1/0/1 和 G1/0/9 口，PC3、PC4 分别连接 SB 的 G1/0/1 和 G1/0/9 口，并根据表 2.4.2 所示配置所有计算机的 IP 地址、子网掩码和网关。

（6）在 2 台交换机上配置 RIP 动态路由实现全网互通。

### 训练分析

本实验采用将链路汇聚接口改为三层接口的形式来实现，这是 Cisco 三层交换机特有的功能，和训练 1 实现的结果是一样的。当前网络中的所有计算机之间是不能通信的。

本实验的主要内容是在交换机配置 RIP 动态路由以实现全网互通。重点掌握交换机 RIP 动态路由的配置方法，理解 RIP 动态路由的工作方式。

交换机间的 RIP 动态路由配置

## 训练步骤

### 01 交换机的基本配置

将两台交换机的链路汇聚接口改为三层接口并设置接口的 IP 地址。为交换机 SA 做如下配置。

```
Switch>ena
Switch#conf t
Switch(config)#hostname SA
SA(config)#ip routing
SA(config)#interface GigabitEthernet1 1/0/1
SA(config-if)#no switchport
SA(config-if)ip address 192.168.10.254 255.255.255.0
SA(config)#interface GigabitEthernet1 1/0/9
SA(config-if)#no switchport
SA(config-if)ip address 192.168.20.254 255.255.255.0
SA(config)#interface GigabitEthernet1 1/0/24
SA(config-if)#no switchport
SA(config-if)ip address 192.168.100.1 255.255.255.0
SA(config-if)#exit
SA(config)#
```

使用同样的方法配置交换机 SB，配置如下。

```
Switch>ena
Switch#conf t
Switch(config)#hostname SB
SB(config)#ip routing
SB(config)#interface GigabitEthernet1 1/0/1
SB(config-if)#no switchport
```

```
SB(config-if)ip address 192.168.30.254 255.255.255.0
SB(config)#interface GigabitEthernet1 1/0/9
SB(config-if)#no switchport
SB(config-if)ip address 192.168.40.254 255.255.255.0
SB(config)#interface GigabitEthernet1 1/0/24
SB(config-if)#no switchport
SB(config-if)ip address 192.168.100.2 255.255.255.0
SB(config-if)#exit
SB(config)#
```

**02** 配置 RIP 动态路由实现全网互通

目前，RIP 主要有两个版本，即 Version 1 和 Version 2，它们的添加方法类似。目前比较流行使用 RIP Version 2。

Version 1 的命令：

```
SA(config)#router rip                          !开启 RIP
SA(config-router)#version 1                    !使用 Version 1 版本的 RIP
SA(config-router)#network 192.168.10.0
SA(config)#no router rip                       !删除 RIP 所有配置
```

Version 2 的命令：

```
SA(config)#router rip
SA(config-router)#version 2
SA(config-router)#network 192.168.10.0
```

如果要使用 RIP 去实现网络互联，那么互联的两个设备必须开启同一个版本的 RIP；否则，设备之间不能相互学习。在本实验中采用 Version 2 的版本进行配置。

以本实验的交换机 SA 为例，开启了 RIP 后，只要宣告本地的直连路由即可。首先，在特权模式下使用 show ip route 命令查看一下本地的直连路由信息。

```
SA#show ip route
Codes: C - connected, S - static, I - IGRP, R - RIP, M - mobile, B - BGP
       D - EIGRP, EX - EIGRP external, O - OSPF, IA - OSPF inter area
       N1 - OSPF NSSA external type 1, N2 - OSPF NSSA external type 2
       E1 - OSPF external type 1, E2 - OSPF external type 2, E - EGP
       i -  IS-IS, L1 - IS-IS level-1, L2 - IS-IS level-2, ia - IS-IS
            inter area
      * - candidate default, U - per-user static route, o - ODR
       P - periodic downloaded static route
C    192.168.10.0/24 is directly connected, GigabitEthernet1/0/1
C    192.168.20.0/24 is directly connected, GigabitEthernet1/0/9
C    192.168.100.0/24 is directly connected, GigabitEthernet1/0/24
```

通过查看可以了解到，目前本地的路由表上只有 3 个直连网络，那么在配置 RIP 时，只要宣告这 3 个网络就可以了。因此，在交换机 SA 上进行如下配置。

```
SA(config)#router rip
SA(config-router)#version 2
SA(config-router)#network 192.168.10.0
SA(config-router)#network 192.168.20.0
SA(config-router)#network 192.168.100.0
SA(config-router)#
```

同理，在交换机 SB 上进行如下配置。

```
SB(config)#router rip
SB(config-router)#version 2
SB(config-router)#network 192.168.30.0
SB(config-router)#network 192.168.40.0
SB(config-router)#network 192.168.100.0
SB(config-router)#
```

**03** 查看路由表信息

交换机开启 RIP 后，交换机之间会相互学习并对自身的路由表进行自动更新，因此等待几秒钟时间，就可以在任意一台交换机上查看路由表，这时可以发现路由表中多了以 R 开头的路由信息，这些以 R 开头的路由信息就是交换机通过 RIP 学习到的对方的路由表信息。以下是在交换机 SA 上查看到的路由表。

```
SA#show ip route
Codes: C - connected, S - static, I - IGRP, R - RIP, M - mobile, B - BGP
       D - EIGRP, EX - EIGRP external, O - OSPF, IA - OSPF inter area
       N1 - OSPF NSSA external type 1, N2 - OSPF NSSA external type 2
       E1 - OSPF external type 1, E2 - OSPF external type 2, E - EGP
       i -  IS-IS, L1 - IS-IS level-1, L2 - IS-IS level-2, ia - IS-IS inter
            area
       * - candidate default, U - per-user static route, o - ODR
       P - periodic downloaded static route
C    192.168.10.0/24 is directly connected, GigabitEthernet1/0/1
C    192.168.20.0/24 is directly connected, GigabitEthernet1/0/9
R 192.168.30.0/24 [120/1] via 192.168.100.2, 00:00:08,
GigabitEthernet1/0/24                          ! 添加的动态 RIP 路由
R 192.168.40.0/24 [120/1] via 192.168.100.2, 00:00:08,
GigabitEthernet1/0/24
C 192.168.100.0/24 is directly connected, GigabitEthernet1/0/24
```

## 训练测试

验证方法可采取本任务训练 1 的验证方法，得到的结果是一致的。因此可以得出结论，通过在交换机上配置 RIP 同样可以实现全网互通。而且 RIP 的配置方法比静态路由配置更加简单快捷、不容易出错，维护也更加方便。

## 训练小结

交换机配置 RIP 要注意以下几点。

（1）互联的交换机都必须先开启 RIP。

（2）互联的交换机必须启用同一版本的 RIP。

（3）对 RIP 宣告网络时要添加交换机的所有直连网络。

# 训练 3 交换机间的 EIGRP 动态路由配置

## 训练描述

增强型内部网关路由协议（enhanced interior gateway routing protocol，EIGRP）是 Cisco Systems 开发的高级距离矢量路由协议。EIGRP 具备链路状态路由协议的某些功能，是一种距离矢量路由协议。EIGRP 适用于许多不同的拓扑和媒体。在设计合理的网络中，EIGRP 能够加以扩展从而包括多个拓扑，并能够以最小的网络流量达到极快的融合速度。EIGRP 最初发布于 1992 年，是仅适用于思科设备的专有协议。

EIGRP 兼具链路状态路由协议和距离矢量路由协议的功能。但 EIGRP 依然基于距离矢量路由协议的核心原理，其中关于其他网络的信息是从直连的邻居获得的。

下面利用实验来学习交换机 EIGRP 动态路由的配置方法，实验拓扑图如图 2.4.5 所示。

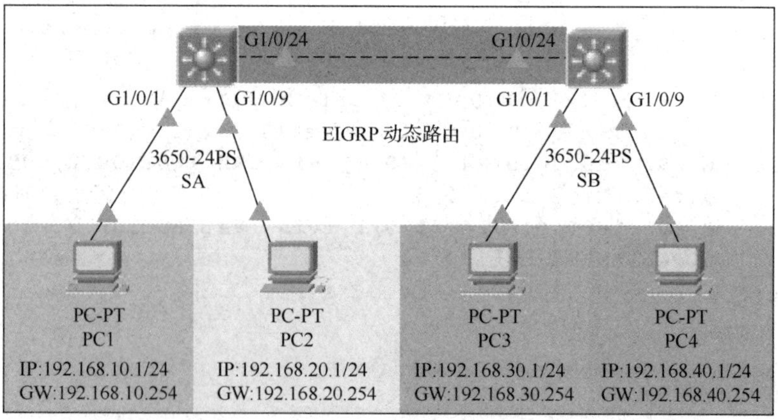


图 2.4.5 交换机 RIP 动态路由实验拓扑图

## 训练要求

（1）添加 4 台计算机，分别更改其标签为 PC1 ~ PC4。

（2）添加 2 台三层交换机 3650-24PS，分别添加 AC-POWER-SUPPLY 电源模块用于设备供电。

（3）分别对三层交换机 3650-24PS 设备更改其标签名为 SA 和 SB。

（4）在 SA 和 SB 上分别设置链路汇聚接口为三层接口，并设置端口 IP 地址，具体情况见表 2.4.2。

（5）根据图 2.4.4 所示，交换机之间通过 G1/0/24 口相连，PC1、PC2 分别连接 SA 的 G1/0/1 和 G1/0/9 口，PC3、PC4 分别连接 SB 的 G1/0/1 和 G1/0/9 口，并根据表 2.4.3 所示配置所有计算机的 IP 地址、子网掩码和网关。

（6）在 2 台交换机上配置 EIGRP 动态路由实现全网互通。

**表 2.4.3 交换机端口编号及 IP 地址信息**

| 交换机名 | 端口编号 | IP 地址 |
|---|---|---|
| SA | G1/0/1 | 192.168.10.254/24 |
|  | G1/0/9 | 192.168.20.254/24 |
|  | G1/0/24 | 192.168.100.1/24 |
| SB | G1/0/1 | 192.168.30.254/24 |
|  | G1/0/9 | 192.168.40.254/24 |
|  | G1/0/24 | 192.168.100.2/24 |

### 训练分析

本实验依然采用将链路汇聚接口改为三层接口的形式来实现，和训练 1 实现的结果是一样的。当前网络中的所有计算机之间是不能通信的。

本实验的主要内容是在交换机配置 EIGRP 动态路由以实现全网互通。重点掌握交换机 EIGRP 动态路由的配置方法，理解 EIGRP 动态路由的工作方式。

交换机间的 EIGRP 动态路由配置

## 训练步骤

### 01 交换机的基本配置

为交换机的链路汇聚接口改为三层接口，并设置接口的 IP 地址。

为交换机 SA 做如下配置。

```
Switch>ena
Switch#conf t
Switch(config)#hostname SA
SA(config)#ip routing
SA(config)#interface GigabitEthernet1 1/0/1
SA(config-if)#no switchport
SA(config-if)ip address 192.168.10.254 255.255.255.0
SA(config)#interface GigabitEthernet1 1/0/9
SA(config-if)#no switchport
```

```
SA(config-if)ip address 192.168.20.254 255.255.255.0
SA(config)#interface GigabitEthernet1 1/0/24
SA(config-if)#no switchport
SA(config-if)ip address 192.168.100.1 255.255.255.0
SA(config-if)#exit
SA(config)#
```

使用同样的方法配置交换机 SB，配置如下。

```
Switch>ena
Switch#conf t
Switch(config)#hostname SB
SB(config)#ip routing
SB(config)#interface GigabitEthernet1 1/0/1
SB(config-if)#no switchport
SB(config-if)ip address 192.168.30.254 255.255.255.0
SB(config)#interface GigabitEthernet1 1/0/9
SB(config-if)#no switchport
SB(config-if)ip address 192.168.40.254 255.255.255.0
SB(config)#interface GigabitEthernet1 1/0/24
SB(config-if)#no switchport
SB(config-if)ip address 192.168.100.2 255.255.255.0
SB(config-if)#exit
SB(config)#
```

**02** 配置 EIGRP 动态路由实现全网互通

在特权模式下使用 show ip route 命令查看本地的直连路由信息。

```
SA#show ip route
Codes: C - connected, S - static, I - IGRP, R - RIP, M - mobile, B - BGP
       D - EIGRP, EX - EIGRP external, O - OSPF, IA - OSPF inter area
       N1 - OSPF NSSA external type 1, N2 - OSPF NSSA external type 2
       E1 - OSPF external type 1, E2 - OSPF external type 2, E - EGP
       i -  IS-IS, L1 - IS-IS level-1, L2 - IS-IS level-2, ia - IS-IS
            inter area
      * - candidate default, U - per-user static route, o - ODR
       P - periodic downloaded static route
C    192.168.10.0/24 is directly connected, GigabitEthernet1/0/1
C    192.168.20.0/24 is directly connected, GigabitEthernet1/0/9
C    192.168.100.0/24 is directly connected, GigabitEthernet1/0/24
```

通过查看可以了解到，目前本地的路由表上只有 3 个直连网络，那么在配置 EIGRP 时，只要宣告这 3 个网络就可以了。因此，在交换机 SA 上进行如下配置。

```
SA(config)#router eigrp 100
SA(config-router)#network 192.168.10.0
SA(config-router)#network 192.168.20.0
SA(config-router)#network 192.168.100.0
SA(config-router)#
```

同理，在交换机 SB 上进行如下配置。

```
SB(config)#router eigrp 100
SB(config-router)#network 192.168.30.0
SB(config-router)#network 192.168.40.0
SB(config-router)#network 192.168.100.0
SB(config-router)#
```

**03** 查看路由表信息

交换机开启 EIGRP 后，交换机之间会相互学习，并对自身的路由表进行自动更新，因此等待几秒钟，就可以在任意一台交换机上查看路由表，这时可以发现路由表中多了以 D 开头的路由信息，这些以 D 开头的路由信息就是交换机通过 EIGRP 学习到的对方的路由表信息。以下是在交换机 SA 上查看到的路由表。

```
SA#show ip route
Codes: C - connected, S - static, I - IGRP, R - RIP, M - mobile, B - BGP
       D - EIGRP, EX - EIGRP external, O - OSPF, IA - OSPF inter area
       N1 - OSPF NSSA external type 1, N2 - OSPF NSSA external type 2
       E1 - OSPF external type 1, E2 - OSPF external type 2, E - EGP
       i -  IS-IS, L1 - IS-IS level-1, L2 - IS-IS level-2, ia - IS-IS inter
           area
       * - candidate default, U - per-user static route, o - ODR
       P - periodic downloaded static route
C    192.168.10.0/24 is directly connected, GigabitEthernet1/0/1
C    192.168.20.0/24 is directly connected, GigabitEthernet1/0/9
D 192.168.30.0/24 [90/5376] via 192.168.100.2, 00:00:20,
GigabitEthernet1/0/24                         ! 添加的动态 EIGRP 路由
D 192.168.40.0/24 [90/5376] via 192.168.100.2, 00:00:020,
GigabitEthernet1/0/24
C 192.168.100.0/24 is directly connected, GigabitEthernet1/0/24
```

## 训练测试

验证方法可采取本任务训练 2 的验证方法，得到的结果是一致的。因此可以得出结论，即在交换机上配置 EIGRP 同样可以实现全网互通。而且 EIGRP 的配置方法比静态路由配置更加简单快捷、不容易出错，维护也更加方便。

## 训练小结

交换机配置 EIGRP 要注意以下几点。

（1）互联的交换机都必须先开启 EIGRP（router eigrp 进程号）。

（2）对 EIGRP 宣告网络时要添加交换机的所有直连网络。

（3）EIGRP 是思科公司的私有协议。

# 训练4 交换机间的OSPF动态路由配置

## 训练描述

开放式最短路径优先（open shortest path first，OSPF）协议是一个内部网关协议(interior gateway protocol，IGP)，用于在单一自治系统(autonomous system，AS)内决策路由。与RIP相比较，OSPF是链路状态路由协议，而RIP是距离向量路由协议。

链路是路由器接口的另一种说法，因此OSPF也称为接口状态路由协议。OSPF通过路由器之间通告网络接口的状态来建立链路状态数据库，从而生成最短路径树，每个OSPF路由器使用这些最短路径构造路由表。OSPF协议不仅能计算两个网络节点之间的最短路径，而且能计算通信费用。可根据网络用户的要求来平衡费用和性能，以选择相应的路由。

下面利用实验来学习交换机OSPF动态路由的配置方法，实验拓扑图如图2.4.6所示。

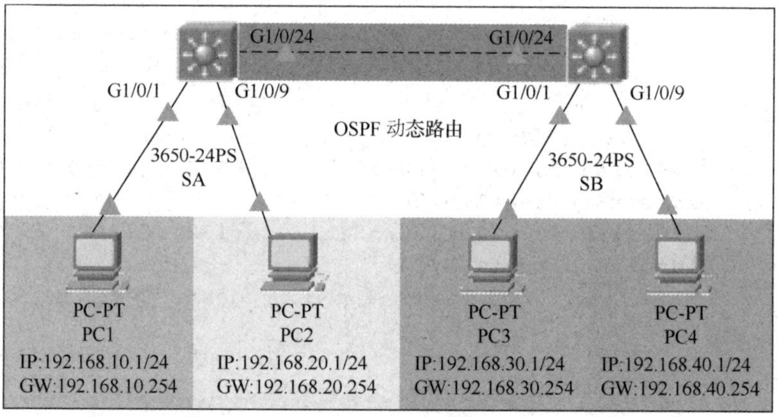


图2.4.6 交换机OSPF动态路由实验拓扑图

## 训练要求

（1）添加4台计算机，分别更改其标签为PC1~PC4。

（2）添加2台三层交换机3650-24PS，分别添加AC-POWER-SUPPLY电源模块用于设备供电。

（3）分别对三层交换机3650-24PS设备更改其标签名为SA和SB。

（4）在SA和SB上分别设置链路汇聚接口为三层接口，并设置端口IP地址，具体情况见表2.4.4。

表 2.4.4　交换机端口编号及 IP 地址信息

| 交换机名 | 端口编号 | IP 地址 |
| --- | --- | --- |
| SA | G1/0/1 | 192.168.10.254/24 |
|  | G1/0/9 | 192.168.20.254/24 |
|  | G1/0/24 | 192.168.100.1/24 |
| SB | G1/0/1 | 192.168.30.254/24 |
|  | G1/0/9 | 192.168.40.254/24 |
|  | G1/0/24 | 192.168.100.2/24 |

（5）根据图 2.4.4 所示，交换机之间通过 G1/0/24 口相连，PC1、PC2 分别连接 SA 的 G1/0/1 和 G1/0/9 口，PC3、PC4 分别连接 SB 的 G1/0/1 和 G1/0/9 口，并根据表 2.4.3 所示配置所有计算机的 IP 地址、子网掩码和网关。

（6）在两台交换机上配置 OSPF 动态路由实现全网互通。

### 训练分析

由于本实验采用与本任务训练 2 同样的拓扑图及 IP 设置，因此可以采用同样的方法进行初始化验证。得到的结果是一样的。当前网络中的所有计算机之间是不能通信的。

本实验的主要内容是在交换机上配置 OSPF 动态路由以实现全网互通。重点掌握交换机 OSPF 动态路由的配置方法，理解 OSPF 动态路由的工作方式。

交换机间的 OSPF 动态路由配置

## 训练步骤

### 01 交换机的基本配置

交换机的基本配置可以参照本任务训练 2 的配置过程，分别配置好交换机 SA 和交换机 SB 的三层接口及接口的 IP 配置。请读者自行参照配置，在此不再赘述。

### 02 配置 OSPF 动态路由实现全网互通

交换机使用 OSPF 路由协议进行互联与使用 RIP 路由协议一样，互联的两个交换机都必须运行 OSPF 路由协议才能相互学习。下面是 OSPF 的添加方法。

开启 OFPF：

```
router ospf [进程号] (1～65535)
```

宣告直连网络：

```
network [网络号] [掩码] area [区域编号](0～4294967295)
```

在使用 OSPF 协议宣告网络的时候跟使用 RIP 一样，可以将所有的直连网络都宣告在 OSPF 路由协议中。由于 OPSF 是分区域管理的，在没有要求进行区域的划分时，可以把所有网络都归属于 area 0。以本实验中的交换机 SA 为例，其直连有 3 个网络，都把它们宣告一下，具体的实现方法如下。

```
SA(config)#router ospf 1
SA(config-router)#network 192.168.100.0 255.255.255.0 area 0
SA(config-router)#network 192.168.10.0 255.255.255.0 area 0
SA(config-router)#network 192.168.20.0 255.255.255.0 area 0
```

同理，在交换机 SB 中用同样的方法进行 OSPF 配置。

```
SB(config)#router ospf 1
SB(config-router)#network 192.168.100.0 255.255.255.0 area 0
SB(config-router)#network 192.168.30.0 255.255.255.0 area 0
SB(config-router)#network 192.168.40.0 255.255.255.0 area 0
```

**03** 查看路由表信息

交换机开启 OSPF 路由协议后，交换机之间会相互交换路由表信息，并对自身的路由表进行自动更新，因此要等待一点时间，然后在任一台交换机上查看路由表，这时可以发现路由表中多了以 O 开头的路由信息，这些以 O 开头的路由信息就是交换机通过 OSPF 路由协议学习到对方的路由表信息了。下面是在交换机 SB 上查看到的路由表。

```
SB#show ip route
Codes: C - connected, S - static, I - IGRP, R - RIP, M - mobile, B - BGP
      D - EIGRP, EX - EIGRP external, O - OSPF, IA - OSPF inter area
      N1 - OSPF NSSA external type 1, N2 - OSPF NSSA external type 2
      E1 - OSPF external type 1, E2 - OSPF external type 2, E - EGP
      i - IS-IS, L1 - IS-IS level-1, L2 - IS-IS level-2, ia - IS-IS inter
         area
      * - candidate default, U - per-user static route, o - ODR
      P - periodic downloaded static route
Gateway of last resort is not set
O 192.168.10.0/24 [110/2] via 192.168.100.1, 00:00:06,
GigabitEthernet1/0/24                                  ! 添加的动态 OSPF 路由
O 192.168.20.0/24 [110/2] via 192.168.100.1, 00:00:06,
GigabitEthernet1/0/24
C 192.168.30.0/24 is directly connected, GigabitEthernet1/0/1
C 192.168.40.0/24 is directly connected, GigabitEthernet1/0/9
C 192.168.100.0/24 is directly connected, GigabitEthernet1/0/24
```

## 训练测试

验证方法可采取本任务训练 1 的验证方法，得到的结果是一致的。因此可以得出结论，即通过在交换机上配置 OSPF 动态路由同样可以实现全网互通。添加 OSPF 协议与 RIP 一样，维护起来都比使用静态路由简单方便得多，而且 OSPF 协议比 RIP 更适合于大型的、复杂的网络。

## 训练小结

在配置和使用 OSPF 协议时，可能会由于物理连接、配置错误等原因导致 OSPF 协议未能正常运行。因此，在配置 OSPF 时应注意以下几点。

（1）先启动 OSPF 协议（使用 router ospf 命令）。

（2）在相应接口配置所属 OSPF 域。

（3）OSPF 骨干域（0 域）必须保证是连续的；所有非 0 域只能通过 0 域与其他非 0 域相连，不允许非 0 域直接相连。

读书笔记

# 3 项目三 路由器的配置

## 项目说明

路由器（router）是连接两个或多个网络不可缺少的网络设备，它会根据整个网络的信道情况自动选择和设定路由，以最佳的路径按前后顺序发送信息给其他网络设备，从而实现信息的路由转发。

路由器是互联网络的枢纽，更像是一位网络交通警察，指挥着网络信息的传输与发送。目前路由器已经广泛应用于各行各业，各种不同档次的产品已经成为实现各种骨干网内部连接、骨干网间互联和骨干网与互联网互联互通业务的主力军。因此掌握路由器相关技术十分必要。

本项目重点学习路由器的配置方法，熟练进行路由器的配置操作。

## 技能目标

任务一　路由器的基本配置

任务二　路由器的广域网协议配置

任务三　路由器的路由配置

## 素养目标

- 具有系统分析与解决问题的能力，能够掌握相关知识点并完成项目任务。
- 增强安全意识，在使用网络设备时进行必要的安全配置。
- 增强自主创新能力。

# 任务一 路由器的基本配置

路由器在网络中担任了非常重要的角色，通常只有授权用户才能进行访问和配置，熟悉路由器的基本配置尤为重要，本任务分成以下三个训练进行学习。

训练 1 模拟器中路由器的设置。

训练 2 路由器的基本配置。

训练 3 单臂路由的配置。

## 训练 1 模拟器中路由器的设置

### 训练描述

现实应用中，路由器一般都提供了许多模块化功能，通过对模块的添加、更换，以支持不断提高的网络带宽要求和服务质量。路由器添加模块就像是计算机添加了一张网卡一样，可以增加网络的接口。一个路由器模块越多功能越多价格也越高。

在 Cisco Packet Tracer 软件中也提供了多款路由器供用户进行选择，而且还为路由器提供了大量的可选模块，这为读者学习和掌握路由器提供了很好的环境。

下面以型号为 2911 的路由器为例来学习和掌握在 Cisco Packet Tracer 模拟器中路由器的一些设置方法，实验拓扑图如图 3.1.1 所示。

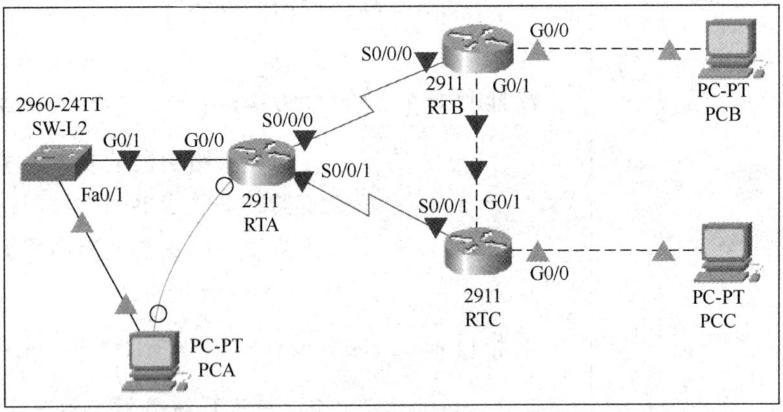


图 3.1.1 路由器设置训练拓扑图

### 训练要求

（1）按照表 3.1.1 添加相应的网络设备并更改对应的标签名。

（2）按照表 3.1.2 使用正确的线缆连接网络设备的相应端口。

表 3.1.1 网络设备与标签名称

| 设备类型 | 数量/台 | 标签名称 |
|---|---|---|
| 2911 路由器 | 3 | RTA、RTB、RTC |
| 2960-24TT 二层交换机 | 1 | SW-L2 |
| PC | 3 | PCA、PCB、PCC |

表 3.1.2 网络设备的相应端口

| 设备名称及端口 | 对端设备名称及端口 | 线缆类型 |
|---|---|---|
| RTA：G0/0 | SW-L2：G0/1 | 直通线 |
| RTA：S0/0/0 | RTB：S0/0/0 | DCE 串口线 |
| RTA：S0/0/1 | RTC：S0/0/1 | DCE 串口线 |
| RTA：Console | PCA：RS 232 | 配置线 |
| RTB：G0/1 | RTC：G0/1 | 交叉线 |
| PCA | SW-L2：Fa0/1 | 直通线 |
| PCB | RTB：G0/0 | 交叉线 |
| PCC | RTC：G0/0 | 交叉线 |

### 训练分析

默认情况下，在 Cisco Packet Tracer 中添加的路由器没有广域网模块，不能进行 DCE 串口线的连接，因此在完成本训练时首先要为路由器添加相关的功能性模块。

## 训练步骤

模拟器中路由器的设置

### 01 添加网络设备

根据图 3.1.1 所示的实验拓扑图，在 Cisco Packet Tracer 的工作区中添加 3 台 2911 路由器、1 台 2960-24TT 交换机和 3 台计算机，并调整相应位置和更改设备的标签名称。

### 02 为路由器添加模块

真实操作中，为路由器添加模块时需要在断电的情况下添加，否则会损坏设备。默认情况下，Cisco Packet Tracer 软件中路由器的电源是打开的，因此在添加模块前首先要先关闭路由器的电源，如图 3.1.2 所示。

添加模块的操作很简单，可以在模块区域中寻找到所需要的模块，选中该模块，然后拖动该模块，至模块的添加区域，放开鼠标即可。添加模块时要注意模块的形状及大小，选择正确的插槽。图 3.1.3 所示为路由器 RTA、RTB 和 RTC 添加 HWIC-2T 串口模块。

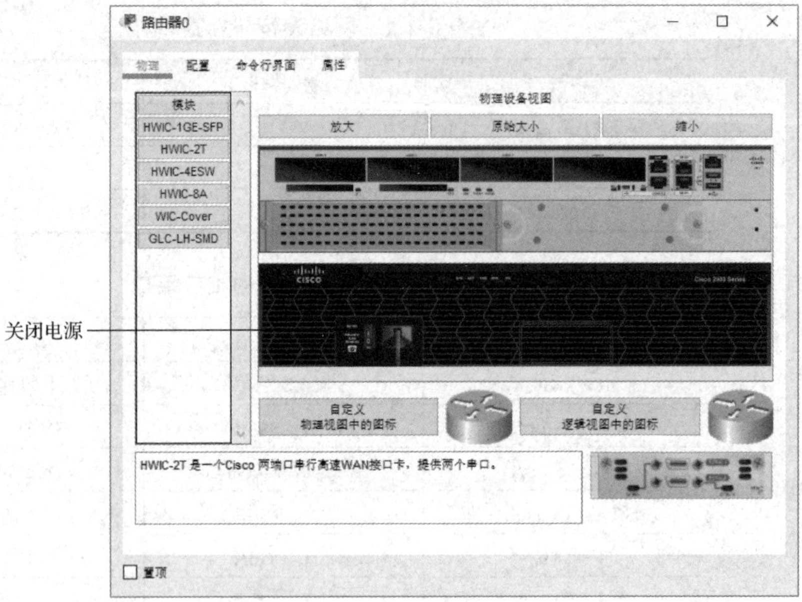


图 3.1.2 关闭路由器电源

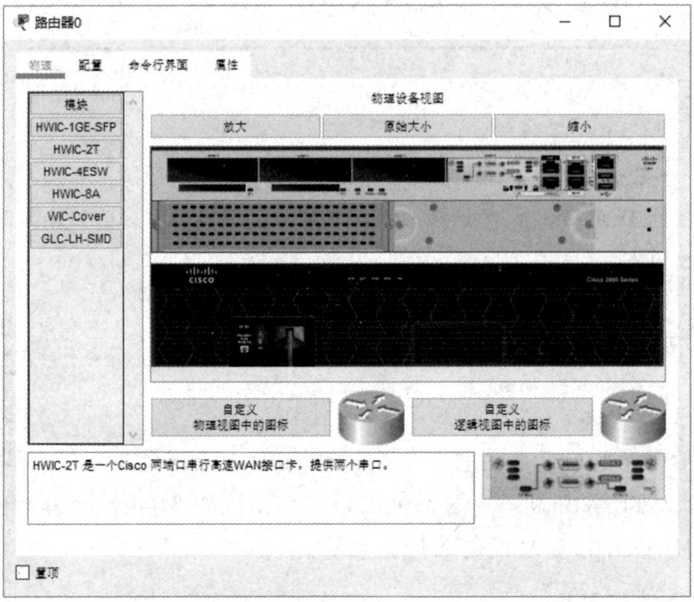


图 3.1.3 为 RTA 添加 HWIC-2T 串口模块

## 03 查看路由器的端口

路由器具有非常强大的网络连接和路由功能，它可以与各种各样的不同网络进行物理连接，这就决定了路由器的接口技术非常复杂，越是高档的路由器其接口种类也就越多，因为它所能连接的网络类型更多。路由器的端口主要分为局域网端口、广域网端口和配置端口三大类。

同时，路由器添加新的模块后就会有新的网络接口，要能正确地实现网络配置就要先清楚路由器中所有的端口类型。查看路由器端口的方法有两种（以 RTA 为例）。

（1）命令法查看路由器端口。

```
Router#show running-config
Building configuration...
……                                              !省略
interface GigabitEthernet0/0                    !局域网接口
 no ip address
 duplex auto
 speed auto
 shutdown                                       !端口处于关闭状态
!
interface GigabitEthernet0/1                    !局域网接口
 no ip address
 duplex auto
 speed auto
 shutdown
!
interface Serial0/0/0                           !广域网接口
 no ip address
 shutdown
!
interface Serial0/0/1                           !广域网接口
 no ip address
 shutdown
!
……                                              !省略
end
Router#
```

（2）鼠标法查看路由器端口。

将鼠标放置在工作区路由器图标上停留一会，就会显示出一个黄色底纹的提示信息框，如图 3.1.4 所示，可以查看到端口类型、IP 地址等信息。

| 端口 | 链接 | VLAN | IP地址 | IPv6地址 | MAC地址 |
|---|---|---|---|---|---|
| GigabitEthernet0/0 | 关闭 | -- | <未设置> | <未设置> | 0010.112D.EA01 |
| GigabitEthernet0/1 | 关闭 | -- | <未设置> | <未设置> | 0010.112D.EA02 |
| GigabitEthernet0/2 | 关闭 | -- | <未设置> | <未设置> | 0010.112D.EA03 |
| Serial0/0/0 | 关闭 | -- | <未设置> | <未设置> | <未设置> |
| Serial0/0/1 | 关闭 | -- | <未设置> | <未设置> | <未设置> |
| Vlan1 | 关闭 | 1 | <未设置> | <未设置> | 00D0.BA35.356C |

主机名：Router

物理位置：城际，家园城市，企业办公室，主布线室，机架

图 3.1.4　使用鼠标查看路由器端口

## 04 路由器的连接

路由器与计算机互联通常都是通过路由器的局域网接口与计算机的网卡接口进行互联，如图 3.1.5 所示。由于路由器本身就是一台没有显示器的计算机主机，在计算机与路由器直接互联时，应采用交叉线进行连接，而不能使用直通线。虽然现在市面上也存在有使用直通线互联的路由器，但在 Cisco Packet Tracer 软件中是不支持的。路由器与交换机互联通常都是通过路由器的局域网接口与交换机接口进行的，如图 3.1.6 所示，

在使用双绞线互联时，可以使用交叉线，也可以使用直通线，一般情况下，都是采用直通线互联的方法。

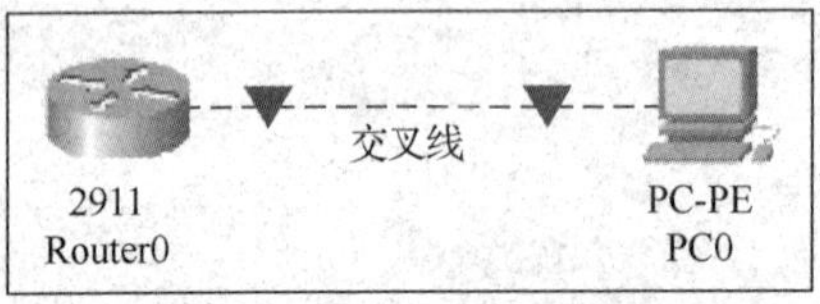


图 3.1.5 路由器与计算机互联

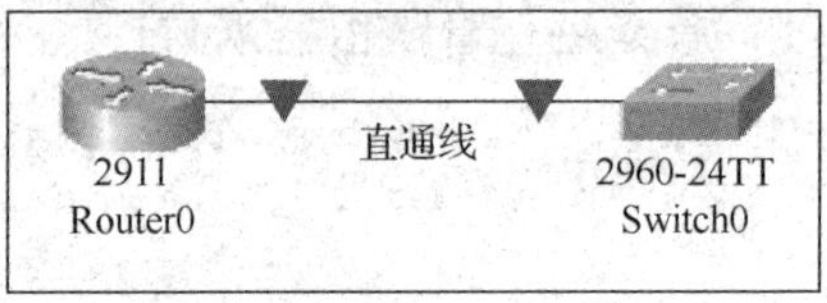


图 3.1.6 路由器与交换机互联

路由器与路由器互联的方式有很多，因为路由可添加的模块有很多，从而造成路由器端口类型也很多，而不同端口类型要使用不同的线缆进行互联。主要分为以下三种。

(1) 路由器通过广域网串口互联，要使用专用的 DTE 和 DCE 串口线连接。

(2) 路由器通过局域网以太网口互联，一般使用双绞线进行连接，且一定要使用交叉线进行连接，用直通线连接是无法通信的。

(3) 路由器的高速网络通常使用光纤接入。

图 3.1.7 所示为路由器与路由器互联的方式。

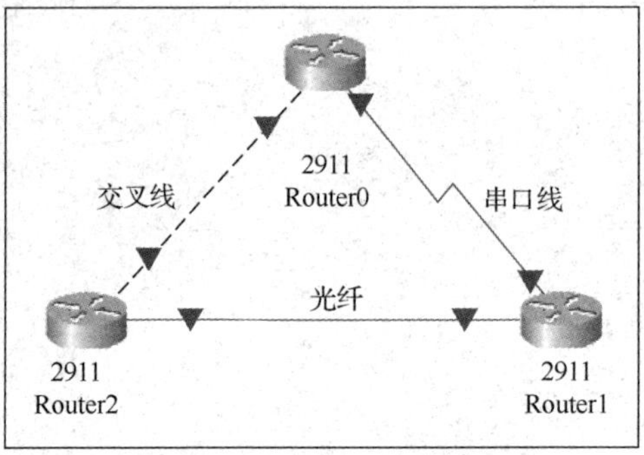


图 3.1.7 路由器与路由器互联

从前面所有的拓扑图中会发现有一个共同点，就是所有连接的端口的状态标记都是红色的，这是因为当前路由器还没有进行配置，所有端口全是 Shutdown（关闭）状态。

通过上面的学习，请读者使用正确的线缆完成本实验的所有网络设备的连接，最终效果应与图 3.1.1 一致。

## 训练测试

将光标放置在各设备的连接链路上，检查链路连接的端口是否正确。

## 训练小结

(1) 掌握路由器模块添加的方法。

(2) 掌握路由器各种端口所使用的线缆类型。

（3）掌握路由器端口的命名。

## 训 练 2　路由器的基本配置

### 训练描述

路由器的基本配置主要包括路由器的名称、接口的 IP 地址、时间、管理密码等设置。像交换机一样，可以使用 Console 口进行配置。

### 训练要求

本实验使用一台型号为 2911 的路由器和一台计算机，利用配置线连接计算机的 RS 232（COM 口）和路由器的 Console 口，利用交叉线连接计算机的 FastEthernet（以太网口）和路由器的 GigabitEthernet0/0 口，拓扑图如图 3.1.8 所示。

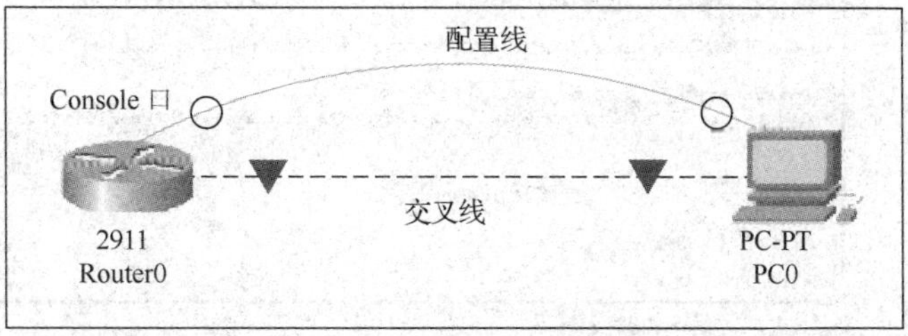


图 3.1.8　路由器基本配置拓扑图

### 训练分析

当路由器没有配置时，路由器的端口都处于关闭状态，因此与路由器相连的链路都处于红色的标记状态。

## 训练步骤

### 01 路由器的配置模式切换

路由器的基本配置

路由器与交换机一样，都有相应的配置模式，而且切换的方法也一样。不同的是，路由器在第一次进行配置时有一个配置向导（图 3.1.9），通过这个配置向导，可以进行一些简单的基本配置。但作为专业的网络管理人员，通常不采用此方式。可以退出配置向导，输入 NO 进入正常配置方式。

```
Router>                                          !用户模式
Router>enable                                    !进入特权模式
Router#configure terminal                        !进入全局配置模式
Router(config)#interface GigabitEthernet0/0      !进入端口配置模式
Router(config-if)#exit                           !返回上一级
```

```
Router(config)#end                                  !直接返回特权模式
Router#write                                        !保存配置
Router#
```

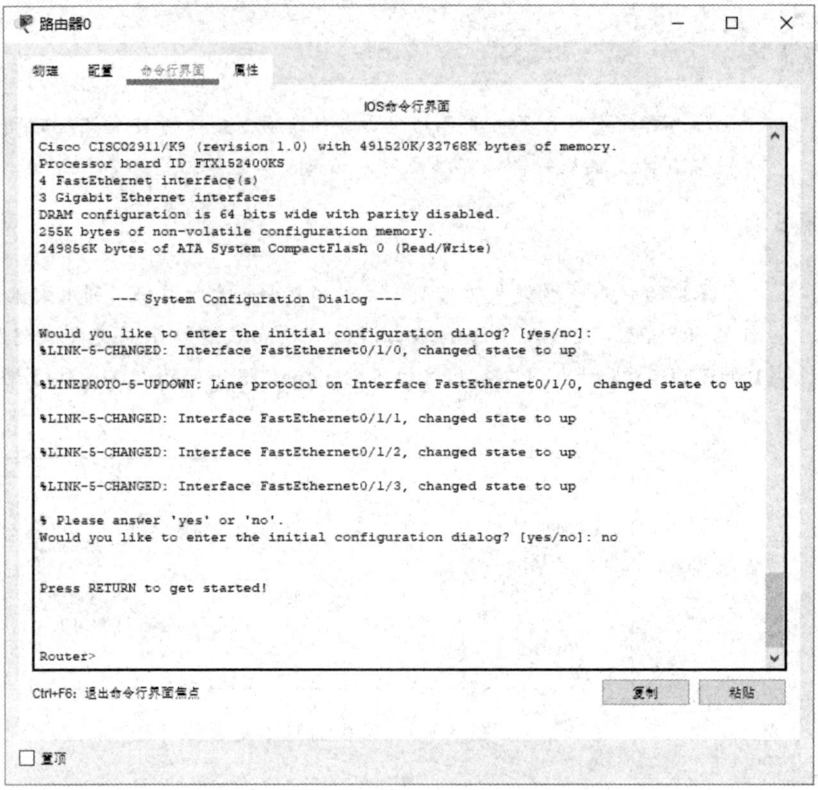


图 3.1.9 路由器配置向导界面

### 02 路由器命名

```
Router#
Router#config t                               !进入全局配置模式
Router(config)#hostname RA                    !命名为 RA
RA(config)#
```

### 03 路由器设置时间

```
RA#clock set 16:15:00 25 Apr 2020             !设置时间
RA#
RA#show clock                                 !显示时间
16:15:5.233 UTC  Sat Apr 25 2020
```

### 04 路由器设置特权密码

```
RA(config)#enable Password 123456             !设置明文密码 123456
RA(config)#
```

**05** 路由器设置网络接口的 IP 地址

```
RA#conf t
RA(config)#interface GigabitEthernet 0/0                    !进入端口
RA(config-if)#ip address 192.168.1.1 255.255.255.0         !配置 IP
RA(config-if)#no shutdown                                   !开启端口
```

**06** 设置路由器 SSH

```
RA(config)#ip domain-name cisco.com
!这条语句很关键，因为路由要根据设备名称和这个域名通过 RSA 算法产生一对
公私密钥对，客户机 SSH 登录时，路由器会将公钥发给客户机，客户机用公钥加密，
路由器用私钥解密
RA(config)#crypto key generate rsa
How many bits in the modulus [512]:
                     !产生密钥对的长度，默认为 512，此处用 1024 用来支持版本 2
% Generating 512 bit RSA keys, keys will be non-exportable...[OK]
RA(config)#username admin password cisco
RA(config)#line vty 0 4
*?? 1 0:30:10.767: RSA key size needs tobe at least 768 bits for ssh version 2
*?? 1 0:30:10.767: %SSH-5-ENABLED: SSH 1.5 has been enable
!当出现这个提示时 SSH 服务也随之开启了!
RA(config-line)#login local
RA(config-line)#transport input ssh
                     !设置 vty 的登录模式为 ssh，默认情况下是 all，即允许所有登录
RA(config-line)#exit
RA(config)#ip ssh version 2
RA(config)#ip ssh time-out 120        !设置 ssh 时间为 120 秒(默认为 120 秒)
RA(config)#ip ssh authentication-retries 4
                              !设置 ssh 认证重复次数为 4，可以在 0~5 之间选择
```

## 训练测试

（1）当配置完以上命令时，再次查看网络拓扑图，可以发现链路中的红色标记已经变成了绿色。这时可以为计算机 PC0 分配一个同网段的 IP（如 192.168.1.2）地址，设置网关为路由器 G0/0 的 IP 地址，并测试一下它们之间的连通性。

（2）当配置完以上命令时，在 PC0 上测试使用 SSH 是否可以登录路由器。

## 训练小结

（1）路由器具有与交换机一样的配置模式，且切换命令一致。

（2）对路由器的端口可直接分配其 IP 地址，需要注意路由器型号的不同端口号也会有所区别，如 G0/0 和 G0/1/0 的不同。

（3）路由器有一个配置向导，但不建议使用，使用 NO 命令退出向导，进入正常配置方式。

## 训练3　单臂路由的配置

### 训练描述

在网络管理实践中，通过在交换机上划分适当数目的 VLAN，不仅能有效隔离广播风暴，还能提高网络安全系数及网络带宽的利用效率。划分 VLAN 之后，VLAN 与 VLAN 之间是不能通信的，使用路由器的单臂路由功能可以解决这个问题。

下面利用实验来学习路由器单臂路由功能的应用及配置方法，实验拓扑图如图 3.1.10 所示。

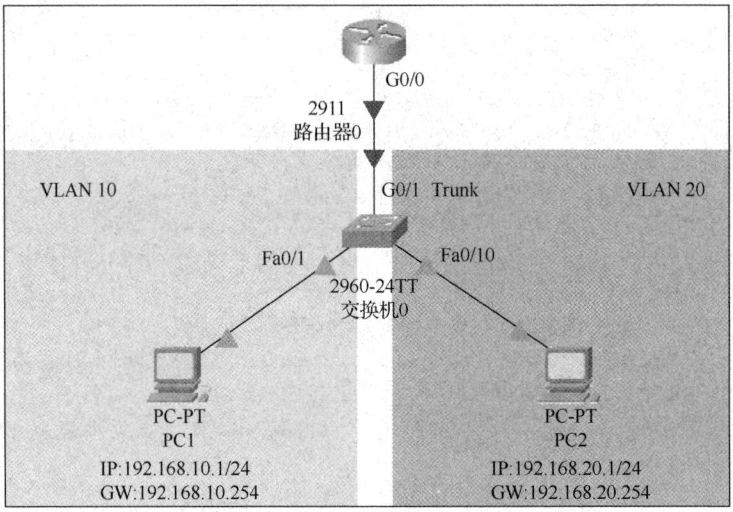


图 3.1.10　路由器单臂路由实验拓扑图

### 训练要求

（1）添加 1 台型号为 2911 的路由器、1 台 2960-24TT 交换机和 2 台计算机，为 2 台计算机配置如图 3.1.10 所示的 IP 参数。

（2）利用直通线连接所有的网络设备，将 PC1 和 PC2 分别接入交换机的 Fa0/1 和 Fa0/10 2 个端口，将交换机的 G0/1 口与路由器的 G0/0 口相连。

（3）在交换机上划分 2 个 VLAN，PC1 和 PC2 分别处于不同 VLAN 中。

（4）在路由器上配置单臂路由实现 2 台计算机能正常通信。

### 训练分析

PC1 和 PC2 分别属于 VLAN 10 和 VLAN 20，交换机 0 是 1 个二层交换机，为实现 VLAN 10 和 VLAN 20 中的计算机相互通信，要增加 1 个路由器来转发

VLAN之间的数据包，路由器与交换机之间使用单条链路相连，这条链路又称主干（Trunk），所有数据包的进出都要通过路由器2911的G0/0端口来实现数据转发。

单臂路由的配置

## 训练步骤

### 01 交换机的配置

```
Switch>
Switch>enable
Switch#vlan database
Switch(vlan)#vlan 10 name office          !配置 VLAN 10，取名 office
Switch(vlan)#vlan 20 name home
Switch(vlan)#exit
Switch#configure terminal
Switch(config)#interface fastEthernet 0/1
Switch(config-if)#switchport mode access
Switch(config-if)#switchport access vlan 10
Switch(config-if)#exit
Switch(config)#interface fastEthernet 0/10
Switch(config-if)#switchport mode access
Switch(config-if)#switchport access vlan 20
Switch(config-if)#exit
Switch(config)#interface GigabitEthernet 0/1
Switch(config-if)#switchport mode trunk
Switch(config-if)#end
Switch#
```

### 02 路由器的配置

```
Router>
Router>enable
Router#configure terminal
Router(config)#interface GigabitEthernet 0/0
Router(config-if)#no shutdown
Router(config-if)#exit
Router(config)#interface GigabitEthernet 0/0.1 !配置子接口 1
Router(config-subif)#encapsulation dot1Q 10     !封装 802.1q 协议
Router(config-subif)#ip address 192.168.10.254 255.255.255.0
Router(config-subif)#exit
Router(config)#interface GigabitEthernet 0/0.2
Router(config-subif)#encapsulation dot1Q 20
Router(config-subif)#ip address 192.168.20.254 255.255.255.0
Router(config-subif)#end
Router#
```

## 训练测试

当配置完以上命令时，再次查看网络拓扑图，可以发现链路中的红色标记已经变成了绿色。这时可以在计算机 PC1 上用 Ping 命令去测试与 PC2 的连通性，结果发现它们之间是连通的，如图 3.1.11 所示。这说明路由器的单臂路由功能发挥了作用。

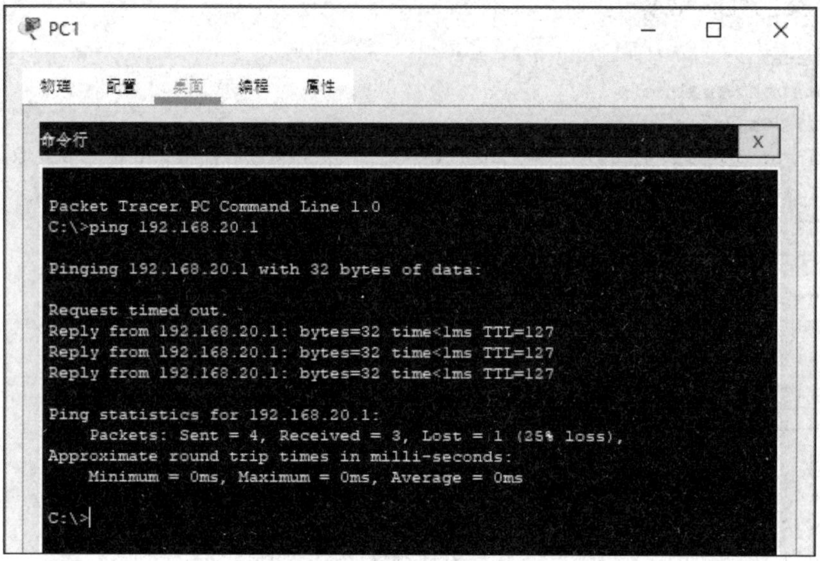


图 3.1.11　使用 PC1 测试到 PC2 的连通性

## 训练小结

（1）交换机与路由器相连的端口要设置成 Trunk 模式。

（2）路由器的端口要在启动状态。

（3）配置路由器端口的子接口，同时要进行 802.1q 的协议封装。

# 任务二　路由器的广域网协议配置

路由器常用的广域网协议有点对点协议（PPP）、高级数据链路控制（HDLC）协议、帧中继（Frame-Relay）协议、同步数据链路控制（SDLC）协议等。其中，PPP 是面向字符的控制协议；HDLC 是面向位的控制协议；Frame-Relay 是 x.25 分组交换网的改进，以虚电路的方式工作；SDLC 是一种 IBM 数据链路层协议，适用于系统网络体系结构（SNA）。

路由器在进行广域网协议的封装时，要注意 DCE 和 DTE 端的区别，所以先来了解一下什么是 DCE 和 DTE。

DTE 是数据终端设备，如终端，是广义的概念，PC 也可以是终端。一般广域网常用的 DTE 设备有路由器、终端主机等。

DCE 是数据通信设备，如 Modem，连接 DTE 设备的通信设备。一般广域网常用的 DCE 设备有 CSU/DSU、广域网交换机、Modem 等。

DTE 和 DCE 的主要区别是 DCE 一方提供时钟，DTE 不提供时钟，但 DTE 依靠 DCE 提供的时钟工作，比如计算机和 Modem 之间。数据传输通常是经过 DTE—DCE，再经过 DCE—DTE 的路径。其实，对于标准的串行端口，通常从外观就能判断是 DTE 还是 DCE。DTE 是针头（俗称公头），DCE 是孔头（俗称母头），这样两种接口才能接在一起。

不过，对于一个大型的网络来说，一个网络设备是接 DCE 端还是 DTE 端是相对而言的，也就是说，一个设备有可能是 DCE 端设备，也可能是 DTE 端设备。

本任务重点学习路由器的 PPP 和 HDLC 协议，分以下 4 个训练进行学习。

训练 1　路由器的广域网 HDLC 封装。

训练 2　路由器的广域网 PPP 封装。

训练 3　路由器的广域网 PPP 封装 CHAP 验证。

训练 4　路由器的广域网 PPP 封装 PAP 验证。

## 训练 1　路由器的广域网 HDLC 封装

### 训练描述

高级数据链路控制（high-level data link control，HDLC）协议是 Cisco 的路由器默认的封装协议。

下面以 2 台型号为 2911 的路由器来模拟公网，学习和掌握路由器广域网 HDLC 协议的设置方法，实验拓扑图如图 3.2.1 所示。

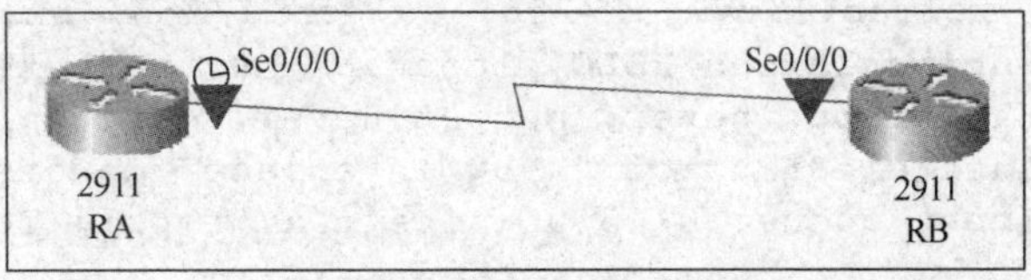


图 3.2.1　路由器广域网 HDLC 封装实验拓扑图

### 训练要求

（1）添加 2 台路由器 2911，分别更改其标签名为 RA 和 RB。

（2）为 2 台路由器 RA 和 RB 添加 HWIC-2T 模块，添加在 S0/0/0 口位置。

（3）使用 V35 串口线连接 2 台路由器的 S0/0/0 口，设置 RA 为 DCE 端。

（4）RA 的 S0/0/0 口设置 IP 地址为 10.1.1.1/24，RB 的 S0/0/0 口设置 IP 地址为 10.1.1.2/24。

（5）在 2 台路由器之间做 HDLC 封装，并测试 2 台路由器的连通性。

## 训练分析

由于 HDLC 是 Cisco 路由器使用的默认协议，1 台新路由器在未指定封装协议时默认使用 HDLC 封装，因此在配置时不用进行配置 HDLC 封装，只配置时钟，配置过程系统会自动完成。

路由器的广域网 HDLC 封装

## 训练步骤

按要求添加相应模块并进行网络连接，使用 DCE 串口线进行连接时要注意 DCE 和 DTE 端的设置，把 RA 定义为 DCE 端。

**01** RA 的配置

```
Router>
Router>ena                                          !进入特权模式
Router#conf t                                       !进入全局配置模式
Router(config)#hostname RA                          !配置路由器名称
RA(config)#interface serial 0/0/0                   !进入端口配置模式
RA(config-if)#ip address 10.1.1.1 255.255.255.0!配置端口 IP 地址
RA(config-if)#encapsulation hdlc                    !封装 HDLC 协议
RA(config-if)#clock rate 2000000                    !配置 DCE 时钟频率
RA(config-if)#no shutdown
RA(config-if)#exit
RA(config)#
```

**02** 查看 RA 的端口配置情况（注意加粗的文字）

```
RA#show interfaces serial 0/0/0
Serial0/0/0/0 is down, line protocol is down (disabled)
  Hardware is HD64570
  Internet address is 10.1.1.1/24
  MTU 1500 bytes, BW 1544 Kbit, DLY 20000 usec,
    reliability 255/255, txload 1/255, rxload 1/255
  Encapsulation HDLC, loopback not set, keepalive set (10 sec)
  Last input never, output never, output hang never
  Last clearing of "show interface" counters never
  Input queue: 0/75/0 (size/max/drops); Total output drops: 0
  Queueing strategy: weighted fair
  Output queue: 0/1000/64/0 (size/max total/threshold/drops)
     Conversations  0/0/256 (active/max active/max total)
     Reserved Conversations 0/0 (allocated/max allocated)
     Available Bandwidth 1158 kilobits/sec
  5 minute input rate 0 bits/sec, 0 packets/sec
  5 minute output rate 0 bits/sec, 0 packets/sec
     0 packets input, 0 bytes, 0 no buffer
     Received 0 broadcasts, 0 runts, 0 giants, 0 throttles
     0 input errors, 0 CRC, 0 frame, 0 overrun, 0 ignored, 0 abort
     0 packets output, 0 bytes, 0 underruns
     0 output errors, 0 collisions, 1 interface resets
```

```
    0 output buffer failures, 0 output buffers swapped out
    0 carrier transitions
    DCD=down  DSR=down  DTR=down  RTS=down  CTS=down
```

**03** RB 的配置

```
Router>ena                                      !进入特权模式
Router#conf t                                   !进入全局配置模式
Router(config)#hostname RB                      !配置路由器名称
RB(config)#interface serial 0/0/0               !进入端口配置模式
RB(config-if)#ip address 10.1.1.2 255.255.255.0 !配置端口 IP 地址
RB(config-if)#encapsulation hdlc                !封装 HDLC 协议
RB(config-if)#no shutdown
RB(config-if)#exit
RB(config)#
```

**04** 再次查看 RA 的端口配置情况

```
RA#show interfaces serial 0/0/0
Serial0/0/0/0 is up, line protocol is up (connected)
  Hardware is HD64570
  Internet address is 10.1.1.1/24
  MTU 1500 bytes, BW 1544 Kbit, DLY 20000 usec,
     reliability 255/255, txload 1/255, rxload 1/255
  Encapsulation HDLC, loopback not set, keepalive set (10 sec)
  Last input never, output never, output hang never
  Last clearing of "show interface" counters never
  Input queue: 0/75/0 (size/max/drops); Total output drops: 0
  Queueing strategy: weighted fair
  Output queue: 0/1000/64/0 (size/max total/threshold/drops)
    Conversations  0/0/256 (active/max active/max total)
    Reserved Conversations 0/0 (allocated/max allocated)
    Available Bandwidth 1158 kilobits/sec
  5 minute input rate 0 bits/sec, 0 packets/sec
  5 minute output rate 0 bits/sec, 0 packets/sec
    0 packets input, 0 bytes, 0 no buffer
    Received 0 broadcasts, 0 runts, 0 giants, 0 throttles
    0 input errors, 0 CRC, 0 frame, 0 overrun, 0 ignored, 0 abort
    0 packets output, 0 bytes, 0 underruns
    0 output errors, 0 collisions, 1 interface resets
    0 output buffer failures, 0 output buffers swapped out
    0 carrier transitions
```

## 训练测试

在任意一台路由器上，在特权模式下使用 Ping 命令测试对方路由的连通性，如在 RA 上测试与 RB 连通的结果：

```
RA#ping 10.1.1.2
Type escape sequence to abort.
```

```
Sending 5, 100-byte ICMP Echos to 10.1.1.2, timeout is 2 seconds:
!!!!!                                         !5个“!”号表示测试通过
Success rate is 100 percent (5/5), round-trip min/avg/max = 1/1/4 ms
```

## 训练小结

（1）路由器进行封装广域网协议时，必须添加相应的广域网功能模块。

（2）要求使用 V35 线缆（DCE/DTE 串口线）连接两个端口，使用 DCE 串口线连接时，先连接的一端为 DCE 端，使用 DTE 串口线则相反。

（3）路由器两端封装的协议必须一致，否则无法建立链路。

# 训练2 路由器的广域网 PPP 封装

## 训练描述

点对点协议（point to point protocol，PPP）是一种比 HDLC 功能更加丰富、更加安全的广域网封装协议，支持身份认证、多链路捆绑等功能。

下面以 2 台型号为 2911 的路由器来模拟公网，学习和掌握路由器广域网 PPP 的设置方法，实验拓扑图如图 3.2.2 所示。

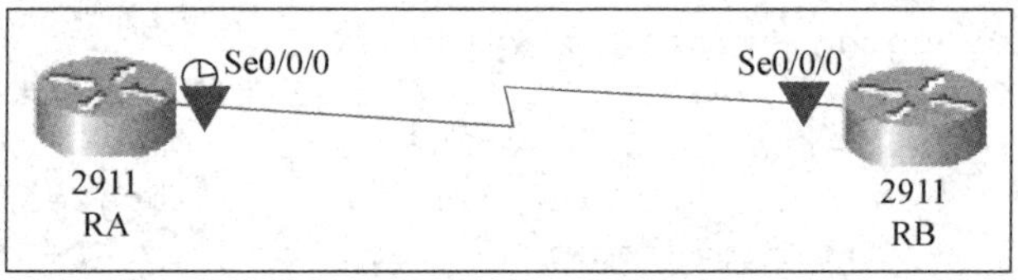


图 3.2.2 路由器广域网 PPP 封装实验拓扑图

## 训练要求

（1）添加 2 台路由器 2911，分别更改其标签名为 RA 和 RB。

（2）为 2 台路由器添加 HWIC-2T 模块，添加在 S0/0/0 口位置。

（3）使用 DCE 串口线连接 2 台路由器的 S0/0/0 口，设置 RA 为 DCE 端。

（4）对 RA 的 S0/0/0 口设置其 IP 地址为 10.1.1.1/24，对 RB 的 S0/0/0 口设置其 IP 地址为 10.1.1.2/24。

（5）在 2 台路由器之间做 PPP 封装，并测试 2 台路由器的连通性。

## 训练分析

路由器广域网 PPP 的配置方法与 HDLC 协议的配置方法类似，只是在工作方式上不同。

## 训练步骤

按要求添加相应模块并进行网络连接，使用 DCE 串口线进行连接时要注意 DCE 和 DTE 端的设置，把 RA 定义为 DCE 端。

路由器的广域网 PPP 封装

**01** RA 的配置

```
Router>
Router>ena                                              !进入特权模式
Router#conf t                                           !进入全局配置模式
Router(config)#hostname RA                              !配置路由器名称
RA(config)#interface serial 0/0/0                       !进入端口配置模式
RA(config-if)#ip address 10.1.1.1 255.255.255.0!配置端口 IP 地址
RA(config-if)#encapsulation PPP                         !封装 PPP
RA(config-if)#clock rate 2000000                        !配置 DCE 时钟频率
RA(config-if)#no shutdown
RA(config-if)#exit
RA(config)#
```

**02** 查看 RA 的端口配置情况（注意加粗的文字）

```
RA#show interfaces serial 0/0
Serial0/0 is down, line protocol is down (disabled)
  Hardware is HD64570
  Internet address is 10.1.1.1/24
  MTU 1500 bytes, BW 1544 kbit, DLY 20000 usec,
    reliability 255/255, txload 1/255, rxload 1/255
  Encapsulation PPP, loopback not set, keepalive set (10 sec)
  LCP Closed
  Closed: LEXCP, BRIDGECP, IPCP, CCP, CDPCP, LLC2, BACP
  Last input never, output never, output hang never
  Last clearing of "show interface" counters never
  Input queue: 0/75/0 (size/max/drops); Total output drops: 0
  Queueing strategy: weighted fair
  Output queue: 0/1000/64/0 (size/max total/threshold/drops)
     Conversations  0/0/256 (active/max active/max total)
     Reserved Conversations 0/0 (allocated/max allocated)
     Available Bandwidth 1158 kilobits/sec

5 minute input rate 0 bits/sec, 0 packets/sec
5 minute output rate 0 bits/sec, 0 packets/sec
     0 packets input, 0 bytes, 0 no buffer
     Received 0 broadcasts, 0 runts, 0 giants, 0 throttles
     0 input errors, 0 CRC, 0 frame, 0 overrun, 0 ignored, 0 abort
     0 packets output, 0 bytes, 0 underruns
     0 output errors, 0 collisions, 1 interface resets
     0 output buffer failures, 0 output buffers swapped out
     0 carrier transitions
     DCD=down  DSR=down  DTR=down  RTS=down  CTS=down
```

**03** RB 的配置

```
Router>ena                                            !进入特权模式
Router#conf t                                         !进入全局配置模式
Router(config)#hostname RB                            !配置路由器名称
RB(config)#interface serial 0/0/0                     !进入端口配置模式
RB(config-if)#ip address 10.1.1.2 255.255.255.0!配置端口 IP 地址
RB(config-if)#encapsulation PPP                       !封装 PPP
RB(config-if)#no shutdown
RB(config-if)#exit
RB(config)#
```

**04** 再次查看 RA 的端口配置情况（注意加粗的文字）

```
RA#show interfaces serial 0/0
Serial0/0 is up, line protocol is up (connected)
  Hardware is HD64570
  Internet address is 10.1.1.1/24
  MTU 1500 bytes, BW 1544 kbit, DLY 20000 usec,
     reliability 255/255, txload 1/255, rxload 1/255
  Encapsulation PPP, loopback not set, keepalive set (10 sec)
  LCP Open
  Open: IPCP, CDPCP
  Last input never, output never, output hang never
  Last clearing of "show interface" counters never
  Input queue: 0/75/0 (size/max/drops); Total output drops: 0
  Queueing strategy: weighted fair
  Output queue: 0/1000/64/0 (size/max total/threshold/drops)
     Conversations  0/0/256 (active/max active/max total)
     Reserved Conversations 0/0 (allocated/max allocated)
     Available Bandwidth 1158 kilobits/sec
  5 minute input rate 0 bits/sec, 0 packets/sec
  5 minute output rate 0 bits/sec, 0 packets/sec
     0 packets input, 0 bytes, 0 no buffer
     Received 0 broadcasts, 0 runts, 0 giants, 0 throttles
     0 input errors, 0 CRC, 0 frame, 0 overrun, 0 ignored, 0 abort
     0 packets output, 0 bytes, 0 underruns
     0 output errors, 0 collisions, 0 interface resets
     0 output buffer failures, 0 output buffers swapped out
     0 carrier transitions
     DCD=up  DSR=up  DTR=up  RTS=up  CTS=up
```

## 训练测试

在任意一台路由器上，在特权模式下使用 Ping 命令测试与对方路由的连通性。例如，在 RA 上测试 RB 的结果如下。

```
RA#ping 10.1.1.2
Type escape sequence to abort.
Sending 5, 100-byte ICMP Echos to 10.1.1.2, timeout is 2 seconds:
!!!!!                                          !5 个“!”号表示测试通过
Success rate is 100 percent (5/5), round-trip min/avg/max = 1/2/5 ms
```

## 训练小结

（1）路由器进行封装广域网协议时，必须添加相应的广域网功能模块。

（2）要求使用 DCE 线缆（DCE/DTE 串口线）连接两个端口，使用 DCE 串口线连接时，先连接的一端为 DCE 端，使用 DTE 串口线则相反。

（3）路由器两端封装的协议必须一致，否则无法建立链路。

## 训练 3 路由器的广域网 PPP 封装 CHAP 验证

### 训练描述

挑战握手认证协议（challenge handshake authentication protocol，CHAP）验证是 3 次握手验证方式，安全性较高，采用密文传送用户名。主验方和被验方两边都有数据库。要求双方的用户名互为对方的主机名，即本端的用户名等于对端的主机名，且口令相同。

下面以 2 台型号为 2911 的路由器来模拟公网，学习和掌握路由器的广域网 PPP 封装 CHAP 验证的设置方法，实验拓扑图如图 3.2.3 所示。

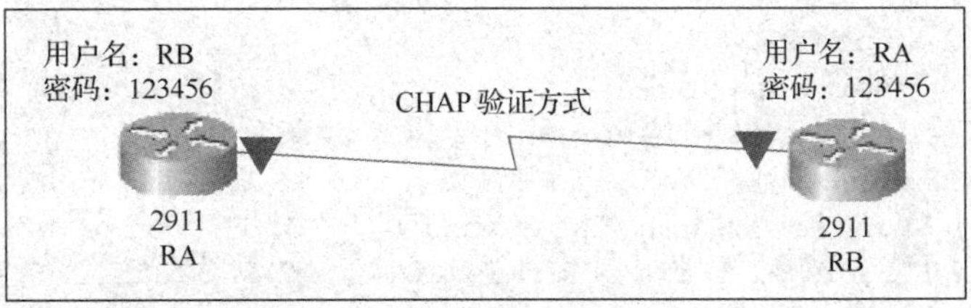


图 3.2.3　路由器的广域网 PPP 封装 CHAP 验证拓扑图

### 训练要求

（1）添加 2 台路由器 2911，分别更改其标签名为 RA 和 RB。

（2）为 2 台路由器添加 HWIC-2T 模块，添加在 S0/0/0 口位置。

（3）使用 DCE 串口线连接 2 台路由器的 S0/0/0 口，设置 RA 为 DCE 端。

（4）对 RA 的 S0/0/0 口设置其 IP 地址为 10.1.1.1/24，对 RB 的 S0/0/0 口设置其 IP 地址为 10.1.1.2/24。

（5）在 2 台路由器之间做 PPP 封装 CHAP 验证，在 2 台路由器上创建以对方机器名命名的用户名且密码均为 123456 的用户，并测试 2 台路由器的连通性。

### 训练分析

2 台路由都必须封装 PPP，并设置要求对方进行验证的用户名和密码，设置时用户名为对方设备的名称，密码必须相同。

## 训练步骤

按要求添加相应模块并进行网络连接，使用 DCE 串口线进行连接时要注意 DCE 和 DTE 端的设置，把 RA 定义为 DCE 端。

路由器的广域网 PPP 封装 CHAP 验证

**01** RA 的配置

```
Router>
Router>enable                                   !进入特权模式
Router#conf t                                   !进入全局配置模式
Router(config)#hostname RA                      !配置路由器名称
RA(config)#username RB password 123456          !设置用户名及密码
RA(config)#interface serial 0/0/0               !进入端口配置模式
RA(config-if)#ip address 10.1.1.1 255.255.255.0 !配置端口 IP 地址
RA(config-if)#encapsulation PPP                 !封装 PPP
RA(config-if)#ppp authentication chap           !设置 CHAP 验证方式
RA(config-if)#clock rate 2000000                !配置 DCE 时钟频率
RA(config-if)#no shutdown
RA(config-if)#exit
RA(config)#
```

**02** RB 的配置

```
Router>ena                                      !进入特权模式
Router#conf t                                   !进入全局配置模式
Router(config)#hostname RB                      !配置路由器名称
RB(config)#username RA password 123456          !设置用户名及密码
RB(config)#interface serial 0/0/0               !进入端口配置模式
RB(config-if)#ip address 10.1.1.2 255.255.255.0 !配置端口 IP 地址
RB(config-if)#encapsulation PPP                 !封装 PPP
RB(config-if)#ppp authentication chap           !设置 CHAP 验证方式
RB(config-if)#no shutdown
RB(config-if)#exit
RB(config)#
```

## 训练测试

在任意一台路由器上，在特权模式下使用 Ping 命令测试与对方路由的连通性，如在 RA 上测试 RB 的结果如下。

```
RA#ping 10.1.1.2
Type escape sequence to abort.
Sending 5, 100-byte ICMP Echos to 10.1.1.2, timeout is 2 seconds:
!!!!!                                  !5个“!”号表示测试通过
Success rate is 100 percent (5/5), round-trip min/avg/max = 1/3/9 ms
```

## 训练小结

（1）路由器两端必须都进行 PPP 封装。

（2）创建用户时，要注意用户名与对方设备名一致，且设置的密码必须一致。

（3）路由器两端都要进行 CHAP 验证的配置。

# 训练 4 路由器的广域网 PPP 封装 PAP 验证

## 训练描述

密码认证协议（password authentication protocol，PAP）验证是简单认证方式，采用明文传输，验证只在开始连接时进行。被验方先发起连接，将 Username 和 Password 一起发给主验方。主验方收到被验方 Username 和 Password 后，在数据库中进行匹配，并回送 ACK 或 NAK。

下面用两个型号为 2911 的路由器来模拟公网，学习和掌握路由器的广域网 PPP 封装 PAP 验证的设置方法，实验拓扑图如图 3.2.4 所示。

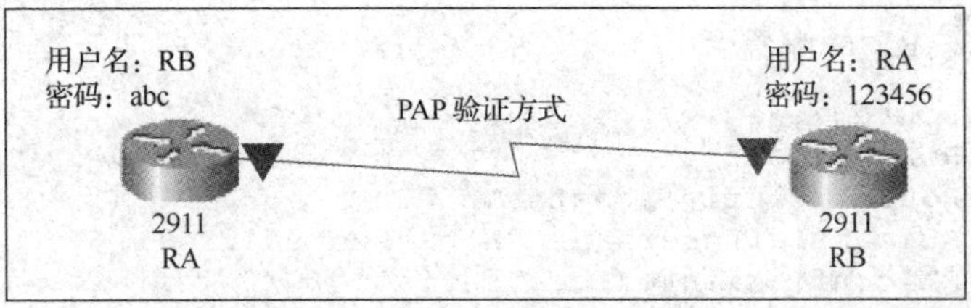


图 3.2.4 路由器的广域网 PPP 封装 PAP 验证实验拓扑图

## 训练要求

（1）添加 2 台路由器 2911，分别更改其标签名为 RA 和 RB。

（2）为 2 台路由器添加 HWIC-2T 模块，添加在 S0/0/0 口位置。

（3）使用 V35 串口线连接 2 台路由器的 S0/0/0 口，设置 RA 为 DCE 端。

（4）对 RA 的 S0/0/0 口设置其 IP 地址为 10.1.1.1/24，对 RB 的 S0/0/0 口设置其 IP 为 10.1.1.2/24。

（5）在 2 台路由器之间做 PPP 封装 PAP 验证，在 RA 上创建用户，用户名为 RB，密码为 abc；在 RB 上创建用户，用户名为 RA，密码为 123456。并测试 2 台路由器的连通性。

## 训练分析

2 台路由都必须封装 PPP，并设置对方进行验证的用户名和密码，设置时用户名为对方设备的名称，密码可以不同。

## 训练步骤

按要求添加相应模块并进行网络连接，使用 DCE 串口线进行连接时要注意 DCE 和 DTE 端的设置，把 RA 定义为 DCE 端。

路由器的广域网 PPP 封装 PAP 验证

**01** RA 的配置

```
Router>
Router>ena                                           !进入特权模式
Router#conf t                                        !进入全局配置模式
Router(config)#hostname RA                           !配置路由器名称
RA(config)#username RB password abc                  !设置用户名及密码
RA(config)#interface serial 0/0/0                    !进入端口配置模式
RA(config-if)#ip address 10.1.1.1 255.255.255.0      !配置端口 IP 地址
RA(config-if)#encapsulation PPP                      !封装 PPP
RA(config-if)#ppp authentication pap                 !设置 PAP 验证方式
RA(config-if)#ppp pap sent-username RA password 123456
                                                     !发送对方用户名及密码
RA(config-if)#clock rate 2000000                     !配置 DCE 时钟频率
RA(config-if)#no shutdown
RA(config-if)#exit
RA(config)#
```

**02** RB 的配置

```
Router>ena                                               !进入特权模式
Router#conf t                                            !进入全局配置模式
Router(config)#hostname RB                               !配置路由器名称
RB(config)#username RA password 123456                   !设置账号及密码
RB(config)#interface serial 0/0/0                        !进入端口配置模式
RB(config-if)#ip address 10.1.1.2 255.255.255.0!配置端口 IP 地址
RB(config-if)#encapsulation PPP                          !封装 PPP
RB(config-if)#ppp authentication pap                     !设置 PAP 验证方式
RB(config-if)#ppp pap sent-username RB password abc
                                                         !发送对方账号及密码
RB(config-if)#no shutdown
RB(config-if)#exit
RB(config)#
```

## 训练测试

在任意一台路由器上，在特权模式下使用 Ping 命令测试与对方路由的连通性。例如，在 RA 上测试 RB 的结果如下。

```
RA#ping 10.1.1.2
Type escape sequence to abort.
Sending 5, 100-byte ICMP Echos to 10.1.1.2, timeout is 2 seconds:
!!!!!                                            !5 个“!”号表示测试通过
Success rate is 100 percent (5/5), round-trip min/avg/max = 1/3/11 ms
```

## 训练小结

（1）路由器两端必须都进行 PPP 封装。

（2）创建用户时，要注意用户名与对方设备名一致，但设置的用户密码可以不同。

（3）路由器两端都要进行 PAP 验证的配置，发送对方的用户名及密码。

# 任务三　路由器的路由配置

在实际应用中路由器通常连接着许多不同的网络，要实现多个不同网络间的通信，则要在路由器上配置路由协议。路由器提供的路由协议包括静态路由协议、RIP、OSPF 动态路由协议等。

本任务重点学习路由器路由协议的配置，分以下 4 个训练进行学习。

训练 1　路由器的静态路由配置。

训练 2　路由器的 RIP 动态路由配置。

训练 3　路由器的 OSPF 动态路由配置。

训练 4　路由器的路由重分布配置。

## 训练 1　路由器的静态路由配置

### 训练描述

静态路由需由网络管理员手工配置路由信息。当网络的拓扑结构或链路状态发生变化时，网络管理员需要手工去修改路由表中相关的静态路由信息。静态路由信息在默认情况下是私有的，不会传递给其他的路由器。当然，网络管理员也可以通过对路由器进行设置使之成为共享的。静态路由一般适用于比较简单的网络环境。在这样的环境中，网络管理员应非常清楚地了解网络的拓扑结构，以便于设置正确的路由信息。

下面用 3 个型号为 2911 的路由器来模拟公网，学习和掌握路由器静态路由的设置方法，实验拓扑图如图 3.3.1 所示。

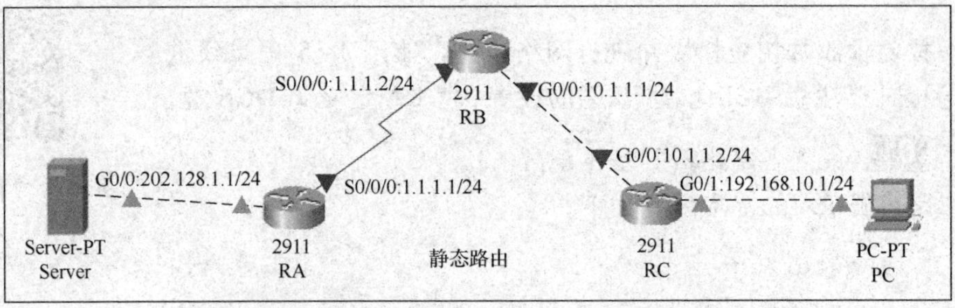


图 3.3.1　路由器的静态路由实验拓扑图

## 训练要求

（1）添加 1 台计算机并命名为 PC，添加 1 台服务器并命名为 Server，添加 3 台路由器 2911，分别更改其标签名为 RA、RB 和 RC。

（2）为 RA、RB 2 台路由器添加 HWIC-2T 模块，添加在 S0/0/0 口位置。

（3）各路由器的端口及 IP 地址设置见表 3.3.1。

表 3.3.1 路由器的端口 IP 设置

| 路由器名 | 端口 | IP 地址 |
| --- | --- | --- |
| RA | G0/0 | 202.128.1.1/24 |
|  | S0/0/0 | 1.1.1.1/24 |
| RB | S0/0/0 | 1.1.1.2/24 |
|  | G0/0 | 10.1.1.1/24 |
| RC | G0/0 | 10.1.1.2/24 |
|  | G0/1 | 192.168.10.1/24 |

（4）在 RA 和 RB 之间进行广域网 PPP 封装，不需要验证。

（5）正确设置 Server 和 PC 的 IP 参数，在 3 台路由器之间添加静态路由实现全网互通，保证 PC 能 Ping 通 Server 且能打开 Server 上的网页。

## 训练分析

用 RA 和 RB 通过 DCE 串口线互联来模拟公网，RC 模拟内网路由器，连接内网 PC，Server 模拟公网中的 1 台 Web 服务器。查看实验拓扑图确定计算机的 IP 地址，并按表 3.3.2 设置好计算机的 IP 参数。

表 3.3.2 计算机的 IP 参数

| 计算机 | IP 地址 | 掩码 | 网关 |
| --- | --- | --- | --- |
| Server | 202.128.1.2 | 255.255.255.0 | 202.128.1.1 |
| PC | 192.168.10.2 | 255.255.255.0 | 192.168.10.1 |

## 训练步骤

按要求添加相应模块并进行网络连接，使用 V35 串口线进行连接时要注意 DCE 和 DTE 端的设置，把 RA 定义为 DCE 端。

路由器的静态路由配置

**01** 设置各路由器的基本配置

路由器 RA 的基本配置如下。

```
Router>ena
Router#conf t
Router(config)#hostname RA
```

```
RA(config)#interface GigabitEthernet 0/0 !配置 G0/0 口的 IP 参数
RA(config-if)#ip address 202.128.1.1 255.255.255.0
RA(config-if)#no shutdown
RA(config-if)#exit
RA(config)#interface serial 0/0/0          !配置 S0/0/0 口的 IP 参数
RA(config-if)#ip address 1.1.1.1 255.255.255.0
RA(config-if)#encapsulation ppp
RA(config-if)#clock rate 250000                      !设置串口速率为 2M
RA(config-if)#no shutdown
%LINK-5-CHANGED: Interface Serial0/0/0, changed state to down
                                        !链路是 Down 状态，因为对端未设置
RA(config-if)#exit
RA(config)#
```

路由器 RB 的基本配置如下。

```
Router>
Router>ena
Router#conf t
Router(config)#hostname RB
RB(config)#interface GigabitEthernet 0/0
RB(config-if)#ip address 10.1.1.1 255.255.255.0
RB(config-if)#no shutdown
RB(config-if)#exit
RB(config)#interface serial 0/0/0
RB(config-if)#ip address 1.1.1.2 255.255.255.0
RB(config-if)#encapsulation ppp
RB(config-if)#no shutdown
RB(config-if)#
```

路由器 RC 的基本配置如下。

```
Router>
Router>ena
Router#conf t
Router(config)#hostname RC
RC(config)#interface GigabitEthernet 0/0
RC(config-if)#ip address 10.1.1.2 255.255.255.0
RC(config-if)#no shutdown
RC(config-if)#exit
RC(config)#interface GigabitEthernet 0/1
RC(config-if)#ip address 192.168.10.1 255.255.255.0
RC(config-if)#no shutdown
RC(config-if)#
```

当做好以上配置时可以发现，所有的链路都亮绿灯了。这表示所有设备两两之间是已经可以互相 Ping 通了，但是不是全网互通呢？答案是否定的。要实现全网互通，还要建立相应的路由表来实现。在本实验中，通过静态路由来实现。

**02** 配置静态路由并实现全网互通

RA 不能直接到达的网络都要添加静态路由，分别有 10.1.1.0 和 192.168.10.0 两个网络，而 RA 到达这两个网络都要通过 RB 的 S0/0/0 口进行转发，那么 S0/0/0 口的 IP 即是静态路由中的下一跳地址，于是要在 RA 上添加的静态路由为：

```
RA(config)#ip route 10.1.1.0 255.255.255.0 1.1.1.2
RA(config)#ip route 192.168.10.0 255.255.255.0 1.1.1.2
```

RB 不能直接到达的网络都要添加静态路由，分别有 202.128.1.0 和 192.168.10.0 两个网络，而 RB 到达 202.128.1.0 的网络要通过 RA 的 S0/0/0 口进行转发，到达 192.168.10.0 的网络要通过 RC 的 G0/1 口进行转发，于是在 RB 上添加的静态路由为：

```
RB(config)#ip route 202.128.1.0 255.255.255.0 1.1.1.1
RB(config)#ip route 192.168.10.0 255.255.255.0 10.1.1.2
```

RC 不能直接到达的网络都要添加静态路由，分别有 202.128.1.0 和 1.1.1.0 两个网络，而 RA 到达这两个网络都要通过 RB 的 G0/0 口进行转发，那么 G0/0 口的 IP 即是静态路由中的下一跳地址，于是在 RC 上添加的静态路由为：

```
RC(config)#ip route 202.128.1.0 255.255.255.0 10.1.1.1
RC(config)#ip route 1.1.1.0 255.255.255.0 10.1.1.1
```

## 训练测试

（1）在路由器上使用 show ip route 命令查看路由信息。

```
RA#show ip route
Codes: L - local, C - connected, S - static, R - RIP, M - mobile,
B - BGP
D - EIGRP, EX - EIGRP external, O - OSPF, IA - OSPF inter area
N1 - OSPF NSSA external type 1, N2 - OSPF NSSA external type 2
E1 - OSPF external type 1, E2 - OSPF external type 2, E - EGP
i - IS-IS, L1 - IS-IS level-1, L2 - IS-IS level-2, ia - IS-IS inter
area
* - candidate default, U - per-user static route, o - ODR
P - periodic downloaded static route

Gateway of last resort is not set

1.0.0.0/8 is variably subnetted, 2 subnets, 2 masks
C 1.1.1.0/24 is directly connected, Serial0/0/0
L 1.1.1.1/32 is directly connected, Serial0/0/0
10.0.0.0/24 is subnetted, 1 subnets
S 10.1.1.0/24 [1/0] via 1.1.1.2       !S 代表静态路由
S 192.168.10.0/24 [1/0] via 1.1.1.2
202.128.1.0/24 is variably subnetted, 2 subnets, 2 masks
C 202.128.1.0/24 is directly connected, GigabitEthernet0/0
L 202.128.1.1/32 is directly connected, GigabitEthernet0/0
RA#
```

（2）使用 PC 去 Ping 服务器的 IP 地址，可以看到连接是通的，如图 3.3.2 所示。

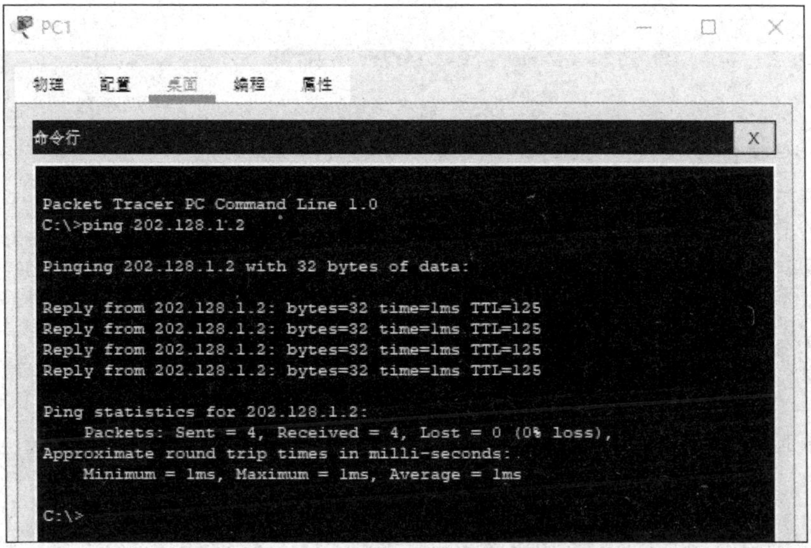


图 3.3.2　使用 PC 测试到服务器的连通性

（3）使用 PC 桌面的 Web 浏览器去访问服务器 Server 上的网页，测试方法如图 3.3.3 所示。

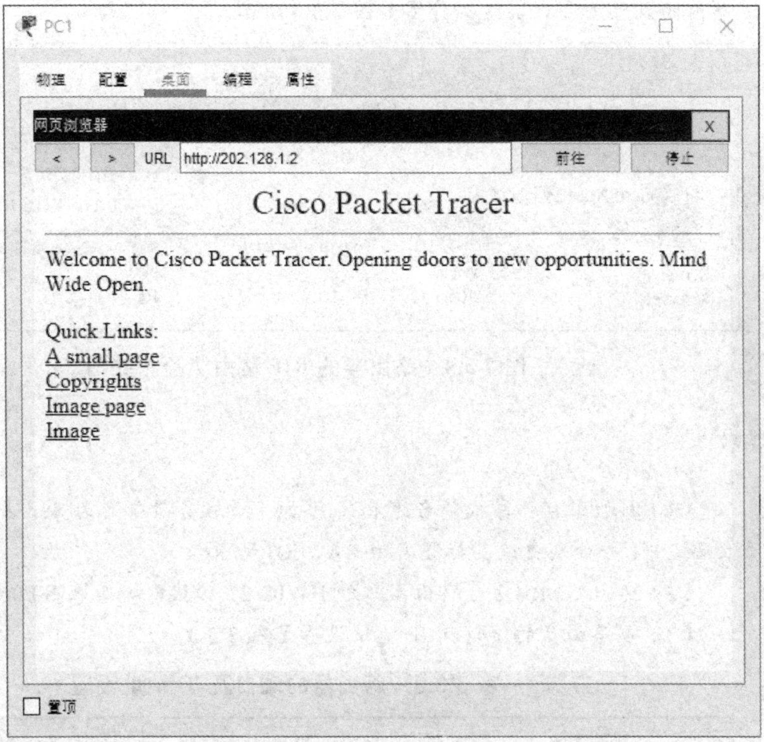


图 3.3.3　利用 Web 浏览器访问服务器的网页

## 训练小结

（1）添加静态路由时对非直连的网段都要进行配置。

（2）在小规模的网络环境里，静态路由是一个不错的选择，但对于大型网络，添加静态路由的工作量就很大了。

（3）静态路由开销小但不灵活，只适用于相对稳定的网络。

# 训练2 路由器的RIP动态路由配置

## 训练描述

在路由器较多的网络环境中，手工配置静态路由会给管理人员带来很大的工作负担，那么使用RIP路由协议可以很好地解决此问题。RIP是应用较早、使用较普遍的内部网关协议，由于用RIP跳数作为衡量路径开销且规定最大跳数为15，因此RIP在实际应用中还有一定限制，通常适用于中小型的网络。

下面用3个型号为2911的路由器来模拟公网，学习和掌握路由器RIP动态路由的设置方法，实验拓扑图如图3.3.4所示。

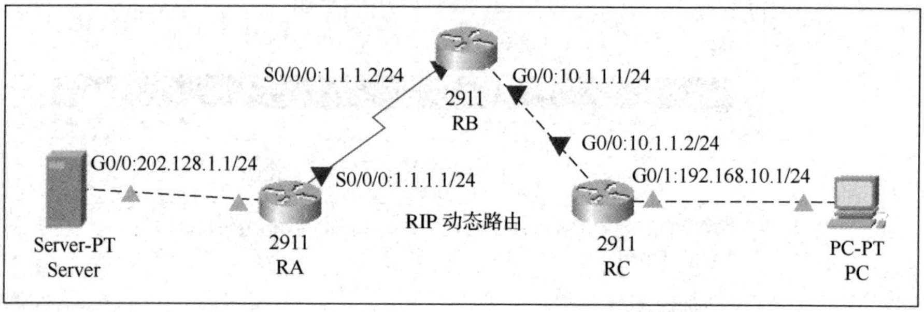


图3.3.4 路由器的RIP路由实验拓扑图

## 训练要求

（1）添加1台计算机命名为PC，添加1台服务器命名为Server，添加3台路由器2911并分别更改其标签名为RA、RB和RC。

（2）为RA、RB 2台路由器添加HWIC-2T模块，添加在S0/0/0口位置。

（3）各路由器的端口及IP地址设置见表3.3.3。

表3.3.3 路由器的端口及IP地址设置

| 路由器名 | 端口 | IP地址 |
|---|---|---|
| RA | G0/0 | 202.128.1.1/24 |
| | S0/0/0 | 1.1.1.1/24 |

续表

| 路由器名 | 端口 | IP 地址 |
| --- | --- | --- |
| RB | S0/0/0 | 1.1.1.2/24 |
| | G0/0 | 10.1.1.1/24 |
| RC | G0/0 | 10.1.1.2/24 |
| | G0/1 | 192.168.10.1/24 |

（4）在 RA 和 RB 之间进行广域网 PPP 封装，不需要验证。

（5）正确设置 Server 和 PC 的 IP 参数，在 3 个路由器之间添加 RIP 路由实现全网互通，保证 PC 能 Ping 通 Server 的 IP，且能打开 Server 上的网页。

## 训练分析

将 RA 和 RB 通过 DCE 串口线互联模拟公网，RC 模拟内网路由器连接内网 PC，Server 模拟公网中的一台 Web 服务器。查看实验拓扑图确定计算机的 IP 地址，并按表 3.3.4 设置好计算机的 IP 参数。

表 3.3.4　计算机的 IP 参数

| 计算机 | IP 地址 | 掩码 | 网关 |
| --- | --- | --- | --- |
| Server | 202.128.1.2 | 255.255.255.0 | 202.128.1.1 |
| PC | 192.168.10.2 | 255.255.255.0 | 192.168.10.1 |

## 训练步骤

按要求添加相应模块并进行网络连接，使用 DCE 串口线进行连接时要注意 DCE 和 DTE 端的设置，把 RA 定义为 DCE 端。

路由器的 RIP 动态路由配置

### 01 设置各路由器的端口 IP 参数

设置各路由器的端口 IP 参数，具体的配置方法请参照本任务训练 1 的 RA、RB 和 RC 的基本配置。

### 02 配置 RIP 动态路由实现全网互通

(1) RA 的路由配置。RA 上直连的网络有 202.128.1.0 和 1.1.1.0 两个网络，因此要添加的 RIP 路由如下。

```
RA(config)#router rip
RA(config-router)#version 2
RA(config-router)#network 202.128.1.0
RA(config-router)#network 1.1.1.0
RA(config-router)#no auto-summary
```

（2）RB 的路由配置。RB 上直连的网络有 1.1.1.0 和 10.1.1.0 两个网络。

```
RB(config)#router rip
RB(config-router)#version 2
RB(config-router)#network 1.1.1.0
RB(config-router)#network 10.1.1.0
RB(config-router)#no auto-summary
```

（3）RC 的路由配置。RC 直连的网络有 10.1.1.0 和 192.168.10.0 两个网络。

```
RC(config)#router rip
RC(config-router)#version 2
RC(config-router)#network 10.1.1.0
RC(config-router)#network 192.168.10.0
RC(config-router)#no auto-summary
```

## 训练测试

（1）在路由器上使用 show ip route 命令查看路由信息。

```
RA#show ip route
Codes: L - local, C - connected, S - static, R - RIP, M - mobile,
B - BGP
D - EIGRP, EX - EIGRP external, O - OSPF, IA - OSPF inter area
N1 - OSPF NSSA external type 1, N2 - OSPF NSSA external type 2
E1 - OSPF external type 1, E2 - OSPF external type 2, E - EGP
i - IS-IS, L1 - IS-IS level-1, L2 - IS-IS level-2, ia - IS-IS inter
area
* - candidate default, U - per-user static route, o - ODR
P - periodic downloaded static route

Gateway of last resort is not set

1.0.0.0/8 is variably subnetted, 2 subnets, 2 masks
C 1.1.1.0/24 is directly connected, Serial0/0/0
L 1.1.1.1/32 is directly connected, Serial0/0/0
10.0.0.0/8 is variably subnetted, 2 subnets, 2 masks
R 10.0.0.0/8 [120/1] via 1.1.1.2, 00:01:28, Serial0/0/0
R 10.1.1.0/24 [120/1] via 1.1.1.2, 00:00:11, Serial0/0/0
R 192.168.10.0/24 [120/2] via 1.1.1.2, 00:00:11, Serial0/0/0
202.128.1.0/24 is variably subnetted, 2 subnets, 2 masks
C 202.128.1.0/24 is directly connected, GigabitEthernet0/0
L 202.128.1.1/32 is directly connected, GigabitEthernet0/0
RA#
```

（2）使用 PC 去 Ping 服务器的 IP 地址。

（3）使用 PC 桌面的 Web 浏览器去访问服务器 Server 上的网页。

## 训练小结

（1）RIP 协议有两个版本 RIP v1 和 RIP v2，本任务使用的是 RIP v2。

（2）no auto-summary 功能只有 RIP v2 支持。

（3）路由器之间必须都开启了同版本的 RIP 协议才能互相学习，实现动态更新路由信息。

# 训练 3 路由器的 OSPF 动态路由配置

## 训练描述

开放式最短路径优先（open shortest path first，OSPF）协议是目前网络中应用最广泛的路由协议之一。OSPF 属于内部网关路由协议，能够适应各种规模的网络环境，是典型的链路状态（link state）协议。

OSPF 路由协议通过向全网通告自己的路由信息，使网络中每台设备最终同步一个具有全网链路状态的数据库（LSDB），然后路由器采用 SPF 算法，以自己为根，计算到达其他网络的最短路径，最终形成全网路由信息。

在大型的网络环境中，OSPF 支持区域的划分，将网络进行合理规划。划分区域时必须存在 area 0（骨干区域）。其他区域和骨干区域直接相连，或通过虚链路的方式连接。

下面用 3 台型号为 2911 的路由器来模拟公网，学习和掌握路由器 OSPF 动态路由的设置方法，实验拓扑图如图 3.3.5 所示。

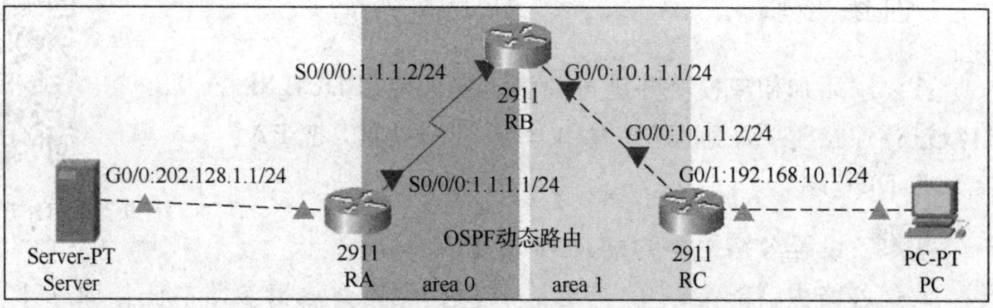


图 3.3.5 路由器的 OSPF 路由实验拓扑图

## 训练要求

（1）添加 1 台计算机并命名为 PC，添加 1 台服务器并命名为 Server，添加 3 台路由器 2911 并分别更改其标签名为 RA、RB 和 RC。

（2）为 RA、RB 2 台路由器添加 HWIC-2T 模块，添加在 S0/0/0 口位置。

（3）各路由器的端口及 IP 地址设置见表 3.3.5。

表 3.3.5 路由器的端口及 IP 地址设置

| 路由器名 | 端口 | IP 地址 |
|---|---|---|
| RA | G0/0 | 202.128.1.1/24 |
| | S0/0/0 | 1.1.1.1/24 |
| RB | S0/0/0 | 1.1.1.2/24 |
| | G0/0 | 10.1.1.1/24 |
| RC | G0/0 | 10.1.1.2/24 |
| | G0/1 | 192.168.10.1/24 |

（4）在 RA 和 RB 之间进行广域网 PPP 封装，不需要验证。

（5）正确设置 Server 和 PC 的 IP 参数，在 3 台路由器之间添加 OSPF 路由实现全网互通，保证 PC 能 Ping 通 Server 的 IP，且能打开 Server 上的网页。

### 训练分析

将 RA 和 RB 通过 DCE 串口线互联来模拟公网，RC 模拟内网路由器连接内网 PC，Server 模拟公网中的一台 Web 服务器。查看实验拓扑图确定计算机的 IP 地址，并按表 3.3.6 设置好计算机的 IP 参数。

表 3.3.6 计算机的 IP 参数

| 计算机 | IP 地址 | 掩码 | 网关 |
|---|---|---|---|
| Server | 202.128.1.2 | 255.255.255.0 | 202.128.1.1 |
| PC | 192.168.10.2 | 255.255.255.0 | 192.168.10.1 |

## 训练步骤

路由器的 OSPF 动态路由配置

按要求添加相应模块并进行网络连接，使用 DCE 串口线进行连接时要注意 DCE 端和 DTE 端的设置，把 RA 定义为 DCE 端。

**01** 设置各路由器的端口 IP 参数

设置各路由器的端口 IP 参数，具体的配置方法请参照本任务训练 1 的 RA、RB 和 RC 的基本配置。

**02** 配置 OSPF 动态路由实现全网互通

(1) RA 的路由配置。RA 上直连的网络有 202.128.1.0 和 1.1.1.0 两个网络，因此要添加的 OSPF 路由如下。

```
RA(config)#router ospf 1
RA(config-router)#network 202.128.1.0 255.255.255.0 area 0
RA(config-router)#network 1.1.1.0 255.255.255.0 area 0
```

也可以写成反掩码方式：

```
RA(config)#router ospf 1
RA(config-router)#network 202.128.1.0 0.0.0.255 area 0
RA(config-router)#network 1.1.1.0 0.0.0.255 area 0
```

（2）RB 的路由配置。RB 上直连的网络有 1.1.1.0 和 10.1.1.0 两个网络。

```
RB(config)#router ospf 1
RB(config-router)#network 1.1.1.0 255.255.255.0 area 0
RB(config-router)#network 10.1.1.0 255.255.255.0 area 1
```

（3）RC 的路由配置。RC 直连的网络有 10.1.1.0 和 192.168.10.0 两个网络。

```
RC(config)#router ospf 1
RC(config-router)#network 10.1.1.0 255.255.255.0 area 1
RC(config-router)#network 192.168.10.0 255.255.255.0 area 1
```

## 训练测试

（1）在路由器 RA 上使用 show ip route 命令查看路由信息。

```
RA#show ip route
Codes: L - local, C - connected, S - static, R - RIP, M - mobile,
B - BGP
D - EIGRP, EX - EIGRP external, O - OSPF, IA - OSPF inter area
N1 - OSPF NSSA external type 1, N2 - OSPF NSSA external type 2
E1 - OSPF external type 1, E2 - OSPF external type 2, E - EGP
i - IS-IS, L1 - IS-IS level-1, L2 - IS-IS level-2, ia - IS-IS inter
area
* - candidate default, U - per-user static route, o - ODR
P - periodic downloaded static route

Gateway of last resort is not set

1.0.0.0/8 is variably subnetted, 2 subnets, 2 masks
C 1.1.1.0/24 is directly connected, Serial0/0/0
L 1.1.1.1/32 is directly connected, Serial0/0/0
10.0.0.0/24 is subnetted, 1 subnets
O IA 10.1.1.0/24 [110/65] via 1.1.1.2, 00:01:32, Serial0/0/0
O IA 192.168.10.0/24 [110/66] via 1.1.1.2, 00:00:33, Serial0/0/0
202.128.1.0/24 is variably subnetted, 2 subnets, 2 masks
C 202.128.1.0/24 is directly connected, GigabitEthernet0/0
L 202.128.1.1/32 is directly connected, GigabitEthernet0/0

RA#
```

（2）使用 PC 去 Ping 服务器的 IP 地址。

（3）使用 PC 桌面的 Web 浏览器去访问 Server 机上的网页。

## 训练小结

（1）使用 OSPF 路由协议在申明直连网段时，可以使用该网段的反掩码。
（2）在申明直连网段时，必须指明所属的区域。

# 训练 4 路由器的路由重分布配置

## 训练描述

在一些大型网络拓扑图中，有些时候会出现多种路由协议共同存在的情况，这里就要用到新的技术——路由重分布。

假如你是一名高级网络工程师，现有某网络扩建工程要求如下：某公司业务拓展，收购了另外一家公司，新收购的公司原来的网络运行 OSPF 协议，总公司及其下属公司运行 RIP 协议，为了使总公司和子公司正常更新路由信息，需要进行路由双向重分布，请你实现。RA 代表原来的分公司，RB 代表总公司，RC 代表新公司。

下面用 3 个型号为 2911 的路由器来模拟公网，学习和掌握路由器路由重分布的设置方法，实验拓扑图如图 3.3.6 所示。

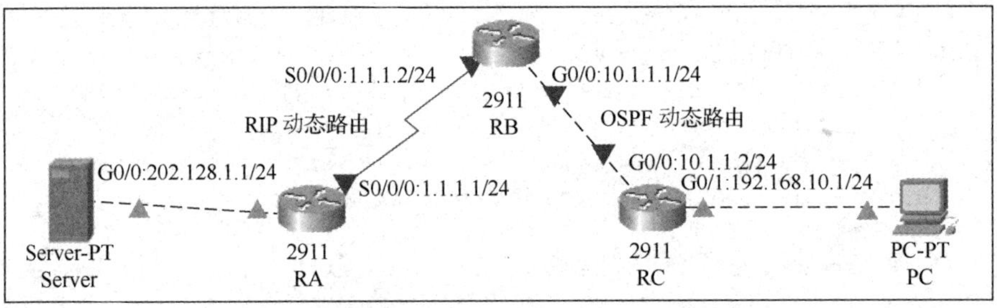


图 3.3.6 路由器的路由重分布实验拓扑图

## 训练要求

（1）添加 1 台计算机并命名为 PC，添加 1 台服务器并命名为 Server，添加 3 台路由器 2911 并分别更改其标签名为 RA、RB 和 RC。

（2）为 RA、RB 2 台路由器添加 HWIC-2T 模块，添加在 S0/0/0 口位置。

（3）各路由器的端口及 IP 地址设置见表 3.3.7。

表 3.3.7 路由器的端口及 IP 地址设置

| 路由器名 | 端口 | IP 地址 |
|---|---|---|
| RA | G0/0 | 202.128.1.1/24 |
| | S0/0/0 | 1.1.1.1/24 |

续表

| 路由器名 | 端口 | IP 地址 |
| --- | --- | --- |
| RB | S0/0/0 | 1.1.1.2/24 |
|  | G0/0 | 10.1.1.1/24 |
| RC | G0/0 | 10.1.1.2/24 |
|  | G0/1 | 192.168.10.1/24 |

（4）在 RA 和 RB 之间进行广域网 PPP 封装，不需要验证。

（5）正确设置 Server 和 PC 的 IP 参数，在 RA 和 RB 两个路由器之间分区域添加 OSPF 动态路由，在 RB 与 RC 之间添加 RIP 动态路由，使用路由重分布方式实现全网互通，保证 PC 能 Ping 通 Server 的 IP 地址，且能打开 Server 上的网页。

### 训练分析

将 RA 和 RB 通过 DCE 串口线互联模拟公网，RC 模拟内网路由器连接内网 PC，Server 模拟公网中的一台 Web 服务器。查看实验拓扑图确定计算机的 IP 地址，并设置好计算机的 IP 参数，见表 3.3.8。

表 3.3.8　IP 地址设置

| 计算机 | IP 地址 | 掩码 | 网关 |
| --- | --- | --- | --- |
| Server | 202.128.1.2 | 255.255.255.0 | 202.128.1.1 |
| PC | 192.168.10.2 | 255.255.255.0 | 192.168.10.1 |

## 训练步骤

按要求添加相应模块并进行网络连接，使用 DCE 串口线进行连接时要注意 DCE 和 DTE 端的设置，把 RA 定义为 DCE 端。

路由器的路由重分布配置

**01** 设置各路由器的端口 IP 参数

设置各路由器的端口 IP 参数，具体的配置方法请参照本任务训练 1 的 RA、RB 和 RC 的基本配置。

**02** 配置 RIP 动态路由实现 RA 和 RB 的互通

(1) RA 的路由配置。RA 上直连的网络有 202.128.1.0 和 1.1.1.0 两个网络，因此要添加的 RIP 路由如下。

```
RA(config)#router rip
RA(config-router)#version 2
RA(config-router)#network 202.128.1.0
RA(config-router)#network 1.1.1.0
RA(config-router)#no auto-summary
```

（2）RB 的路由配置。RB 上直连的网络有 1.1.1.0 和 10.1.1.0 两个网络。

```
RB(config)#router rip
RB(config-router)#version 2
RB(config-router)#network 1.1.1.0
RB(config-router)#network 10.1.1.0
RB(config-router)#no auto-summary
```

**03** 配置 OSPF 动态路由实现 RB 和 RC 的互通

（1）RB 的路由配置。RB 上直连的网络有 1.1.1.0 和 10.1.1.0 两个网络。

```
RB(config)#router ospf 1
RB(config-router)#network 1.1.1.0 255.255.255.0 area 0
RB(config-router)#network 10.1.1.0 255.255.255.0 area 0
```

（2）RC 的路由配置。RC 直连的网络有 10.1.1.0 和 192.168.10.0 两个网络。

```
RC(config)#router ospf 1
RC(config-router)#network 192.168.10.0 255.255.255.0 area 0
RC(config-router)#network 10.1.1.0 255.255.255.0 area 0
```

**04** 在 RB 上配置路由重分布实现全网互通

```
RB(config)#router ospf 1
RB(config-router)#redistribute rip metric 3 subnets  !在OSPF路由中引入RIP路由
RB(config-router)#exit
RB(config)#router rip
RB(config-router)#redistribute ospf 1 metric 3    !在RIP路由中引入OSPF路由
RB(config-router)#exit
```

## 训练测试

（1）在各路由器上使用 show ip route 查看路由信息。

①在 RA 上查看路由表。

```
RA#show ip route
……

1.0.0.0/8 is variably subnetted, 2 subnets, 2 masks
C 1.1.1.0/24 is directly connected, Serial0/0/0
L 1.1.1.2/32 is directly connected, Serial0/0/0
10.0.0.0/8 is variably subnetted, 2 subnets, 2 masks
C 10.1.1.0/24 is directly connected, GigabitEthernet0/0
L 10.1.1.1/32 is directly connected, GigabitEthernet0/0
O 192.168.10.0/24 [110/2] via 10.1.1.2, 00:00:52,
GigabitEthernet0/0
R 202.128.1.0/24 [120/1] via 1.1.1.1, 00:00:09, Serial0/0/0
```

②在 RB 上查看路由表。

```
RB#show ip route
```

```
……

1.0.0.0/8 is variably subnetted, 2 subnets, 2 masks
C 1.1.1.0/24 is directly connected, Serial0/0/0
L 1.1.1.2/32 is directly connected, Serial0/0/0
10.0.0.0/8 is variably subnetted, 2 subnets, 2 masks
C 10.1.1.0/24 is directly connected, GigabitEthernet0/0
L 10.1.1.1/32 is directly connected, GigabitEthernet0/0
O 192.168.10.0/24 [110/2] via 10.1.1.2, 00:01:54,
GigabitEthernet0/0
R 202.128.1.0/24 [120/1] via 1.1.1.1, 00:00:19, Serial0/0/0
```

③在 RC 上查看路由表。

```
RC#show ip route
……

1.0.0.0/24 is subnetted, 1 subnets
O 1.1.1.0/24 [110/65] via 10.1.1.1, 00:02:27, GigabitEthernet0/0
10.0.0.0/8 is variably subnetted, 2 subnets, 2 masks
C 10.1.1.0/24 is directly connected, GigabitEthernet0/0
L 10.1.1.2/32 is directly connected, GigabitEthernet0/0
192.168.10.0/24 is variably subnetted, 2 subnets, 2 masks
C 192.168.10.0/24 is directly connected, GigabitEthernet0/1
L 192.168.10.1/32 is directly connected, GigabitEthernet0/1
O E2 202.128.1.0/24 [110/3] via 10.1.1.1, 00:02:00,
GigabitEthernet0/0
```

（2）使用 PC 去 Ping 服务器的 IP 地址。

（3）使用 PC 桌面的 Web 浏览器去访问 Server 上的网页。

## 训练小结

利用路由重分布方式，可以将路由信息从一种协议中发布到另一种协议的路由信息中，从而实现网络设备间的互相学习并实现全网互通，这在一个大型网络中会经常用到。

# 读书笔记

# 4 项目四　网络的安全配置

## 项目说明

对于许多网络管理员来说，配置路由器的访问控制列表是一种经常性的工作。可以说，路由器的访问控制列表是网络安全保障的第一道关卡。访问列表提供了一种机制，它可以控制和过滤通过路由器的不同接口去往不同方向的信息流。这种机制允许用户使用访问列表来管理信息流，以制定公司内部网络的相关策略。这些策略可以描述安全功能，并且反映流量的优先级别。例如，某个组织可能希望允许或拒绝从外部因特网对内部 Web 服务器的访问，或者允许内部局域网上一个或多个工作站能够将数据流发到广域网上。这些功能都可以通过访问列表来达到目的。

本项目重点学习路由器的安全访问控制列表技术、NAT 地址转换技术和防火墙的简单配置。

## 技能目标

任务一　IP 访问列表
任务二　网络地址转换
任务三　防火墙简单配置

## 素养目标

- 发扬团队精神、提高合作精神、提高合作能力。
- 树立爱党报国、敬业奉献、服务人民的理想信念。

# 任务一 IP 访问列表

通过使用 IP ACL（IP 访问控制列表或 IP 访问列表）可以实现对流经路由器或交换机的数据包根据一定的规则进行过滤，从而提高网络可管理性和安全性。主要分为标准 IP 访问列表和扩展 IP 访问列表两种。其中，标准 IP 访问列表可以根据数据包的源 IP 地址定义规则，进行数据包的过滤；扩展 IP 访问列表可以根据数据包的源 IP、目的 IP、源端口、目的端口、协议来定义规则，进行数据包的过滤。

IP ACL 是基于接口进行规则的应用，分为入栈应用和出栈应用。入栈应用是指对由外部经该接口进入路由器的数据包进行过滤；出栈应用是指路由器从该接口向外转发数据时进行数据包的过滤。IP ACL 的配置有两种方式，即按照编号的访问列表和按照命名的访问列表。标准 IP 访问列表的编号范围是 1～99、1300～1999；扩展 IP 访问列表的编号范围是 100～199、2000～2699。

本任务分以下 2 个训练进行学习。

训练 1　标准访问控制列表的配置。

训练 2　扩展访问控制列表的配置。

## 训练 1　标准访问控制列表的配置

### 训练描述

你是某公司的网络管理员，公司的经理部、财务部和销售部分属不同的 3 个网段，3 个部门之间用路由器进行信息传递，为了安全起见，公司领导要求销售部门不能对财务部进行访问，但经理部可以对财务部进行访问。

下面用一个训练来学习路由器标准访问控制列表的配置方法，实验拓扑图如图 4.1.1 所示。其中，PC1 代表经理部的主机；PC2 代表销售部的主机；PC3 代表财务部的主机。

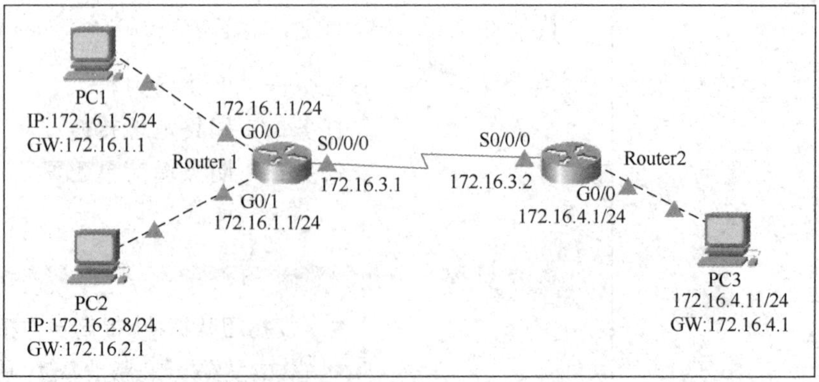


图 4.1.1　标准访问控制列表实验拓扑图

## 训练要求

（1）添加 3 台计算机并分别命名为 PC1、PC2、PC3，根据实验拓扑图配置 IP 地址。

（2）添加 2 台路由器 2911 并分别修改其标签为 Router1 和 Router2，为它们添加 HWIC-2T 模块，使用 DCE 串口线互联。

（3）使用静态路由实现全网互通。

（4）在 Router2 上配置标准访问控制列表以限制 PC2 所在的网络不能访问 PC3 所在的网络，但允许 PC1 所在的网络访问 PC3 所在的网络。

## 训练分析

根据实验拓扑图为所有的计算机设置 IP 地址、掩码和网关，使用正确的线缆连接所有的设备；两个路由器之间使用默认的广域网 HDLC 协议封装。

标准访问控制列表的配置

# 训练步骤

### 01 Router1 基本配置

```
Router>en
Router#conf t
Router(config)#hostname Router1
Router1(config)#inter g0/0
Router1(config-if)#ip add 172.16.1.1 255.255.255.0
Router1(config-if)#no shutdown
Router1(config-if)#inter g0/1
Router1(config-if)#ip add 172.16.2.1 255.255.255.0
Router1(config-if)#no shutdown
Router1(config-if)#inter s0/0/0
Router1(config-if)#ip add 172.16.3.1 255.255.255.0
Router1(config-if)#clock rate 250000
Router1(config-if)#no shutdown
Router1(config-if)#end
```

查看 Router1 端口的配置信息。

```
Router1#show ip int brief
Interface              IP-Address      OK? Method   Status     Protocol
GigabitEthernet0/0     172.16.1.1      YES manual    up          up
GigabitEthernet0/1     172.16.2.1      YES manual    up          up
GigabitEthernet0/2     unassigned      YES unset    down        down
Serial0/0/0            172.16.3.1      YES manual    up          up
Serial0/0/1            unassigned      YES unset    down        down
Vlan1                  unassigned      YES unset    down        down
```

**02** Router2 基本配置

```
Router>en
Router#conf t
Router(config)#hostname Router2
Router2(config)#inter g0/0
Router2(config-if)#ip add 172.16.4.1 255.255.255.0
Router2(config-if)#no shutdown
Router2(config-if)#exit
Router2(config)#inter s0/0/0
Router2(config-if)#ip add 172.16.3.2 255.255.255.0
Router2(config-if)#no shutdown
Router2(config-if)#end
```

查看 Router2 端口的配置信息。

```
Router2#show ip int brief
I Interface          IP-Address     OK?  Method    Status   Protocol
GigabitEthernet0/0 172.16.4.1      YES  manual    up           up
GigabitEthernet0/1 unassigned      YES  unset     down         down
GigabitEthernet0/2 unassigned      YES  unset     down         down
Serial0/0/0          172.16.3.2      YES  manual    up           up
Serial0/0/1          unassigned      YES  unset     down         down
Vlan1                unassigned      YES  unset     down         down
```

**03** 配置静态路由实现全网互通

```
Router1(config)#ip route 172.16.4.0 255.255.255.0 serial 1/2
Router2(config)#ip route 172.16.1.0 255.255.255.0 serial 1/2
Router2(config)#ip route 172.16.2.0 255.255.255.0 serial 1/2
```

**04** 查看路由器的路由信息

```
Router1#show ip route
Codes: C - connected, S - static, I - IGRP, R - RIP, M - mobile, B - BGP
       D - EIGRP, EX - EIGRP external, O - OSPF, IA - OSPF inter area
       N1 - OSPF NSSA external type 1, N2 - OSPF NSSA external type 2
       E1 - OSPF external type 1, E2 - OSPF external type 2, E - EGP
  ……
     172.16.0.0/16 is variably subnetted, 7 subnets, 2 masks
C       172.16.1.0/24 is directly connected, GigabitEthernet0/0
L       172.16.1.1/32 is directly connected, GigabitEthernet0/0
C       172.16.2.0/24 is directly connected, GigabitEthernet0/1
L       172.16.2.1/32 is directly connected, GigabitEthernet0/1
C       172.16.3.0/24 is directly connected, Serial0/0/0
L       172.16.3.1/32 is directly connected, Serial0/0/0
S       172.16.4.0/24 is directly connected, Serial0/0/0
                   [1/0] via 172.16.3.2
Router2#show ip route
  ……
      172.16.0.0/16 is variably subnetted, 6 subnets, 2 masks
```

```
S       172.16.1.0/24 is directly connected, Serial0/0/0
                      [1/0] via 172.16.3.1
S       172.16.2.0/24 [1/0] via 172.16.3.1
C       172.16.3.0/24 is directly connected, Serial0/0/0
L       172.16.3.2/32 is directly connected, Serial0/0/0
C       172.16.4.0/24 is directly connected, GigabitEthernet0/0
L       172.16.4.1/32 is directly connected, GigabitEthernet0/0
```

**05** 配置标准 IP 访问控制列表

```
Router2(config)#access-list 1 deny 172.16.2.0 0.0.0.255
                          !拒绝来自 172.16.2.0 (PC2) 网段的流量通过
Router2(config)#access-list 1 permit 172.16.1.0 0.0.0.255
                          !允许来自 172.16.1.0 (PC1) 网段的流量通过
```

也可以使用命名标准 IP 访问列表实现。

```
Router2(config)#ip access-list standard biaozhun  !定义命名标准列表
Router2(config-std-nacl)#deny 172.16.2.0 0.0.0.255
Router2(config-std-nacl)#permit 172.16.1.0 0.0.0.255
Router2(config-std-nacl)#
```

**06** 查看访问控制列表信息

```
Router2#show access-lists 1
Standard IP access list 1
    deny 172.16.2.0 0.0.0.255
    permit 172.16.1.0 0.0.0.255
```

查看命名标准控制列表信息。

```
Router2#show access-lists biaozhun
Standard IP access list biaozhun
    deny 172.16.2.0 0.0.0.255
    permit 172.16.1.0 0.0.0.255
```

**07** 应用访问控制列表在接口上

```
Router2(config)#interface GigabitEthernet 0/0
Router2(config-if)#ip access-group 1 out
! 在接口下访问控制列表出栈流量调用
```

应用命名标准控制列表在接口上。

```
Router2(config)#interface GigabitEthernet 0/0
Router2(config-if)#ip access-group biaozhun out
! 在接口下访问控制列表出栈流量调用
```

**08** 查看访问控制列表的应用状态

```
Router2#show ip interface GigabitEthernet 0/0
GigabitEthernet 0/0 is up, line protocol is up (connected)
```

```
    Internet address is 172.16.4.1/24
    Broadcast address is 255.255.255.255
    Address determined by setup command
    MTU is 1500
    Helper address is not set
    Directed broadcast forwarding is disabled
    Outgoing access list is 1
……
```

## 训练测试

（1）在 PC1 上测试与 PC3 的连通情况，结果是通的。

（2）在 PC2 上测试与 PC3 的连通情况，结果是不通的。

## 训练小结

（1）注意在访问控制列表中的网络掩码是反掩码。

（2）标准控制列表要应用在尽量靠近目的地址的接口。

# 训练 2 扩展访问控制列表的配置

## 训练描述

你是学校的网络管理员，在 3560-24PS 交换机上连着学校提供的 Web 和 FTP 等服务器，另外还连接着学生宿舍楼和教师宿舍楼，学校规定学生不能对服务器进行 FTP 和 Web 访问，但可以进行其他访问，教师则没有此限制。实验拓扑图如图 4.1.2 所示。

## 训练要求

（1）添加 2 台计算机和 1 台服务器，1 台 PC 代表学生宿舍楼的计算机，1 台 PC 代表教师所用的计算机，服务器为学校的 Web、FTP 服务器。

（2）添加 1 台 3650-24PS 交换机，添加 AC-POWER-SUPPLY 电源模块。

（3）对三层交换机 3650-24PS 设备更改其标签名为 S3A。

（4）在交换机上划分 3 个 VLAN，分别为 VLAN 10、VLAN 20、VLAN 30，开启三层路由功能实现全网互通。

（5）在交换机上配置扩展访问控制列表以限制学生机不能访问服务器上的 FTP 服务和 Web 服务，但教师机不受限制。

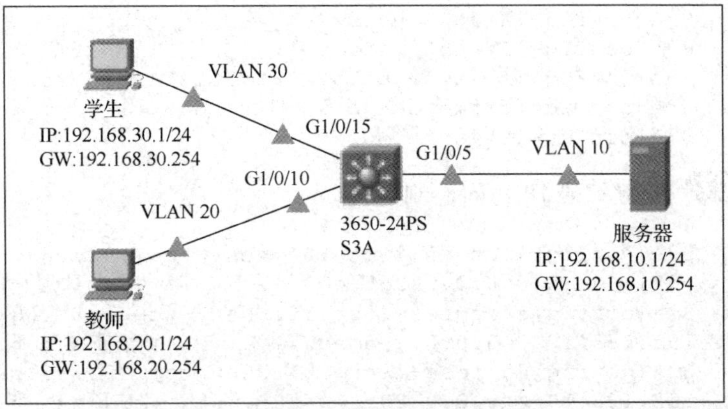


图 4.1.2 扩展访问控制列表实验拓扑图

## 训练分析

本任务只是要求限制学生机对校服务器的 Web 服务访问，此限制只是根据服务器提供的某种服务进行控制，是基于服务端口进行控制的，因此不能使用标准访问列表来实现。

扩展访问控制列表的配置

## 训练步骤

### 01 交换机的基本配置

```
Switch>en
Switch#conf t
Switch(config)#hostname S3A
S3A(config)#ip routing
S3A(config)#vlan 10
S3A(config-vlan)#name server
S3A(config-vlan)#vlan 20
S3A(config-vlan)#name teachers
S3A(config-vlan)#vlan 30
S3A(config-vlan)#name students
S3A(config-vlan)#inter g0/5
S3A(config-if)#switchport mode access
S3A(config-if)#switchport access vlan 10
S3A(config-if)#inter g0/10
Switch(config-if)#switchport mode access
S3A(config-if)#switchport access vlan 20
S3A(config-if)#inter g0/15
S3A(config-if)#switchport mode access
S3A(config-if)#switchport access vlan 30
S3A(config-if)#exit
S3A(config)#int vlan 10
S3A(config-if)#ip add 192.168.10.254 255.255.255.0
S3A(config-if)#no shutdown
S3A(config-if)#int vlan 20
```

```
S3A(config-if)#ip add 192.168.20.254 255.255.255.0
S3A(config-if)#no shutdown
S3A(config-if)#int vlan 30
S3A(config-if)#ip add 192.168.30.254 255.255.255.0
S3A(config-if)#no shutdown
S3A(config-if)#exit
```

**02** 配置扩展 IP 访问控制列表

```
S3A(config)#access-list 101 deny tcp 192.168.30.0 0.0.0.255
192.168.10.0 0.0.0.255 eq www        !定义扩展访问列表，禁止 www 服务
S3A(config)# access-list 101 deny tcp 192.168.30.0 0.0.0.255
192.168.10.0 0.0.0.255 eq 21         !禁止 ftp 服务
S3A(config)#access-list 101 deny tcp 192.168.30.0 0.0.0.255
192.168.10.0 0.0.0.255 eq 20         !禁止 ftp 服务
S3A(config)#access-list 101 permit ip any any  !允许其他服务
S3A(config)#
```

也可以使用命名扩展 IP 访问列表实现。

```
S3A(config)#ip access-list extended services    !services 为名字
S3A(config-ext-nacl)#deny tcp 192.168.30.0 0.0.0.255 192.168.10.0
0.0.0.255 eq www
S3A(config-ext-nacl)#deny tcp 192.168.30.0 0.0.0.255 192.168.10.0
0.0.0.255 eq 21
S3A(config-ext-nacl)#deny tcp 192.168.30.0 0.0.0.255 192.168.10.0
0.0.0.255 eq 20
S3A(config-ext-nacl)#permit ip any any
S3A(config-ext-nacl)#
```

**03** 查看配置

```
S3A#show access-lists
Extended IP access list 101
10 deny tcp 192.168.30.0 0.0.0.255 192.168.10.0 0.0.0.255 eq www
20 deny tcp 192.168.30.0 0.0.0.255 192.168.10.0 0.0.0.255 eq ftp
30 deny tcp 192.168.30.0 0.0.0.255 192.168.10.0 0.0.0.255 eq 20
40 permit ip any any
S3A#
```

**04** 在接口下应用访问控制列表

```
S3A(config)#int vlan 30
S3A(config-if)#ip access-group 101 in
S3A(config-if)
```

## 训练测试

(1) 在学生宿舍的计算机上访问服务器，结果是不可以访问网页的。

(2) 在教师宿舍的计算机上访问服务器，结果是可以访问网页的。

## 训练小结

（1）访问控制列表要在接口下应用，命令访问控制列表也分标准和扩展两种。

（2）要注意拒绝（deny）某个网段后，要允许（permit）其他网段。

（3）对 FTP 而言，在访问控制列表中必须制定对 ftp（端口 21）和 ftp-data（端口 20）的访问规则。

# 任务二 网络地址转换

网络地址转换（network address translation，NAT）的功能是将企业内部自行定义的私有 IP 地址转换为 Internet 公网上可识别的合法 IP 地址。由于现行 IP 地址标准 IPv4 的限制，Internet 面临着 IP 地址空间短缺的问题，从 ISP 申请并给企业的每位员工分配一个合法 IP 地址是不现实的。NAT 技术能较好地解决现阶段 IPv4 地址短缺的问题。

NAT 实现了将网络地址从一个地址空间转换为另一个地址空间。NAT 将网络划分为内部网络（inside）和外部网络（outside）两部分。局域网主机利用 NAT 访问网络时，是将局域网内部的本地地址转换为了全局地址（互联网合法 IP 地址）后转发数据包。

NAT 主要分为两种类型，即 NAT（网络地址转换）和 NAPT（网络地址端口转换）。NAT 是实现网络地址转换后一个本地 IP 地址对应一个全局地址，而 NAPT 是实现转换后多个本地 IP 地址对应一个全局 IP 地址。目前，由于公网 IP 地址紧缺，而局域网主机数较多，因此一般使用动态的 NAPT 实现局域网多台主机共用一个或少数几个公网 IP 访问互联网。

本任务分以下 2 个训练进行学习。

训练 1　利用动态 NAPT 实现局域网访问因特网。

训练 2　利用 NAT 实现外网主机访问内网服务器。

## 训练 1 利用动态 NAPT 实现局域网访问因特网

### 训练描述

你是某公司的网络管理员，公司只向 ISP 申请了一个公网 IP 地址，希望全公司的主机都能访问外网，请你实现。实验拓扑图如图 4.2.1 所示。

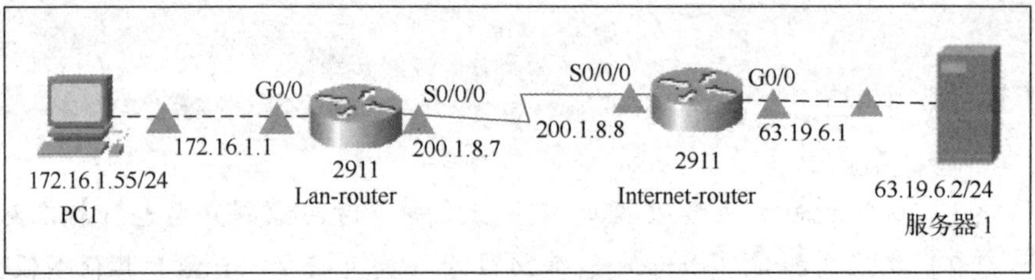


图 4.2.1 利用动态 NAPT 实现局域网访问因特网

## 训练要求

（1）添加 1 台计算机代表公司内部的计算机，添加 1 台服务器代表公网上的 Web 服务器。

（2）添加 2 台 2911 路由器，并为路由器各添加一个 HWIC-2T 串口模块。

（3）将 2 台路由器使用 DCE 串口线互联，模拟与公网互联。

（4）在 Lan-router 上进行 NAPT 配置，实现内网的计算机能通过公网地址访问因特网上的服务器。

## 训练分析

公司通过路由器与外网互联，公司只有一个公网地址，那就是与公网直连的路由器端口的 IP 地址，即 200.1.8.7，要实现内网访问因特网，只能在内网路由器上进行 NAPT 配置才能实现。

利用动态 NAPT 实现局域网访问因特网

## 训练步骤

### 01 配置内网路由器

```
Router(config)#hostname Lan-router
Lan-router(config)#interface GigabitEthernet 0/0
Lan-router(config-if)#ip address 172.16.1.1 255.255.255.0
Lan-router(config-if)#no shutdown
Lan-router(config-if)#exit
Lan-router(config)#interface serial 0/0/0
Lan-router(config-if)#ip address 200.1.8.7 255.255.255.0
Lan-router(config-if)#no shutdown
Lan-router(config-if)#exit
```

### 02 配置因特网路由器

```
Router(config)#hostname Internet-router
Internet-router(config)#interface GigabitEthernet 0/0
Internet-router(config-if)#ip address 63.19.6.1 255.255.255.0
Internet-router(config-if)#no shutdown
```

```
Internet-router(config-if)#exit
Internet-router(config)#interface serial 0/0/0
Internet-router(config-if)#ip address 200.1.8.8 255.255.255.0
Internet-router(config-if)#clock rate 64000
Internet-router(config-if)#no sh
Internet-router(config-if)#end
```

**03** 在内网路由器上配置默认路由并验证

```
Lan-router(config)#ip route 0.0.0.0 0.0.0.0 serial 0/0/0
Lan-router(config)#exit
Lan-router#ping 200.1.8.7
Type escape sequence to abort.
Sending 5, 100-byte ICMP Echos to 200.1.8.7, timeout is 2 seconds:
!!!!
Success rate is 100 percent (5/5), round-trip min/avg/max = 62/62/63 ms
```

**04** 内网路由器上配置动态 NAPT 映射

```
Lan-router(config)#interface GigabitEthernet 0/0
Lan-router(config-if)#ip nat inside              ！定义 G0/0 为内网接口
Lan-router(config-if)#exit
Lan-router(config)#interface serial 0/0/0    ！定义 S0/0/0 为外网接口
Lan-router(config-if)#ip nat outside
Lan-router(config-if)#exit
Lan-router(config)#ip nat pool to_internet 200.1.8.7 200.1.8.7
netmask 255.255.255.0                            ！定义内部全局地址池
Lan-router(config)#access-list 10 permit 172.16.1.0 0.0.0.255
                                                 ！定义允许转换的地址
Lan-router(config)#ip nat inside source list 10 pool to_internet overload
                                              ！为内部本地调用转换地址池
```

## 训练测试

（1）在 PC1 上访问 Web 地址 63.19.6.2 可看到主页内容。

（2）在路由器 Lan-router 查看 NAPT 映射关系。

```
Lan-router#show ip nat translations
Pro  Inside global    Inside local    Outside local    Outside
global tcp  200.1.8.7:1025  172.16.1.55:1025  63.19.6.2:80
63.19.6.2:80
```

## 训练小结

（1）不要把 inside 和 outside 应用的接口弄错。

（2）要加上能使数据包向外转发的路由，比如默认路由。

（3）尽量不要用广域网接口地址作为映射的全局地址，本例中特定仅有一个公网地址，实际工作中不推荐。

## 训练 2 利用 NAT 实现外网主机访问内网服务器

### 训练描述

你是某公司的网络管理员，公司只向 ISP 申请了一个公网 IP 地址，现公司的网站在内网，要求在因特网也可以访问公司网站，请你实现。网络拓扑图如图 4.2.2 所示，其中，172.16.8.5 是 Web 服务器的 IP 地址。

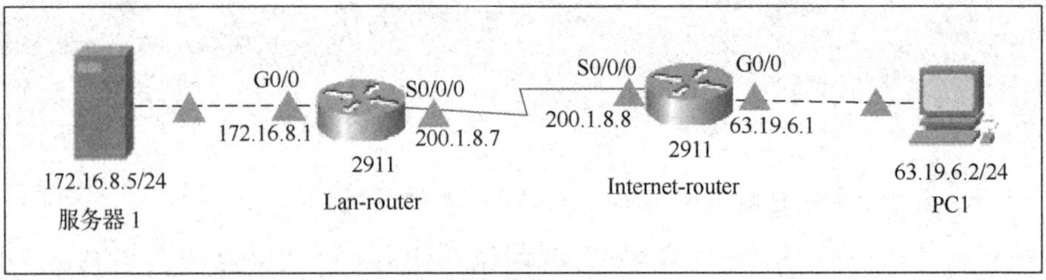


图 4.2.2 利用 NAT 实现外网主机访问内网服务器

### 训练要求

（1）添加 1 台计算机代表因特网上的计算机，添加 1 台服务器代表公司内部的 Web 服务器。

（2）添加 2 台 2911 路由器，为路由器各添加一个 HWIC-2T 串口模块。

（3）将 2 台路由器使用 DCE 串口线互联，模拟与公网互联。

（4）在 Lan-router 上进行 NAT 配置，实现公网的计算机能访问内网服务器上的 Web 服务。

### 训练分析

公司通过路由器与外网互联，公司只有一个公网地址，那就是与公网直连的路由器端口的 IP 地址，即 200.1.8.7。公网的计算机是不能直接访问内网计算机的，要实现内网服务器上的服务被外网访问，则要将内网服务器的 IP 映射到公网的 IP 上，实现因特网上的计算机通过公网 IP 访问到内网服务器上的 Web 服务。

利用 NAT 实现外网主机访问内网服务器

## 训练步骤

### 01 内网路由器的基本配置

```
Router(config)#hostname Lan-router
Lan-router(config)#interface GigabitEthernet 0/0
Lan-router(config-if)#ip address 172.16.8.1 255.255.255.0
```

```
Lan-router(config-if)#no shutdown
Lan-router(config-if)#exit
Lan-router(config)#interface serial 0/0/0
Lan-router(config-if)#ip address 200.1.8.7 255.255.255.0
Lan-router(config-if)#no shutdown
Lan-router(config-if)#exit
```

**02** 公网路由器的基本配置

```
Router(config)#hostname Internet-router
Internet-router(config)#interface GigabitEthernet  0/0
Internet-router(config-if)#ip address 63.19.6.1 255.255.255.0
Internet-router(config-if)#no shutdown
Internet-router(config-if)#exit
Internet-router(config)#interface serial 0/0/0
Internet-router(config-if)#ip address 200.1.8.8 255.255.255.0
Internet-router(config-if)#clock rate 250000
Internet-router(config-if)#no sh
Internet-router(config-if)#end
```

**03** 在 Lan-router 上配置默认路由

```
Lan-router(config)#ip route 0.0.0.0 0.0.0.0 serial 0/0/0
```

**04** 配置静态 NAT 映射

```
Lan-router(config)#ip nat inside source static 172.16.8.5 200.1.8.7
          !（方法一）定义直接的静态地址转换
Lan-router(config)#ip nat inside source static tcp 172.16.8.5 80
 200.1.8.7 80
          !（方法二）定义基于 80 端口的静态地址转换
Lan-router(config)#interface GigabitEthernet 0/0
Lan-router(config-if)#ip nat inside
Lan-router(config-if)#exit
Lan-router(config)#interface serial 0/0/0
Lan-router(config-if)#ip nat outside
Lan-router(config-if)#exit
```

## 训练测试

（1）在主机 1 上访问 Web 地址 200.1.8.7 可看到主页内容。

（2）在路由器 Lan-router 查看 NAT 映射关系。

```
Lan-router#show ip nat translations
Pro  Inside global  Inside local    Outside local    Outside
global Tcp 200.1.8.7:80  172.16.8.5:80    63.19.6.2:1025
63.19.6.2:1025
```

## 训练小结

（1）不要把 inside 和 outside 应用的接口弄错。

（2）在配置静态 NAT 映射时，如果使用方法一，则服务器的所有服务都映射到公网 IP 上；如果使用方法二，则只是 Web 服务的转换。建议使用第二种方法。

# 任务三 防火墙简单配置

防火墙是一种用来加强网络访问控制的特殊网络互联设备，其核心是管理区域之间的访问控制。所以防火墙要将不同的接口置于不同的区域（不同区域的属性可以根据不同的接口命名来实现），然后对来源于不同的区域到另一个区域的访问进行安全控制。

尽管防火墙可能有其他附加的一些功能，但本质还是管理区域之间访问的安全，在不安全的网际环境中构造一个相对安全的子网环境，按照事先制定的策略控制信息的流入和流出，监督和控制使用者的操作。

ASA 系列防火墙是 Cisco 公司推出的适应性安全产品（adaptive security appliance，ASA），比 Cisco 原 PIX 系列专用的硬件防火墙功能更强大、更加人性化、更加容易配置和管理。现 Cisco ASA 防火墙 5500 系列自适应安全设备是最新的 Cisco 防火墙技术产品，它提供了整合防火墙、入侵保护系统(intrusion prevention system，IPS)、高级自适应威胁防御服务，其中包括应用安全和简化网络安全解决方案的 VPN 服务。

### 训练描述

你是某公司的网络管理员，公司购买了一台防火墙，希望组建一个相对安全的网络环境，确保员工能在相对安全的网络环境中正常工作，请你实现。实验拓扑图如图 4.3.1 所示。

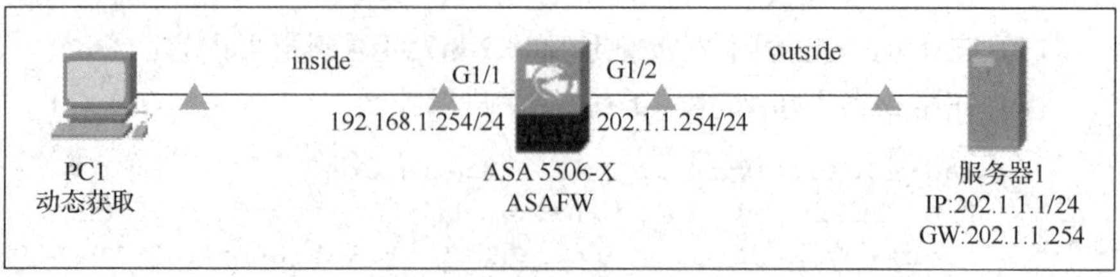


图 4.3.1 防火墙的基本配置

## 训练要求

（1）添加1台计算机代表公司内部的计算机，添加1台服务器代表公网上的Web服务器。

（2）添加1台Cisco ASA 5506-X防火墙并更改其标签名为ASAFW。

（3）将2台路由器使用DCE串口线互联，模拟与公网互联。

（4）在防火墙上进行相关配置，实现内网的计算机可以Ping通公网地址且可以访问因特网上的WWW服务器。

## 训练分析

公司通过防火墙连接内网与外网，需要配置相应的区域和安全级别，并制定放行相关的策略，才可以实现内网访问因特网。

## 训练步骤

防火墙简单配置

### 01 配置防火墙的基本信息

Cisco ASA 5506-X不用再像以前的防火墙设备那样，需要将IP地址配置在VLAN下面，而是可以直接在接口定义地址。

```
ciscoasa>en
Password:                                              !直接回车就可以进入
ciscoasa#configure terminal
ciscoasa(config)#hostname ASAFW
ASAFW(config)#int GigabitEthernet 1/1
ASAFW(config-if)#nameif inside                         !定义内部区域
ASAFW(config-if)#security-level 100                    !定义安全级别
ASAFW(config-if)#ip add 192.168.1.254 255.255.255.0
                !g1/1 口默认地址为 192.168.1.1，不配置也可以
ASAFW(config-if)#no shut
ASAFW(config-if)#exit
ASAFW(config)#int GigabitEthernet 1/2
ASAFW(config-if)#nameif outside
ASAFW(config-if)#security-level 0
ASAFW(config-if)#ip add 200.1.1.254 255.255.255.0
ASAFW(config-if)#no shut
```

### 02 配置防火墙的DHCP服务

```
ASAFW(config)#dhcpd address 192.168.1.11-192.168.1.20  inside
                                          !配置防火墙的 DHCP 服务
ASAFW(config)#dhcp enable inside                       !应用 DHCP
```

**03** 获取防火墙 DHCP 服务器地址

在 PC1 上获取防火墙 DHCP 服务器的地址，如图 4.3.2 所示。

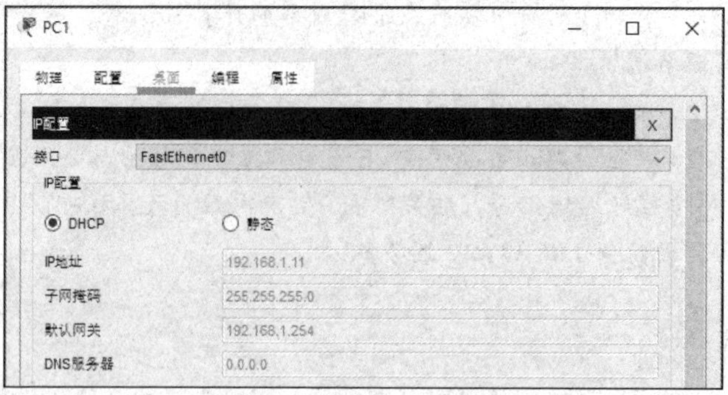


图 4.3.2 获取防火墙 DHCP 服务器地址

**04** 验证通信

经测试可以发现从 inside 区域到 outside 区域是无法通信的，如图 4.3.3 和图 4.3.4 所示。

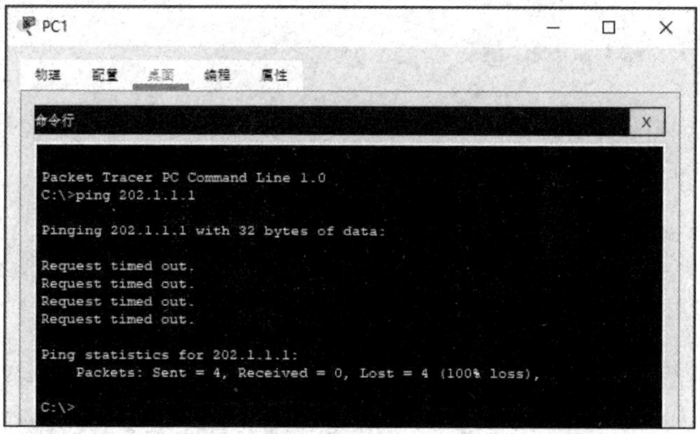


图 4.3.3 验证出从 inside 区域到 outside 区域不能通信

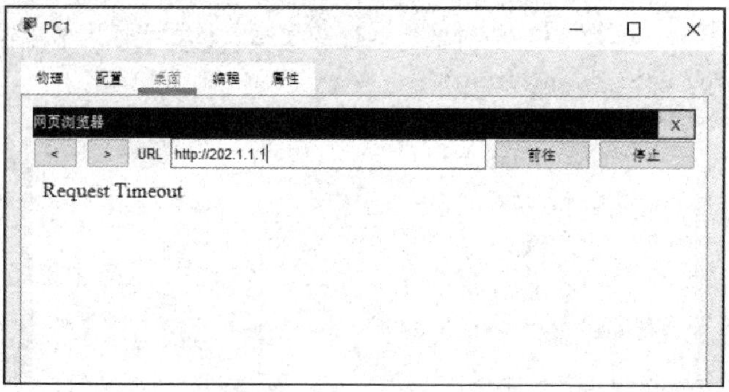


图 4.3.4 通信请求超时

**05** 配置 ACL 放行 ICMP 协议以实现从 inside 区域到 outside 区域的通信

第一种方法：通过 ACL 和 NAT 来实现。

```
ASAFW(config)#access-list 100 permit icmp any any
ASAFW(config)#access-list 100 extended permit tcp any any eq www
```

```
ASAFW(config)#access-group 100 in interface outside
ASAFW(config)#object network npat
ASAFW(config-network-object)#subnet 192.168.1.0 255.255.255.0
ASAFW(config-network-object)#nat (inside,outside) dynamic
 interface
ASAFW(config-network-object)#
```

第二种方法：可以采用配置策略的方法直接来实现。

```
ASAFW(config)#class-map aaa  !类映射，用来定义匹配标准
ASAFW(config-cmap)#match default-inspection-traffic
                                          !匹配所有检查的默认端口
ASAFW(config-cmap)#exit
ASAFW(config)#policy-map bbb !策略映射，将动作与类映射的匹配标准关联
ASAFW(config-pmap)#class aaa !标识要执行的动作
ASAFW(config-pmap-c)#inspect http  !提供 http 协议检查
ASAFW(config-pmap-c)#inspect icmp  !提供 icmp 协议检查
ASAFW(config-pmap-c)#exit
ASAFW(config)#service-policy bbb global              !启用一组策略
ASAFW#show running-config policy-map                 !显示策略
policy-map bbb
class aaa
inspect http
inspect icmp
ASAFW#
```

## 训练测试

（1）在 PC1 上访问 Web 地址 202.1.1.1 可看到主页内容。

（2）在 PC1 上访问服务器可看到结果是通的，反过来是不通的。

## 训练小结

（1）不要把 inside 和 outside 区域的接口配置错误。

（2）可以使用 ACL 和服务策略来实现穿越 ASA 防火墙。

（3）进行多个协议检查时，要配置匹配所有检查的默认端口，为同一个 class map 配置多个检查。

读书笔记

# 5 项目五 语音、无线网络的配置

## 项目说明

Cisco Packet Tracer 7.3 不仅可提供交换机、路由器等网络设备进行模拟实验，还集成了语音、无线网络等技术的实验环境。这是当前比较流行的技术，因此也要有所掌握。由于 Cisco Packet Tracer 7.3 还只是一个初级模拟器，仍有许多现实工程中的语音和无线方案效果不能实现，因此本项目重点学习它所能支持的语音、无线网络的配置。

## 技能目标

任务一 简单的 Callmanger 语音配置
任务二 无线网络的应用

## 素养目标

- 增强网络安全意识，在使用无线网络时进行基本的安全配置。
- 以科学的态度对待科学、以真理的精神追求真理。
- 增强问题意识，不断提出真正解决问题的新理念新思路新办法。

# 任务一 简单的 Callmanger 语音配置

因特网语音协议（voice over Internet protocol，VoIP）是一种可以在 IP 网络上互传模拟音讯或视讯的一种技术，基本结构由网关（GW）和网守（GK）两部分构成。VoIP 拨号对等体的配置是将电话号码与 IP 地址进行对应，允许路由器向外拨一个指定的电话号码。

VoIP 的最大优点是网络内部通话时不要电话费，因为所有的语音数据都是被 IP 所承载的，在内部网络中通过的都是 IP 数据。本任务就是利用 VoIP 技术来解决企业中对语音网络的实际应用，重点学习 Callmanger 的配置。

## 训练描述

你是某公司的网络管理员，为了降低北京总公司与广州分公司通话的话费成本，你了解到通过使用路由器语音模块可以实现网络传输语音，并且可节省电话费用，所以你决定通过使用路由器的语音模块来替公司节省成本。下面用一个实验来学习在路由器上配置简单的 Callmanger 语音的方法，实验拓扑图如图 5.1.1 所示。

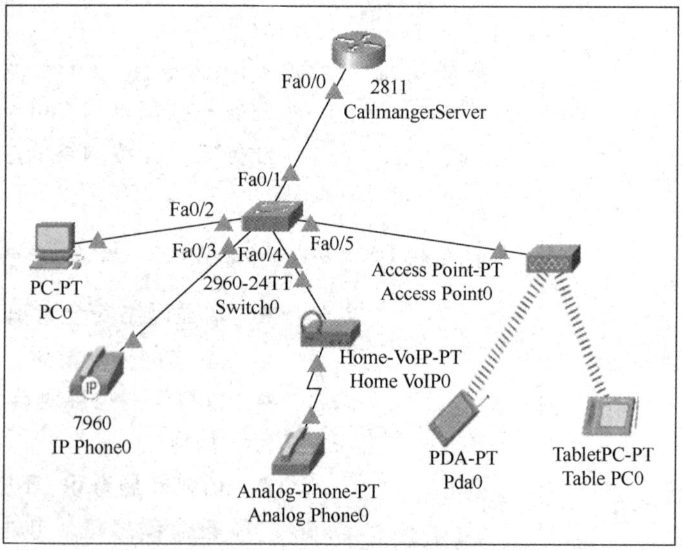


图 5.1.1　简单的 Callmanger 语音配置实验拓扑图

## 训练要求

（1）添加常用设备：1 台计算机，1 台 2960-24TT 交换机，1 台 2811 路由器。

（2）添加语言设备：1 台 7960 IP Phone 设备，1 台模拟电话（Analog-Phone-

PT)，1 台 VoIP Modem (Home-VoIP-PT)，1 台无线 AP 设备 (Access Point-PT)，1 台智能手机无线终端设备 (SMARTPHONE-PT)，1 台平板电脑 (Tablet PC-PT)。

(3) 对设备 7960 IP Phone 添加电源模块 (思科 VoIP 电源适配器)。

(4) 配置 2811 路由器的 Fa0/0 端口的 IP 地址为 1.1.1.1/24，作为 Callmanger 服务器地址。

(5) 配置 2811 路由器作为语音的 Callmanger 服务器，为本网络中的语音设备提供电话注册，分配电话号码以及电话路由功能。

(6) 在路由器上配置 DHCP 服务，使得网络中的语音设备通过 DHCP 广播请求到 Callmanger 服务器上获取 IP 地址、TFTP 服务器 IP 地址，以及实现电话注册、电话号码分配等功能。

## 训练分析

本实验模拟了内部网络之间的 VoIP 电话通话，采用的是 Cisco 公司独有的 Callmanger 解决方案。使用一台 Cisco 公司的 2811 路由器作为 Callmanger 服务器，提供电话号码注册分配，完成电话的信令控制和通话控制。采用无线 AP 来提供移动办公或支持软件 IP Phone 的智能手机设备灵活地接入网络中，与内部网络各处电话通话。在进行实验之前，首先要掌握各个语音设备的配置和使用方法。

(1) 普通计算机、智能手机设备和平板电脑都集成 IP Phone 软件。如图 5.1.2 所示，图上第二排最右边一个便是软 IP Phone，用于拨入实现语音功能。

图 5.1.2　PC、PDA 设备和平板电脑都集成软件 IP Phone

(2) IP Phone 设备的背面，如图 5.1.3 所示，实验的时候要把右下角的电源装上。

(3) 智能手机设备 (支持 IP Phone 手机) 的设置界面如图 5.1.4 所示，智能手机设备以无线方式接入网络。

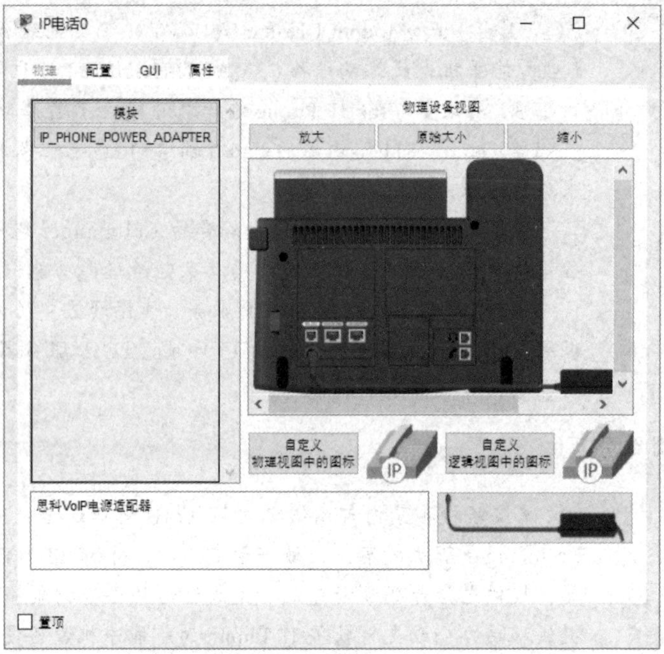


图 5.1.3　物理 IP Phone 设备的背面

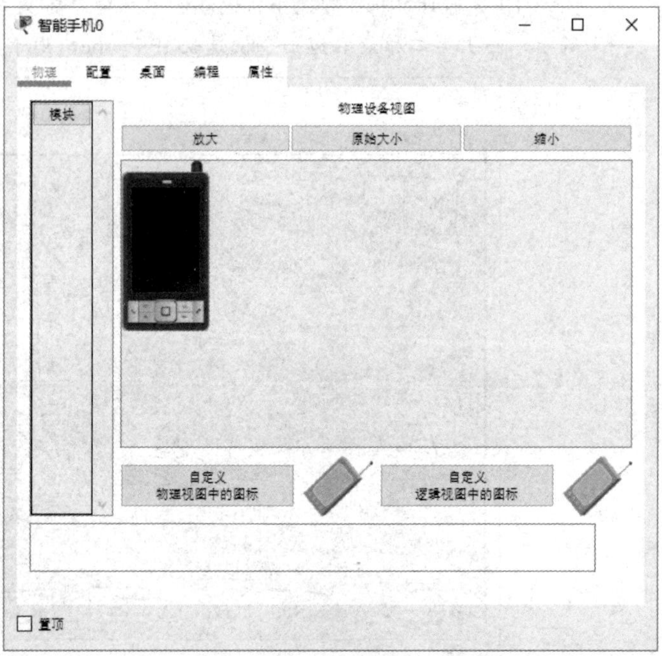


图 5.1.4　智能手机设备的设置界面

（4）平板电脑（tablet personal computer，Tablet PC）是一种小型、方便携带的个人计算机，以触摸屏作为基本的输入设备。它拥有的触摸屏允许用户通过触控笔或数字笔来进行操作而不是传统的键盘或鼠标。平板电脑的设置界面如图 5.1.5 所示。

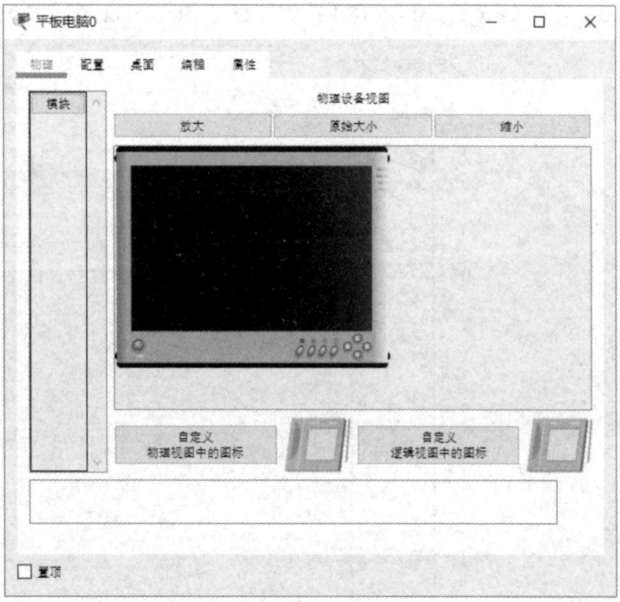


图 5.1.5 平板电脑的设置界面

（5）模拟电话（Analog Phone-PT）通过 VoIP Modem 连接到网络中，它的图形界面如图 5.1.6 所示。注意，屏幕分配到了 1003 的电话号码，物理 IP Phone 和软 IP Phone 如果成功注册到 Callmanger 上了，就会被分配一个电话号码。

注意：模拟电话和物理 IP Phone 打/接电话都要把话筒拿下或挂上。软件 IP Phone 则不一样，拨完号，单击 Dial 按钮拨打出去，接的时候单击 Answer 按钮应答，单击 Endcall 按钮结束通话。

图 5.1.6 模拟电话的图形界面

（6）Home-VoIP PT 要进行 Callmanger 服务器地址的指定，如图 5.1.7 所示。

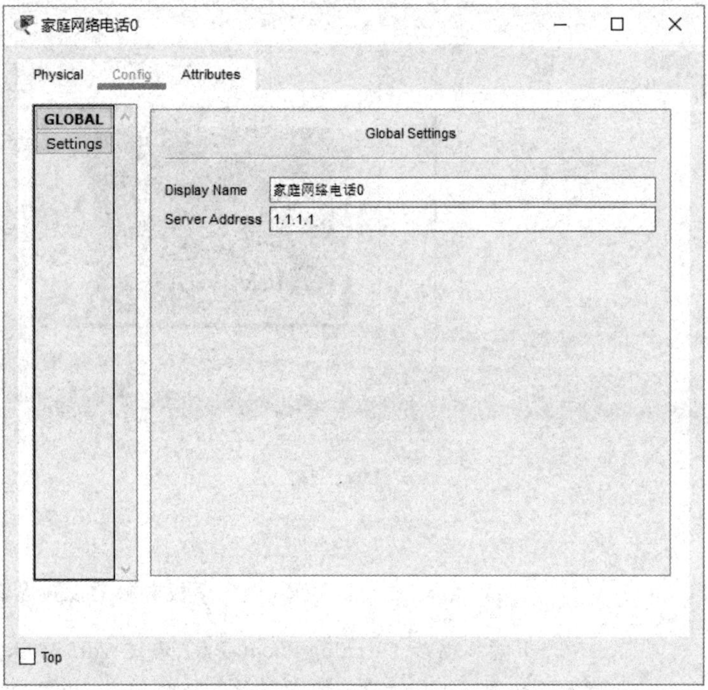


图 5.1.7　VoIP Modem 的配置

（7）无线 AP 的设置如图 5.1.8 所示。

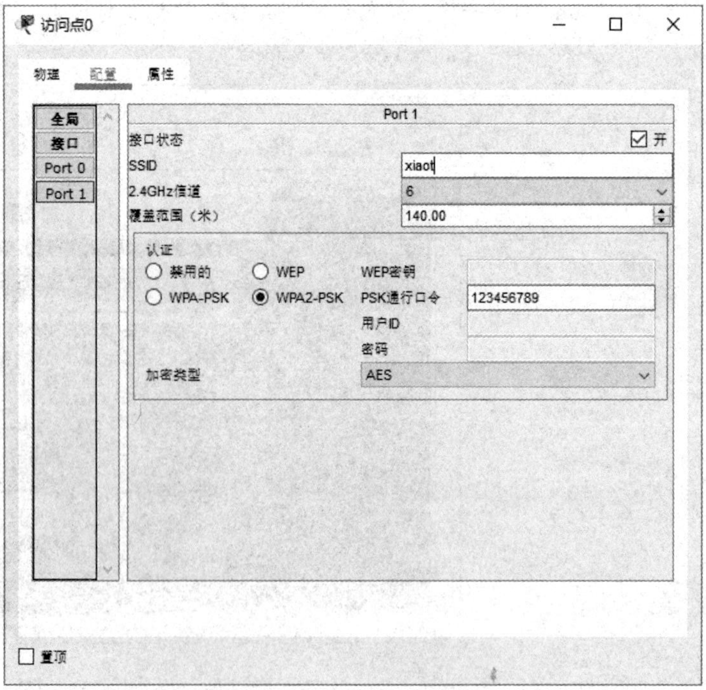


图 5.1.8　无线 AP 的设置

（8）平板电脑的设置如图 5.1.9 所示。

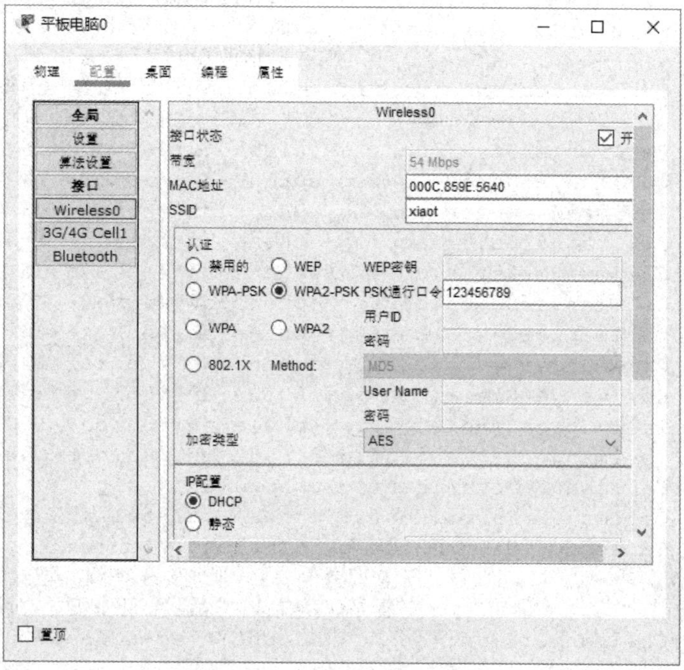


图 5.1.9　平板电脑的设置

简单的 Callmanger 语音

## 训练步骤

**01** 路由器 2811 的基本配置

```
Router#conf t
Router(config)#hostname CallmangerSever
CallmangerSever(config)#ip dhcp excluded-address 1.1.1.1
CallmangerSever(config)#ip dhcp pool voip  !DHCP 动态为接入设备提供 IP
CallmangerSever(dhcp-config)#network 1.1.1.0 255.255.255.0
CallmangerSever(dhcp-config)#default-router 1.1.1.1
CallmangerSever(dhcp-config)#option 150 ip 1.1.1.1
                        !利用 DHCP 包中 150 选项将 TFTPIP 带给 DHCP 客户端
CallmangerSever(dhcp-config)#interface fastEthernet0/0
CallmangerSever(config-if)#ip address 1.1.1.1 255.255.255.0
CallmangerSever(config-if)#no shutdown
CallmangerSever(config-if)#exit
CallmangerSever(config)#
```

**02** 路由器 2811 关于 Callmanger 的配置

```
CallmangerSever(config)#telephony-service        !开启电话服务
```

```
CallmangerSever(config-telephony)#max-ephones 36   !设置容许的最大电话数
CallmangerSever(config-telephony)#max-dn 36         !设置容许的最大目录号
CallmangerSever(config-telephony)#ip source-address 1.1.1.1 port 2000
                         !IP 电话注册到 Callmanger 上通信的 IP 和端口号
CallmangerSever(config-telephony)#create cnf-files
                         !创建 XML 文件，该文件包括了每个电话的配置信息
CallmangerSever(config-telephony)#ephone-dn 1   !设置逻辑电话目录号
CallmangerSever(config-ephone-dn)#number 1001   !电话号码
CallmangerSever(config-ephone-dn)#ephone-dn 2
CallmangerSever(config-ephone-dn)#number 1002
CallmangerSever(config-ephone-dn)#ephone-dn 3
CallmangerSever(config-ephone-dn)#number 1003
CallmangerSever(config-ephone-dn)#ephone-dn 4
CallmangerSever(config-ephone-dn)#number 1004
CallmangerSever(config-ephone-dn)#ephone-dn 5
CallmangerSever(config-ephone-dn)#number 1005
CallmangerSever(config-ephone-dn)#number 1005
CallmangerSever(config-ephone-dn)#exit
CallmangerSever(config-ephone-dn)#telephony-service
CallmangerSever(config-telephony)#ephone 1        !电话物理参数配置
                  !所有设备的 MAC 地址要先查到并记录下来，每次实验都会变化
                  !查看 MAC 地址的方法：可以使用鼠标将指针放在该设备的图标上
CallmangerSever(config-ephone)#mac-address 0001.970E.A994
                                              !绑定 IP 电话的 MAC 地址
CallmangerSever(config-ephone)#type CIPC
   !IPhone 电话类型，CIPC 是软电话，7960 是 Cisco 物理 IP 电话，ata 是模拟的
CallmangerSever(config-ephone)#button 1:1 !电话按键与电话目录号绑定
CallmangerSever(config-ephone)#ephone 2
CallmangerSever(config-ephone)#mac-address 0004.9A08.0E9E
CallmangerSever(config-ephone)#type 7960
CallmangerSever(config-ephone)#button 1:2
CallmangerSever(config-ephone)#ephone 3
CallmangerSever(config-ephone)#mac-address 00E0.8F56.AC01
MAC address is already assigned with ephone 3
Cannot assign same MAC address to multiple ephones.
CallmangerSever(config-ephone)#type ata
CallmangerSever(config-ephone)#button 1:3
CallmangerSever(config-ephone)#
%IPPHONE-6-REGISTER: ephone-3 IP:1.1.1.3 Socket:2 DeviceType:Phone has
 registered.
CallmangerSever(config-ephone)#ephone 4
CallmangerSever(config-ephone)#mac-address 0002.1658.24CA
CallmangerSever(config-ephone)#type CIPC
CallmangerSever(config-ephone)#button 1:4
CallmangerSever(config-ephone)#ephone 5
CallmangerSever(config-ephone)#mac-address 0060.3E60.53B2
CallmangerSever(config-ephone)#type CIPC
CallmangerSever(config-ephone)#button 1:5
CallmangerSever(config-ephone)#exit
CallmangerSever(config)#exit
CallmangerSever#write
```

**03** 查看设备的 MAC 地址

```
CallmangerSever#show ip dhcp binding
IP address      Client-ID/          Lease expiration     Type
                Hardware address
1.1.1.2         0060.3E60.53B2           --              Automatic
1.1.1.3         00E0.8F56.AC01           --              Automatic
1.1.1.4         0002.1658.24CA           --              Automatic
1.1.1.5         0001.970E.A994           --              Automatic
1.1.1.6         0004.9A08.0E9E           --              Automatic
```

**04** 为交换机配置 Voice VLAN

在 Cisco Packet Tracer 7.3 模拟器中，物理 IP Phone 接交换机时，交换机必须配置 Voice VLAN 才能通。

```
Switch(config)#interface fastEthernet 0/3
Switch(config-if)#switchport mode access
Switch(config-if)#switchport voice vlan 1
```

## 训练测试

做好以上配置后，等上几分钟就完成了电话的分配、注册等。这时可以使用物理 IP Phone 拨打模拟电话进行测试。测试时模拟电话取下话筒进行应答，挂断话筒表示完成通话。测试如图 5.1.10 所示。

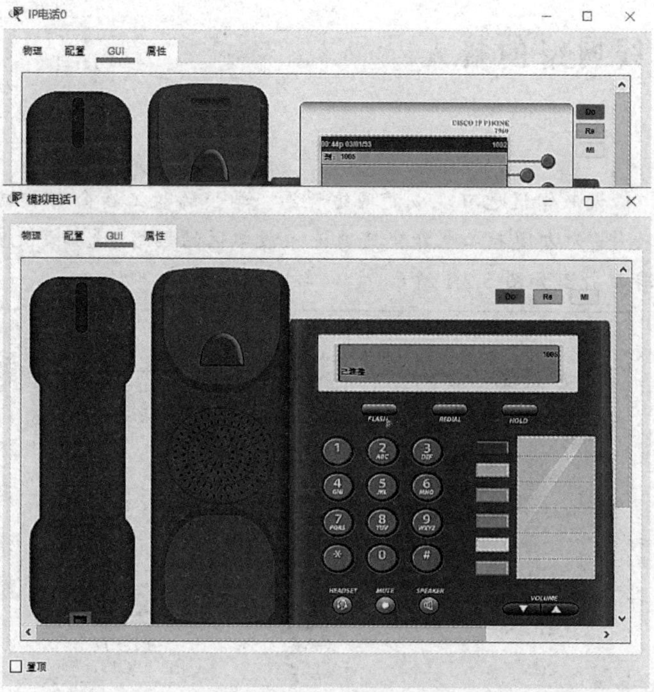


图 5.1.10 使用物理 IP Phone 拨打模拟电话

## 训练小结

（1）认识和掌握语音设备的配置和使用。

（2）重点掌握路由器的 Callmanger 的配置。

（3）二层交换机没有 POE 供电，三层交换机就可以使用 POE 供电。

# 任务二 无线网络的应用

无线网络既涉及允许用户建立远距离无线连接的全球语音和数据网络，也涉及为近距离无线连接进行优化的红外线技术及射频技术。无线网络与有线网络的用途十分类似，最大的不同在于传输媒介的不同，无线网络是利用无线信号传输媒介取代实质的传输媒介。

使用无线组网技术，通过安装 AP 和 PCMCIA 无线网卡或 USB 无线网卡，就可以在公司内部架构起无线局域网，使得办公区、会议室、会客室、展示厅及休息区都可以移动上网，为移动办公创造了条件。

本节分以下 2 个训练进行学习。

训练 1 无线网络的接入。

训练 2 无线网络全网互联。

## 训练 1 无线网络的接入

### 训练描述

假设教学区已有现成的网络资源，学校的教工宿舍尚未配齐连入教学区的联网硬件，为方便教工也能快捷地连入教学区的网络，选择了无线网络的接入方案。实验拓扑图如图 5.2.1 所示。

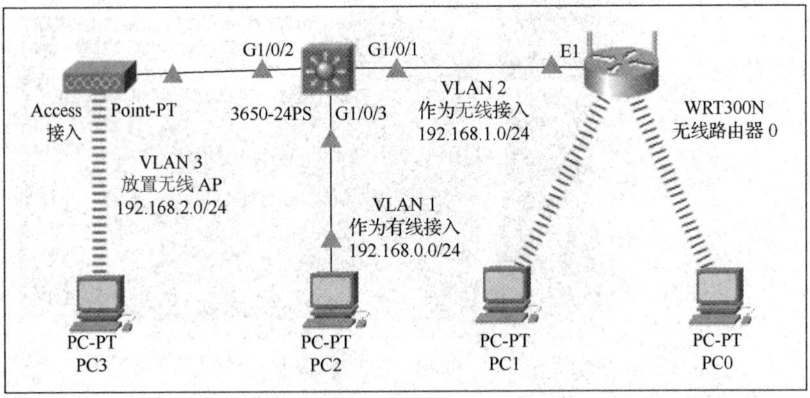


图 5.2.1 无线网络的接入实验拓扑图

## 训练要求

（1）添加 4 台计算机、1 台无线 AP-AccessPoint-PT、1 台 3650-24PS 三层交换机、1 台无线路由器 WRT300N。

（2）为 4 台计算机添加无线网卡设备。

（3）为三层交换机 3650-24PS 添加 AC-POWER-SUPPLY 电源模块。

（4）PC0、PC1 为教师宿舍区计算机，通过无线路由器访问校园网络；PC3 为校外计算机，通过无线 AP 访问校园网络；PC2 为学校内部办公计算机，通过 DHCP 获取 IP。

（5）交换机 3650-24PS 为学校中心交换机，划分为 3 个 VLAN。其中，VLAN 2 和 VLAN 3 分别用于无线路由和无线连接 AP，为计算机无线访问提供接口，VLAN 1 通过有线连接学校内部办公网络的计算机。

## 训练分析

由于本实验采用的是普通计算机，因此教师宿舍区的计算机 PC0、PC1 以及 PC3 均要添加无线网卡设备。为 PC 添加无线网卡的操作如图 5.2.2 所示。

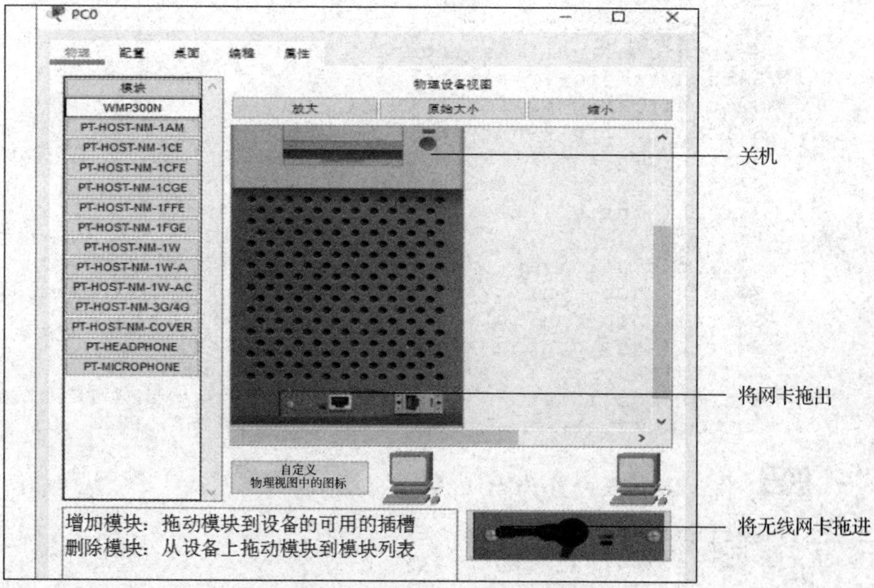


图 5.2.2　为 PC 添加无线网卡

（1）单击计算机电源开关，将计算机关闭。

（2）将计算机下部的以太网卡往右下角拖出，将以太网卡删除掉。

（3）将无线网卡拖到刚才以太网卡所在位置。

（4）单击计算机电源开关，将计算机开启。

## 训练步骤

无线网络的接入

**01** 设置 3650-24PS 三层交换机作为核心交换机

```
Switch(config)#int vlan 1
Switch(config-if)#ip add 192.168.0.1 255.255.255.0
Switch(config-if)#no shut
Switch(config-if)#exit
                    !先给 VLAN1 配置一个 DHCP，使 PC2 能自动获取 IP 地址
Switch(config)#ip dhcp pool dhcp
Switch(dhcp-config)#network 192.168.0.0 255.255.255.0
Switch(dhcp-config)#default-router 192.168.0.1
Switch(dhcp-config)#dns-server 61.139.2.69
Switch(dhcp-config)#exit
Switch(config)#ip dhcp excluded-address 192.168.0.1
Switch(config)#ip dhcp excluded-address 192.168.0.254
```

**02** 将 VLAN 1 设为有线接入，将 VLAN 2 设为无线接入

```
Switch(config)#vlan 2
Switch(config-vlan)#exit
Switch(config)#int f0/1
Switch(config-if)#switchport mode access
Switch(config-if)#switchport access vlan 2
Switch(config-if)#exit
Switch(config)#int vlan 2
Switch(config-if)#ip add 192.168.1.1 255.255.255.0
Switch(config-if)#no shut
Switch(config-if)#exit
                          !以下 VLAN2 无线网络 IP 设置为自动获取地址
Switch(config)#ip dhcp pool vlan2
Switch(dhcp-config)#network 192.168.1.0 255.255.255.0
Switch(dhcp-config)#default-router 192.168.1.1
Switch(dhcp-config)#dns-server 192.168.1.1
Switch(dhcp-config)#exit
Switch(config)#ip dhcp excluded-address 192.168.1.1
Switch(config)#ip dhcp excluded-address 192.168.1.254
```

**03** 将 VLAN 3 设置为无线 AP

```
Switch(config)#vlan 3
Switch(config-vlan)#exit
Switch(config)#int f0/2
Switch(config-if)#switchport mode access
Switch(config-if)#switchport access vlan 3
Switch(config-if)#exit
Switch(config)#int vlan 3
Switch(config-if)#ip add 192.168.2.1 255.255.255.0
Switch(config-if)#no shut
Switch(config-if)#exit
Switch(config)#ip dhcp pool vlan 3
Switch(dhcp-config)#network 192.168.2.0 255.255.255.0
Switch(dhcp-config)#default-route 192.168.2.1
Switch(dhcp-config)#dns-server 192.168.2.1
Switch(dhcp-config)#exit
Switch(config)#ip dhcp excluded-address 192.168.2.1
```

```
Switch(config)#exit
Switch#
```

**04** 配置无线路由器

在这里要注意，3650 交换机要接无线路由器的 Ethernet 1 口，将“路由器 IP”的 IP 地址修改为 192.168.1.254/24，将“DHCP 服务器”设置成“未使能的”，之后单击最下方的“保存设置”按钮，否则设置无法生效，如图 5.2.3 所示。

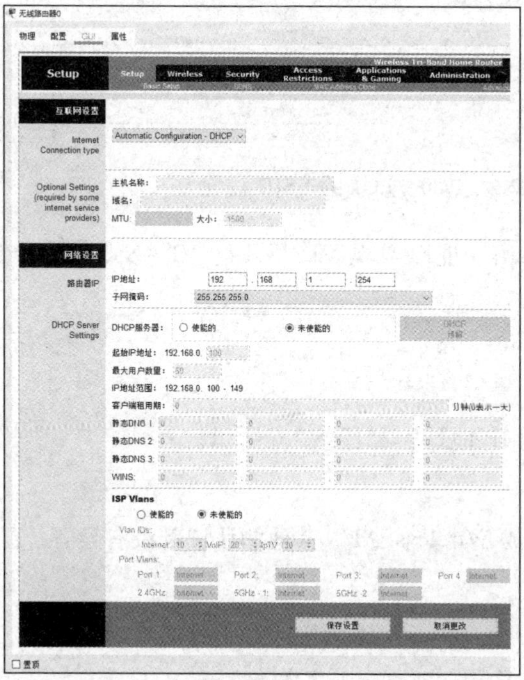

图 5.2.3　无线路由器的网络配置

**注 意**

在这里“Internet 设置”选项的右侧不用做任何配置，而在“网络设置”右侧，设置一个管理 IP 地址：192.168.1.254，以后通过这个 IP 地址来进行该无线路由器的管理。在“DHCP Server Settings”的右侧，将“DHCP 服务器”关闭。因为无线接入的计算机的 IP 地址都是通过 3650 交换机来获取的。

接着进入无线设置，单击 Wireless 进入基础无线设置，将“网络名称（SSID）”改成 Wireless Router，将“标准信道”改为 6-2.437GHz，之后单击最下方的“保存设置”按钮，否则设置无法生效，其他可以不用配置，结果如图 5.2.4 所示。

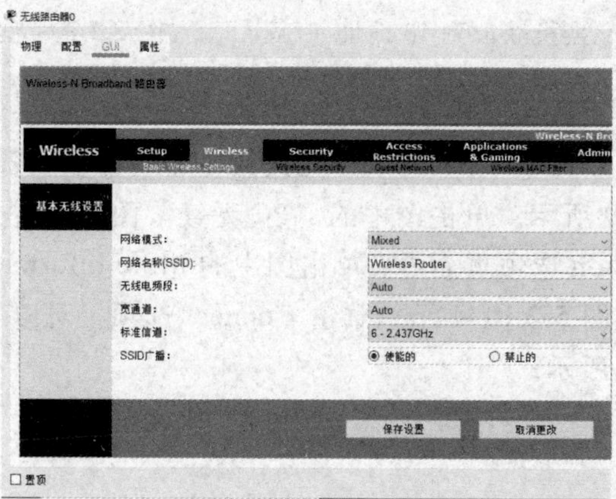

图 5.2.4　无线路由器的基础无线设置

**05** 设置计算机连到无线路由器并使其能获得 IP 地址

首先，将 PC0、PC1、PC3 的以太网卡取下来，添加上无线网卡。因为这里的无线路由器上面没有做任何安全设置，所以在这里它会自动进行连接。

其次，将 PC0、PC1 的 SSID 设置为 Wireless Router，如图 5.2.5 所示。

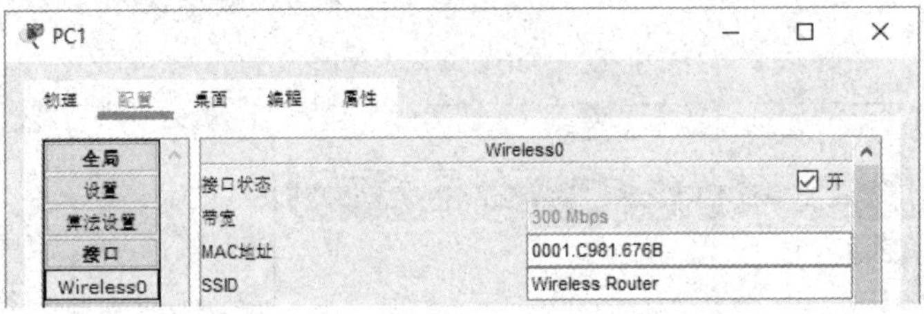


图 5.2.5　PC0、PC1 的 SSID 设置

**06** 开启 3650 交换机的路由功能以实现 VLAN 1 和 VLAN 2 中的计算机通信

```
Switch#conf t
Switch(config)#ip routing
Switch(config)#exit
```

PC1 通过 3650 交换机获取到 IP 地址，如图 5.2.6 所示。

**07** 无线 AP 配置

这里将无线 AP 的 SSID 设置成 Wireless AP，其他的认证都没有设置，结果如图 5.2.7 所示。

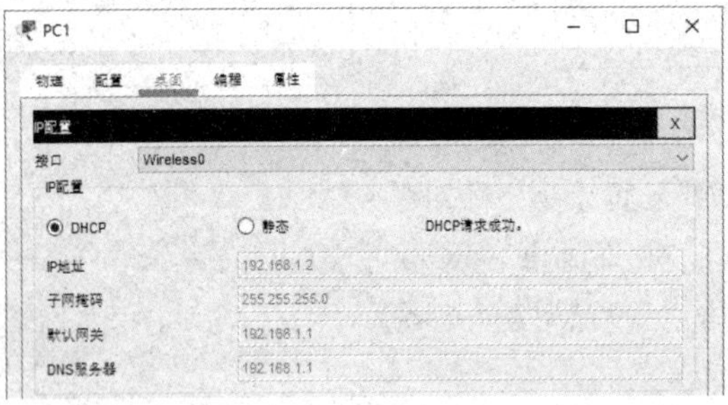


图 5.2.6　PC1 通过 3650 交换机获取到 IP 地址

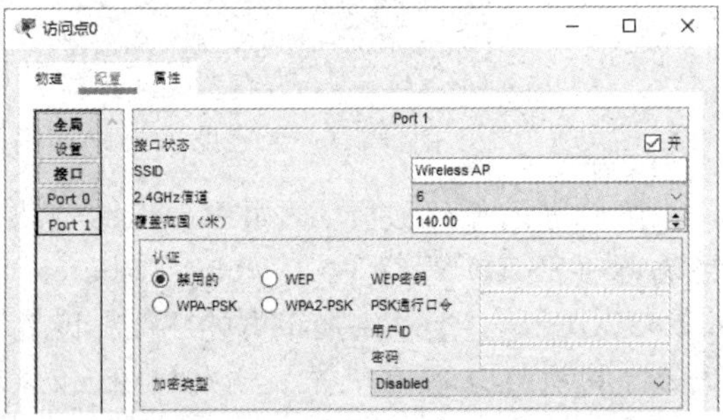


图 5.2.7　无线 AP 的 SSID 设置

**08** 将 PC3 加入无线 AP 上

PC3 默认加入的是 Linksys WRT300N 无线路由器，如图 5.2.8 所示。进入 PC3“桌面”选项卡，如图 5.2.9 所示。单击图中的“PC 无线”图标，进入无线连接设置，在默认进入的 Link Information 选项页面中，单击图中的 More Information 按钮，可以看到无线网络的详细状态，如图 5.2.10 所示。单击 Connect 选项，可以查看当前网络中可用的无线网络，如图 5.2.11 所示。

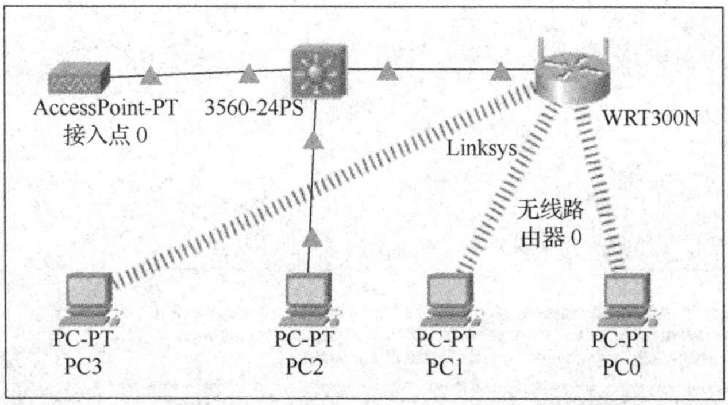


图 5.2.8 PC3 默认接入了无线路由

图 5.2.9 PC3 “桌面” 选项卡

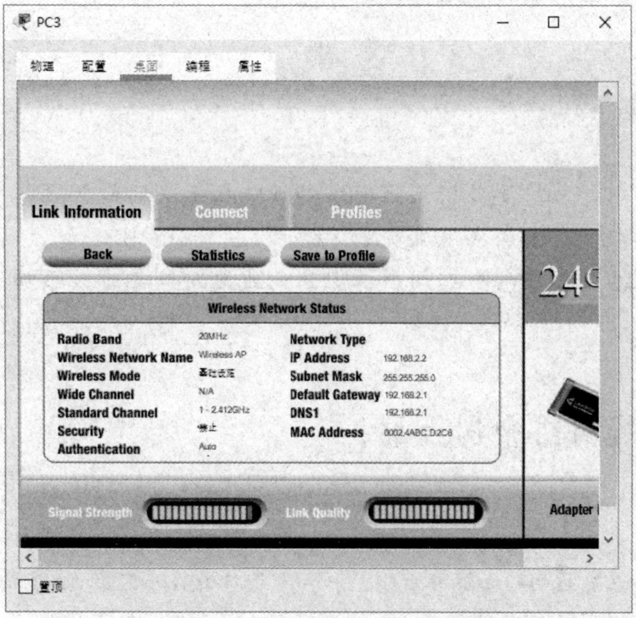


图 5.2.10 无线网络的详细状态

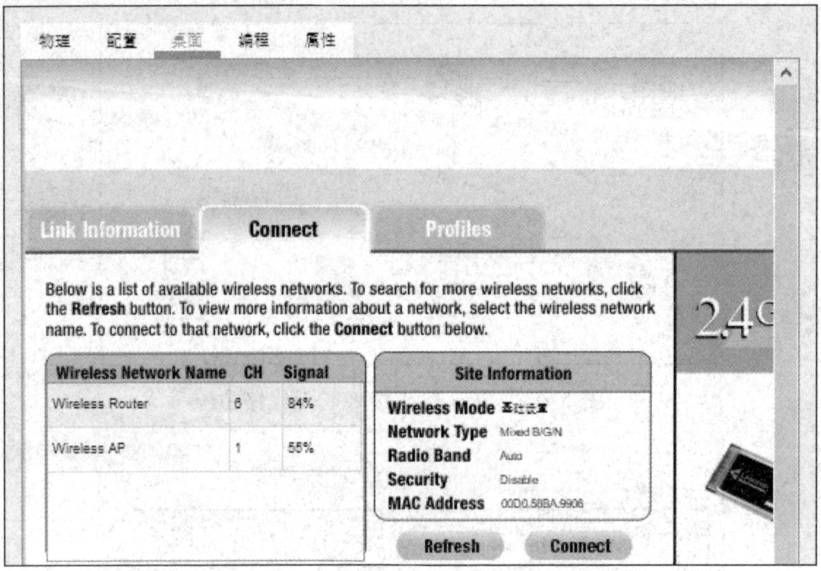


图 5.2.11 当前网络中可用的无线网络

在图 5.2.11 中可以看见有两个无线网络：一个名为 Wireless Router，就是无线路由器；另一个名为 Wireless AP，就是无线 AP。这里选择 Wireless AP，然后单击 Connect 按钮进行连接。连接成功以后，更新一下 DHCP，看看 IP 地址有没有变化。

## 训练测试

（1）验证 PC0、PC1、PC2、PC3 能否自动获取到 IP 地址。

（2）验证计算机之间是否相通。

## 训练小结

（1）在模拟器中计算机要使用无线网络必须添加无线网卡。

（2）无线网络在现实组网应用中更加方便。

（3）当一个网络中存在两个或两个以上的无线接入设备时，添加的计算机要选择正确的接入点。

# 训练 2 无线网络全网互联

### 训练描述

在公司的路由器背后接了一台无线路由器，下面的 4 台计算机通过添加无线网卡连接到无线路由器上，然后通过公司内部的路由器访问公网的 Web 服务器。

本实验的网络拓扑图如图 5.2.12 所示。

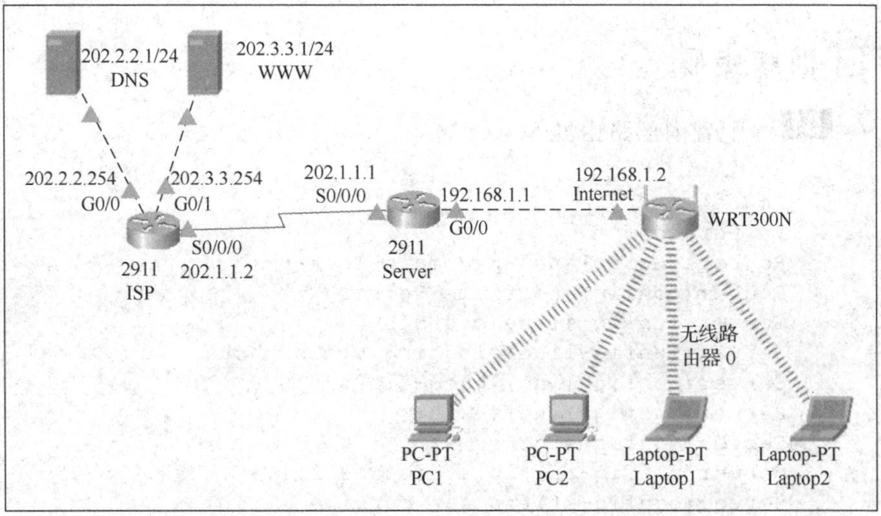


图 5.2.12 无线网络全网互联实验拓扑图

## 训练要求

（1）添加 2 台服务器，分别更改其标签名为 DNS 和 WWW，作为公网中的 DNS 服务器和 Web 服务器。

（2）添加 2 台 2911 路由器，分别更改其标签名为 Server 和 ISP。

（3）为 2 台路由器 Server 和 ISP 各添加一个 HWIC-2T 串口模块，添加在 S0/0/0 口位置，通过 DCE 串口线互联模拟公网环境。

（4）加 1 台无线路由器，用于提供公司计算机的无线接入。

（5）添加 2 台计算机，分别更改其标签名为 PC1 和 PC2，为 PC1 和 PC2 添加无线网卡设备。

（6）添加 2 台笔记本，分别更改其标签名为 Laptop1 和 Laptop2，为 Laptop1 和 Laptop2 添加无线网卡设备。

（7）根据实验网络拓扑图为网络设备配置相应的 IP 地址。

（8）在内部路由器 Server 上配置 NAT 实现内网计算机访问互联网。

（9）在 DNS 服务器上做 DNS 配置，使公司内部能使用该 DNS 服务器地址访问 Web 服务器上的网页。

## 训练分析

本任务是模拟现实网络进行实验。由于要用到 DNS 解析域名，所以内部计算机的 IP 参数配置中都要进行 DNS 配置。

无线网络全网互联

## 训练步骤

**01** 配置内部路由器 Server 端

```
Router>en
Router#conf t
Router(config)#no ip domain-lookup
Router(config)#hostname Server
Server(config)#line console 0
Server(config-line)#logging synchronous
Server(config-line)#exec-timeout 0 0
Server(config-line)#exit
Server(config)#int s0/0/0
Server(config-if)#ip address 202.1.1.1 255.255.255.0
Server(config-if)#ip nat outside
Server(config-if)#no shutdown
Server(config-if)#int g0/0
Server(config-if)#ip address 192.168.1.1 255.255.255.0
Server(config-if)#ip nat inside
Server(config-if)#no shutdown
Server(config-if)#exit
Server(config)#access-list 1 permit 192.168.1.0 0.0.0.255
Server(config)#ip nat inside source list 1 interface s0/0/0 overload
Server(config)#ip route 0.0.0.0 0.0.0.0 202.1.1.2
Server(config)#exit
Server#write
```

**02** 配置公网路由器 ISP 端

```
Router>en
Router#conf t
Router(config)#hostname ISP
ISP(config)#line console 0
ISP(config-line)#logging synchronous
ISP(config-line)#exec-timeout 0 0
ISP(config-line)#exit
ISP(config)#int s0/0/0
ISP(config-if)#ip address 202.1.1.2 255.255.255.0
ISP(config-if)#no shutdown
ISP(config-if)#clock rate 250000
ISP(config-if)#int g0/0
ISP(config-if)#ip address 202.2.2.254 255.255.255.0
ISP(config-if)#no shutdown
ISP(config-if)#int g0/1
ISP(config-if)#ip address 202.3.3.254 255.255.255.0
ISP(config-if)#no shutdown
ISP(config-if)#exit
ISP(config)#exit
ISP#write
```

**03** 配置 Web 服务器

Web 服务器默认是开启的，所以不必再去开启一次。根据实验拓扑图为公网 Web 服务器设置为 202.3.3.1/24 的 IP 地址，具体设置如图 5.2.13 所示。

**04** 配置 DNS 服务器

根据实验拓扑图为公网 DNS 服务器设置为 202.2.2.1/24 的 IP 地址，具体设置如图 5.2.14 所示。

在 DNS 服务器上做一个域名解析，将域名 www.cisco.com 指向公网 Web 服务器的 IP 地址，以便公司内部其他 4 台计算机通过这个域名去访问 Web 服务器。域名设置如图 5.2.15 所示。

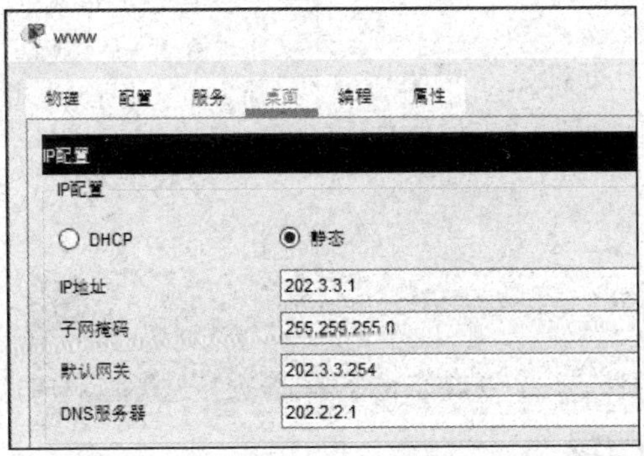


图 5.2.13 公网 Web 服务器的 IP 设置

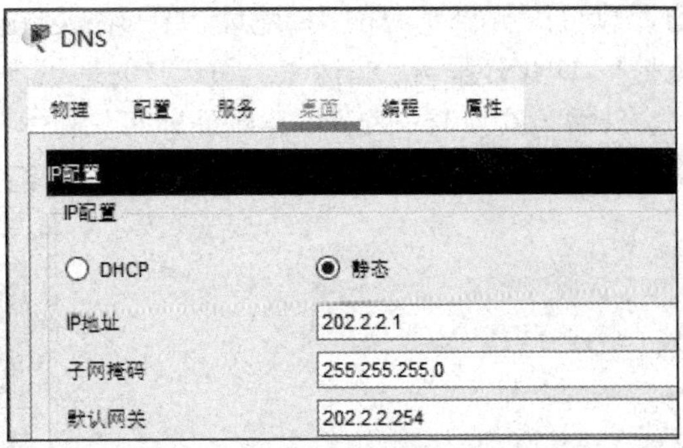


图 5.2.14 DNS 服务器的 IP 设置

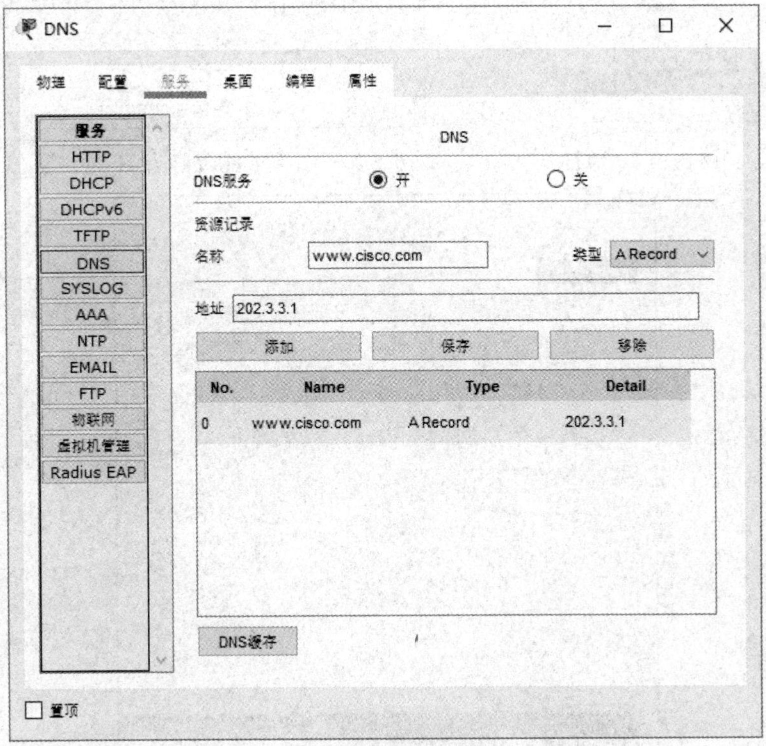


图 5.2.15 域名设置

**05** 无线路由器的基本配置

这个无线路由器的模拟程序也同真机上的基本一样，为无线路由器配置一个静态的 IP 地址，使之与内部路由器 Server 互联。无线路由器的 IP 设置有三种不同的方式，如图 5.2.16 所示：一种是自动配置，通过 DHCP 获取；另一种是手工配置静态 IP 地址；第三种是 PPPoE 拨号(可以直接用它通过 ADSL 拨号上网使用)。

这里为其进行手工配置静态 IP 地址，具体的设置如图 5.2.17 所示。

**注 意**

图 5.2.17 中是通过“Internet 设置”的那个接口上的配置，真机是 WAN 口，就是与上级路由器通信的接口。

**06** 配置无线路由器的 DHCP

在无线路由器上进行 DHCP 配置，为通过无线或者有线接入的计算机进行自动分配 IP 地址，在本实验中就是为公司内部计算机提供 DHCP 服务，在这里，DHCP 的地址池和租期都是不可更改的，只需为其设置一个 DNS 地址即可。具体设置如图 5.2.18 所示。

**注 意**

配置完毕后要单击“保存设置”按钮，否则配置不会生效。

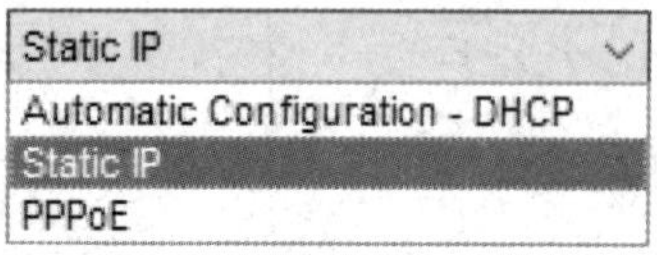


图 5.2.16 无线路由器 IP 地址

图 5.2.17 手工配置静态 IP 地址具体设置

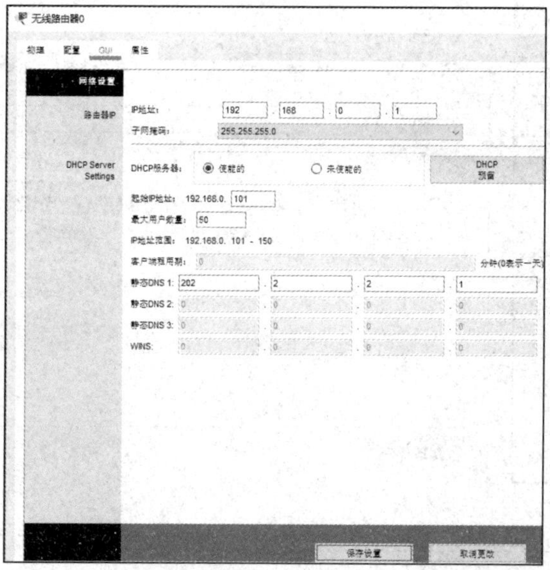


图 5.2.18 无线路由器的 DHCP 配置

**07** 无线路由器的安全配置

（1）SSID 设置。

在无线路由器的配置界面进入 Wireless 无线配置。在这里可以设置无线路由器的网络模式、网络名称等如图 5.2.19 所示。其中，在“网络模式”下拉列表中选择 Mixed 类型，表示混合型，不管用户是 A/B/G 哪种类型都可以使用；将“网络名称（SSID）”所对应文本框中的内容修改为 Wireless Router。设置好以后单击最下方的“保存设置”按钮。

（2）密钥设置。

打开 Wireless 选项卡中的 Wireless Security 子选项卡，进入无线网络加密方式设置。它提供加密的方式有以下几种（默认是禁用的），如图 5.2.20 所示。

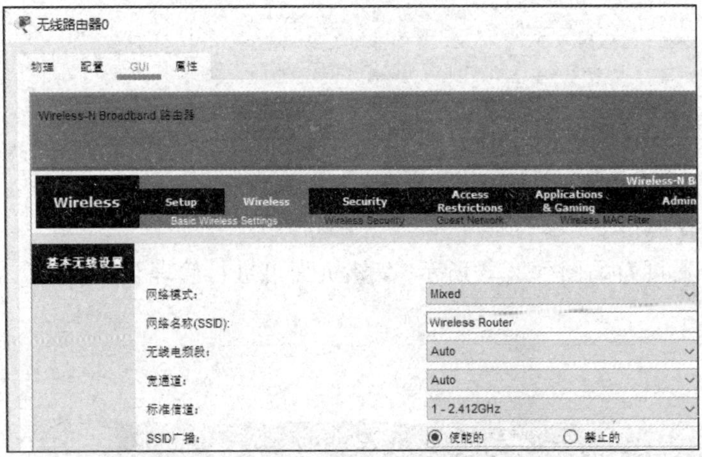


图 5.2.19　无线路由器的基本无线配置

**注 意**

在现实中，为了安全起见，将“SSID 广播”设置为“禁止的”，这样就将名称隐藏了，其他人是看不到的。

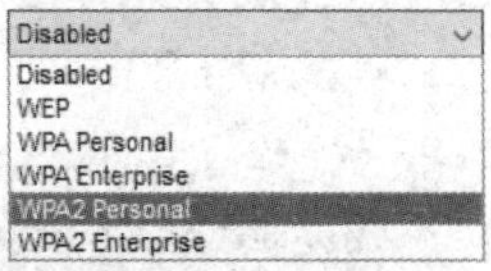


图 5.2.20　无线路由器的加密方式

在本实验中选择 WPA2 Personal 加密方式，具体设置如图 5.2.21 所示。

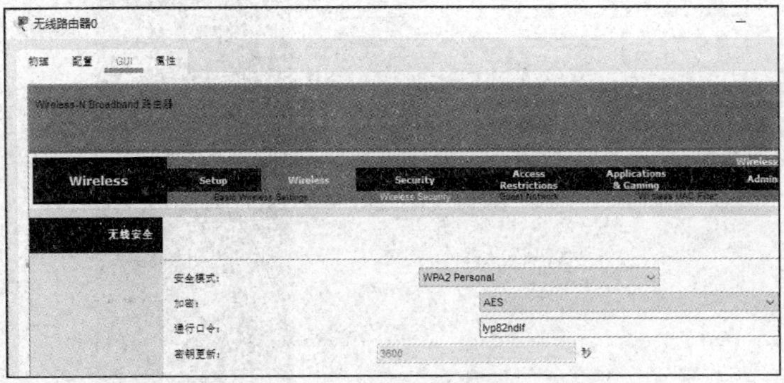


图 5.2.21　无线路由器的加密设置

**注 意**

在现实中，如果不进行加密设置，别人的计算机只要有无线网卡，而且又刚好在你的无线网络覆盖区域内，那么别人就可以通过你的无线路由器免费连接上网。

（3）限制无线接入设备。

打开 Wireless 选项卡下的 Wireless MAC Filter 子选项卡，选中“使能的”单项按钮和“允许下面列出的个人电脑接入无线网络”单项按钮将允许计算机接入到无线网络。将相应的 4 台计算机的 MAC 地址按格式规范要求录入到 MAC 地址过滤列表中，单击最下面的“保存设置”按钮即可，如图 5.2.22 所示。

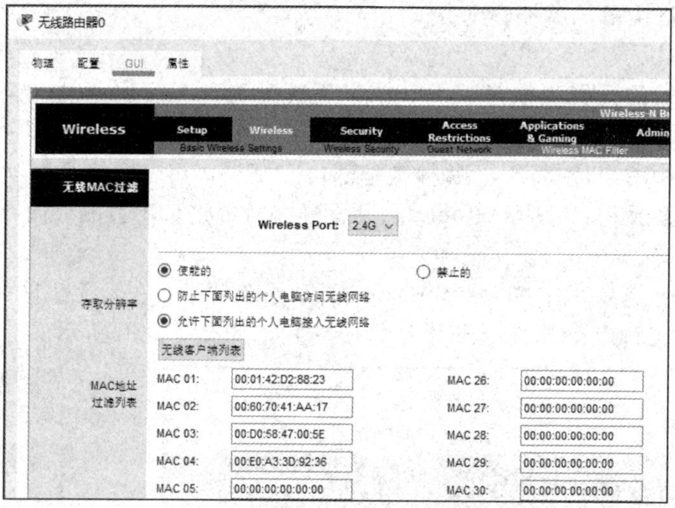

图 5.2.22 MAC Filter 设置

**08** 无线路由器的远程管理设置

无线路由器的远程管理设置页面如图 5.2.23 所示。在该页面可进行管理员密码设置，也可选择是否允许远程管理等。

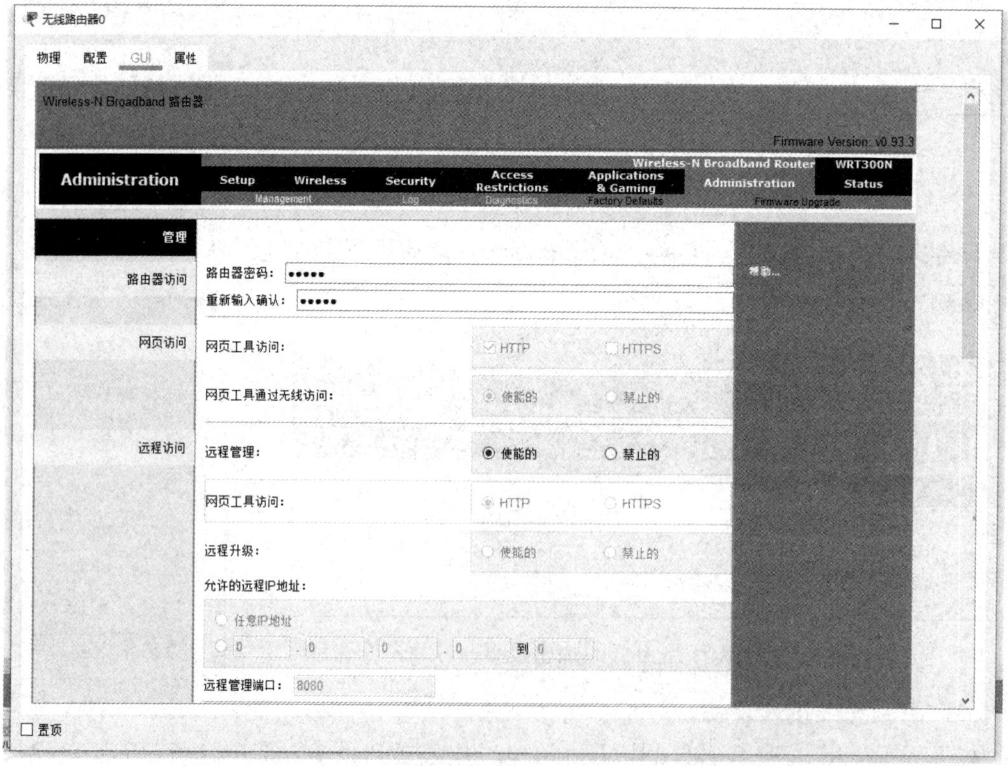

图 5.2.23 无线路由器的远程管理设置

**09** 查看无线路由器的配置信息

选择 Status 选项卡，可以查看当前无线路由器的配置信息，如图 5.2.24 所示。到此为止，无线路由器的配置完成。

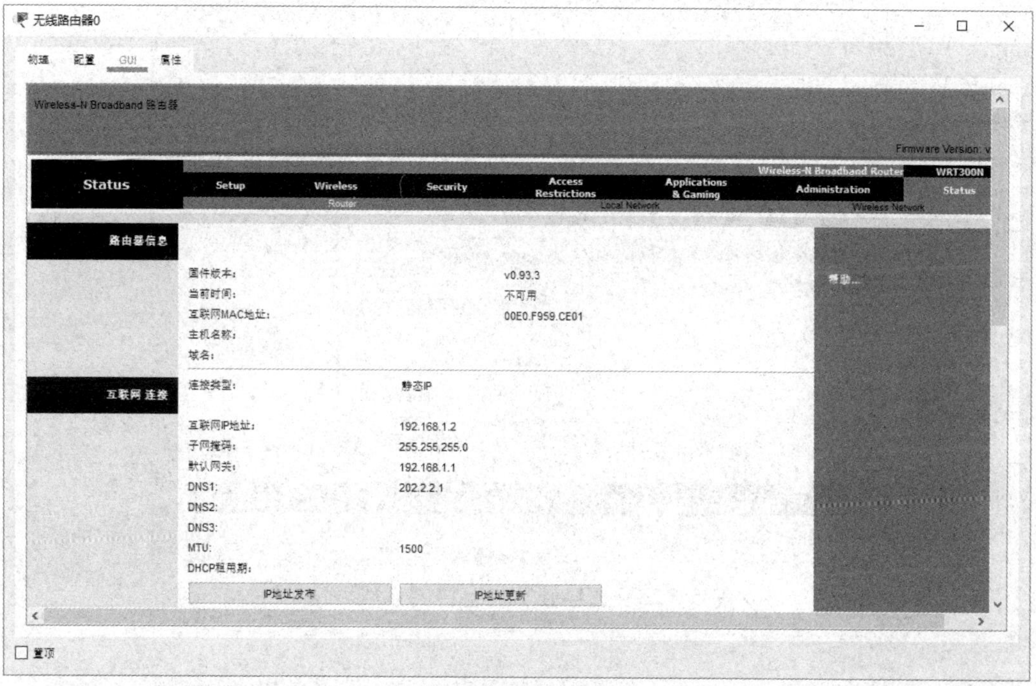


图 5.2.24　无线路由器的配置信息

**10** 计算机的配置

（1）选择实验拓扑图 5.2.12 中的任意一台计算机，比如 PC1，选择计算机配置界面的“桌面”选项卡，单击其中的“PC 无线”图标，如图 5.2.9 所示。

（2）打开 Connect 选项卡，在 Wireless Network Name 下面是当前能够连接的无线网络列表，这里只有一个无线网络可供连接，名称为 Wireless Router，在右边的 Site Information 列表中显示了这台无线路由器的一些信息，如支持网络类型有 Mixed B/G/N、安全模式使用的是 WPA2 Personal，还有 MAC 地址等。选择左边的 Wireless Network Name 列表中的 Wireless Router 无线网络，再单击右边的 Connect 按钮进行连接，如图 5.2.25 所示。这时会出现一个如图 5.2.26 所示的 WPA2-Personal Needed for Connection 界面。在 Pre-Shard Key 文本框中输入前面在路由器中输入的密码：lyp82ndlf，单击右下角的 Connect 按钮进行连接，单击左上角的 Link Information 标签，这时界面中显示连接的图片，而且信号强度与质量强度都以绿色显示，如图 5.2.27 所示。这时，拓扑图中 PC 与无线路由之间显示了一个广播的形式，这就表示已经与无线路由器连接起来了。用同样的方法，可以为 PC2、Laptop1 和 Laptop2 进行设置，将它们连接到无线路由器上。

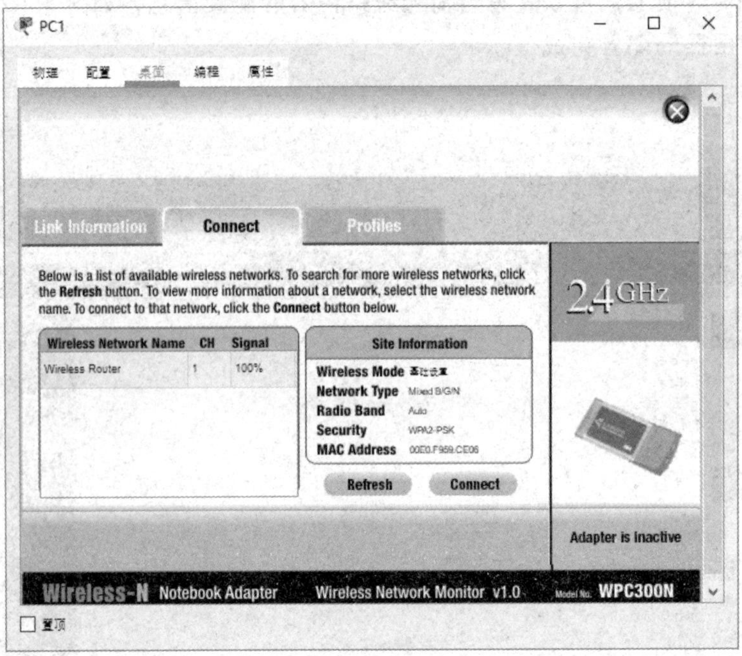


图 5.2.25 选择计算机连接的无线网络

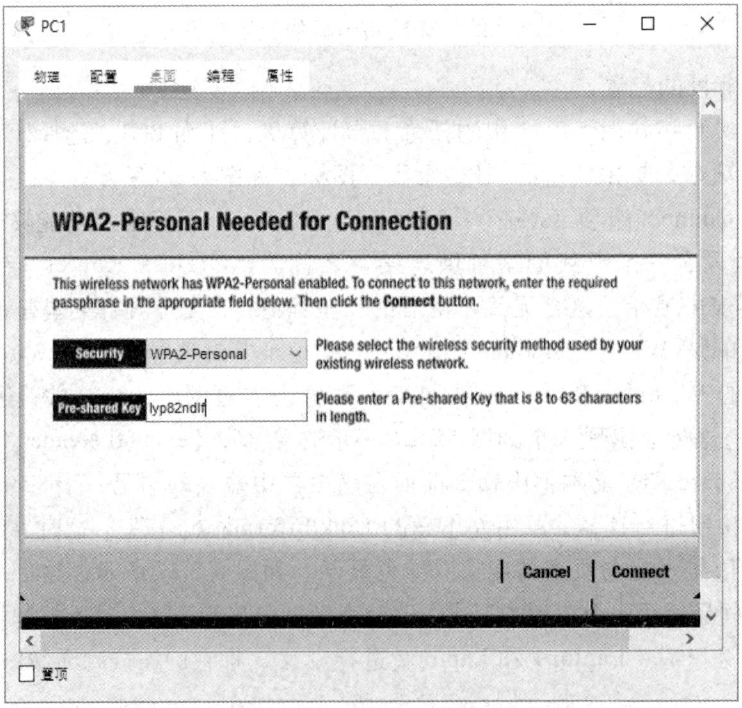


图 5.2.26 设置计算机访问无线网络的安全设置

图 5.2.27　计算机连接无线网络的状态

## 训练测试

(1) 查看计算机是否正确获取到 IP 参数，包括 IP 地址、子网掩码、网关和 DNS 服务器。

(2) 在计算机上使用管理面板桌面中的浏览器测试 http://www.cisco.com 域名能否访问公网 Web 服务器上的网页。

(3) 测试除 PC1、PC2、Laptop1 和 Laptop2 之外的计算机能否接入无线网络。

## 训练小结

(1) 在模拟器中计算机要测试无线网络必须添加无线网卡。

(2) 无线网络在现实组网应用中更加方便。

(3) DNS 服务器必须在全网连通的情况下才起作用。

读书笔记

# 6 项目六 综合实训

## 项目说明

Cisco Packet Tracer 是由 Cisco 公司发布的网络实训工具，为网络课程的初学者去设计、配置、排除网络故障提供了良好的网络模拟环境。在此模拟环境中，可以更加直观地熟悉网络环境和网络配置。在本项目中，根据实际工作的要求，专门设计以下 10 个任务来学习网络的综合应用。

## 技能目标

任务一　网络设备的维护
任务二　实现交换三级网络架构
任务三　模拟实现路由器三级网
任务四　实现 DHCP 服务多地址池
任务五　中型企业的实际网络工程案例
任务六　互联网的 DNS 层次结构实验
任务七　企业网综合实训一
任务八　企业网综合实训二
任务九　企业网综合实训三
任务十　企业网综合实训四

## 素养目标

- 具有独立思考的能力和创新能力，能够掌握相关知识点并完成项目任务。
- 增强忧患意识，坚持底线思维，做到居安思危、未雨绸缪。
- 发扬知难而进、迎难而上的斗争精神。

# 任务一 网络设备的维护

## 训练描述

作为一名网络维护人员，在新接手一台已经调试好的网络设备时，首先需要做的就是将网络设备的配置文件进行保存和备份，以便于设备出现问题时可找到解救的办法。所以，掌握备份和还原网络设备配置文件的方法对每位网络维护人员来说是很重要的。本任务的实验拓扑图如图 6.1.1 所示。

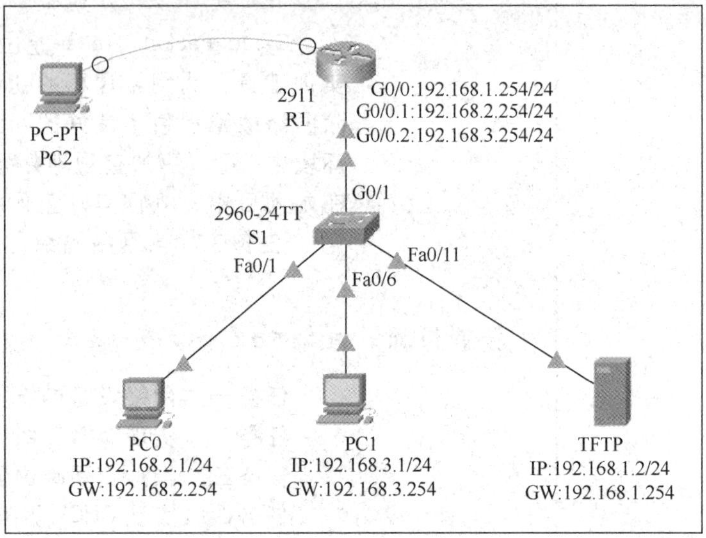


图 6.1.1 网络设备的维护实验拓扑图

## 训练要求

学会通过 Console 口以及使用远程 Telnet 和安全的远程 SSH 登录网络设备，学会备份和还原网络设备的操作系统以及备份和还原网络设备的配置文件。

（1）根据实验拓扑图添加相应的设备。

（2）配置网络设备实现全网互通。

（3）使用路由器的 Console 口以及远程 Telnet、SSH 等登录方式的安全配置。

（4）备份网络设备的操作系统和配置文件。

## 训练分析

网络设备的操作系统文件（Cisco 的操作系统是 IOS，华为的是 VRP）是可以导出来的，即可以对其进行备份。当由于网络操作或其他失误导致网络设备操作系统无法正常工作时，可将备份的网络操作系统还原出来。

Cisco 设备的配置文件多为 running-config 和 startup-config。runing-config 是

Cisco设备的当前运行文件，断电是不被保存的，Cisco设备的配置都保存在这个文件中。startup-config是Cisco的启动配置文件，也就是说，Cisco设备启动经历了加电自检、加载IOS之后会再加载startup-config文件。所以，在配置完Cisco的设备时，需记住输入copy running-config startup-config或write保存配置文件，否则，当设备重启后，原先在网络设备上做好的配置将全部丢失。

网络设备的维护

## 训练步骤

### 01 配置路由器

```
Router>en
Router#conf t
Router(config)#hostname R1
R1(config)#line console 0
R1(config-line)#logging synchronous
R1(config-line)#exec-time 0 0
R1(config-line)#exit
R1(config)#inter g0/0
R1(config-if)#ip address 192.168.1.254 255.255.255.0
R1(config-if)#no shut
R1(config-if)#inter g0/0.1
R1(config-subif)#encapsulation dot1Q 2
R1(config-subif)#ip address 192.168.2.254 255.255.255.0
R1(config-subif)#no shut
R1(config-subif)#inter g0/0.2
R1(config-subif)#encapsulation dot1Q 3
R1(config-subif)#ip address 192.168.3.254 255.255.255.0
R1(config-subif)#no shut
```

### 02 配置交换机

```
Switch#en
Switch#conf t
Switch(config)#hostname S1
S1(config)#line console 0
S1(config-line)#logg sy
S1(config-line)#exec-time 0 0
S1(config-line)#exit
S1(config)#vlan 2
S1(config-vlan)#name vlan2
S1(config-vlan)#vlan 3
S1(config-vlan)#name vlan3
S1(config-vlan)#exit
S1(config)#interface range f0/1-5
S1(config-if-range)#switchport mode access
S1(config-if-range)#switchport access vlan 2
S1(config-if-range)#spanning-tree portfast
S1(config-if-range)#exit
S1(config)#interface range f0/6-10
S1(config-if-range)#switchport mode access
```

```
S1(config-if-range)#switchport access vlan 3
S1(config-if-range)#spanning-tree portfast
S1(config-if-range)#exit
S1(config)#interface g0/1
S1(config-if)#switchport mode trunk
S1(config-if)#exit
S1(config)#interface vlan 1
S1(config-if)#ip address 192.168.1.1 255.255.255.0
S1(config-if)#no shut
S1(config-if)#exit
S1(config)#ip default-gateway 192.168.1.254
```

至此，所有网络设备和计算机、服务器之间已经实现全网互通。

**03** 配置路由器登录的密码身份认证

登录 Cisco 网络设备常用方法是通过 Console 口直接连接、远程 Telnet、安全的远程 SSH 以及 Web 访问。由于模拟器不支持 Web 访问，故本实验只演示 Telnet 和 SSH 登录方式。

（1）基于密码访问的 Telnet 登录。

配置 Console 管理的密码。

```
R1(config)#line console 0
R1(config-line)#password xiaot
R1(config-line)#login
                  !当配置上这些命令时，用户从 Console 口登录就会提示输入密码
Password:
R1>
```

配置 Telnet 管理的密码。

```
R1(config)#line vty 0 4          !这表示从 0～4，有 5 个用户可以同时登录
R1(config-line)#password xiaot
R1(config-line)#login
R1(config-line)#exit
R1(config)#enable password 123
                                  !此密码必须配置，否则就只能停留在用户模式
```

如图 6.1.2 所示为在 PC 上测试基于密码的 Telnet 登录。

（2）基于用户名和密码认证的 Telnet 登录。

配置 Console 管理的用户名和密码。

```
R1(config)#username xiaot password tang
R1(config)#line con 0
R1(config-line)#login local
! 这是从 Console 登录，将会看到如下的提示
Username: xiaot
Password:
R1>
```

配置 Telnet 管理的用户名和密码。

```
R1(config)#username xiaot password tang  !前面配置好了，本次可以不做配置
```

```
R1(config)#line vty 0 4
R1(config-line)#login local
R1(config)#enable password 123          !前面配置好了，本次可以不做配置
```

图 6.1.3 所示为在 PC 上测试基于用户名和密码的 Telnet 登录。

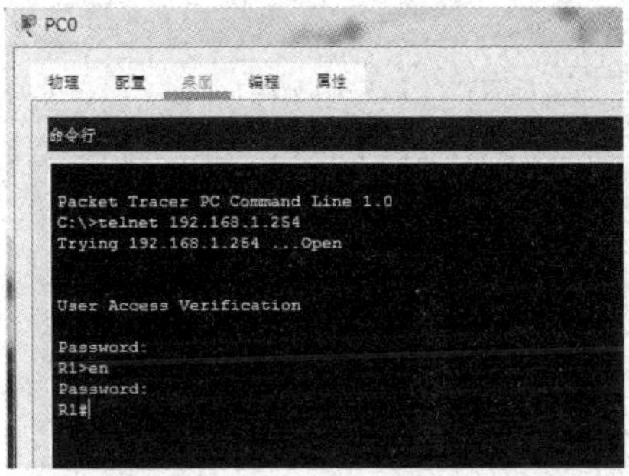


图 6.1.2　在 PC 上测试基于密码的 Telnet 登录

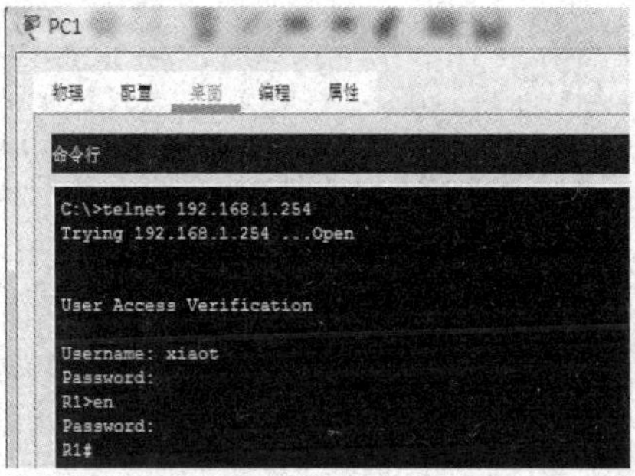


图 6.1.3　在 PC 上测试基于用户名和密码的 Telnet 登录

（3）配置 SSH 登录的用户名和密码。

```
R1(config)#ip domain-name cisco.com
R1(config)#crypto key generate rsa
How many bits in the modulus [512]:1024
% Generating 1024 bit RSA keys, keys will be non-exportable...[OK]
R1(config)#line vty 0 4
*?? 1 0:30:10.767: RSA key size needs tobe at least 768 bits for ssh version 2
*?? 1 0:30:10.767: %SSH-5-ENABLED: SSH 1.5 has been enable
!当出现这个提示时 SSH 服务也随之开启了！
R1(config-line)#login local
R1(config-line)#transport input ssh
```

图 6.1.4 所示为测试基于用户名和密码的 SSH 登录方式。

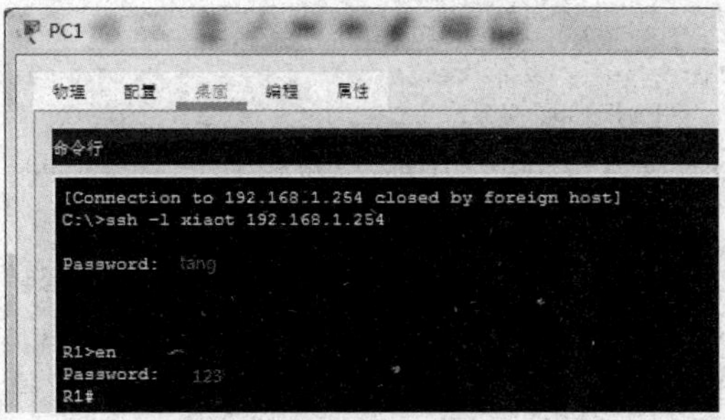


图 6.1.4　在 PC 上测试基于用户名和密码的 SSH 登录方式

## 04 备份网络设备的 IOS

```
R1#dir      !查看系统文件
Directory of flash0:/

3 -rw-  33591768  <no date>  c2900-universalk9-mz.SPA.151-4.M4.bin
2 -rw-     28282  <no date>  sigdef-category.xml
1 -rw-    227537  <no date>  sigdef-default.xml
```

```
255744000 bytes total (221896413 bytes free)
R1#copy flash:  tftp         !从路由器的 flash 中，将文件备份到 TFTP 中

Source filename []? c2900-universalk9-mz.SPA.151-4.M4.bin !原文件名
Address or name of remote host []? 192.168.1.2   !TFTP 服务器地址
Destination filename [c2900-universalk9-mz.SPA.151-4.M4.bin]?
                                             !存放名称，可以自己命名
Writing c2900-universalk9-mz.SPA.151-4.M4.bin....!!!!!!!!!!!!!!!!
!!!!!!!!!!!!!!!!!!!!!!!!!!!!!!!!!!!!!!!!!!!!!!!!!!!!!!!!!!!!!!!!!
!!!!!!!!!!!!!!!!!!!!!!!!!!!!!!!!!!!!!!!! !!!!!!! !!!!!!!!!!!!!!!!!
!!!!!!!!!!!!!!!!!!!!!!!!!!!!!!!!!!!!!!!!!!!!!!!!!!!!!!!!!!!!
[OK - 33591768 bytes]

33591768 bytes copied in 4.331 secs (814360 bytes/sec)
R1#
```

**注 意**

从路由器将 start up-config 或 running- config 配置文件备份到 TFTP 服务器后，还原时需注意，startup-config 还原后是不需要再保存到路由器中的，而 running-config 还原后必须要将其保存到启动配置文件中。

在 TFTP 服务器中就可以看到所备份好的 IOS。配置文件的备份与 IOS 的备份的思路是一样的。

### 05 备份网络设备的配置文件

```
R1#copy running-config tftp:
Address or name of remote host []? 192.168.1.2
Destination filename [R1-confg]? running-config
!命名为 running-config，如果不命名则是 R1-confg
Writing running-config...!!
[OK - 958 bytes]
854 bytes copied in 0.001 secs (958000 bytes/sec)
R1#write
R1#copy startup-config tftp:
Address or name of remote host []? 192.168.1.2
Destination filename [R1-confg]? startup-config
! 命名为 startup-config，如果不命名这是 R1-confg
Writing startup-config...!!
[OK - 958 bytes]
958 bytes copied in 0.001 secs (958000 bytes/sec)
```

### 06 还原网络设备的配置文件

```
R1#copy tftp: flash:
Address or name of remote host []? 192.168.1.2
Source filename []? startup-config    !服务器上的文件名
Destination filename [startup-config]?
      !还原到 flash 中的名称，可以命名，建议默认
Accessing tftp://192.168.1.2/startup-config...
Loading startup-config from 192.168.1.2: !
[OK - 958 bytes]
958 bytes copied in 0.001 secs (958000 bytes/sec)
```

## 训练测试

（1）使用计算机的 CMD 窗口测试路由器的 Telnet、SSH 登录方式。

（2）在 TFTP 服务器上查看备份文件（正确的结果如图 6.1.5 所示）。

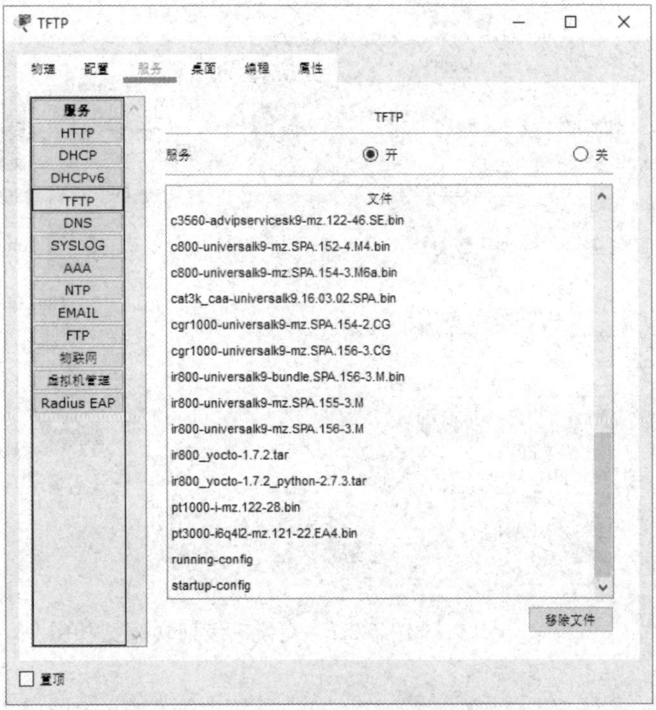


图 6.1.5　在 TFTP 服务器上看到的备份文件

## 训练小结

（1）网络设备的安全认证可分为基于密码和基于用户名与密码两种安全认证方式。

（2）还原 running-config 配置文件后，再使用 copy running-config startup-config 命令或 write 命令对配置文件进行保存。

# 任务二　实现交换三级网络架构

### 训练描述

你是某系统集成公司的技术工程师，公司现在承接一个企业网的搭建项目，经过现场勘测及充分与客户沟通，你建议该网络采用经典的三层模型，现项目方案已经得到客户的认可，并且请你负责整个网络的实施。

本任务的实验拓扑图如图 6.2.1 所示。

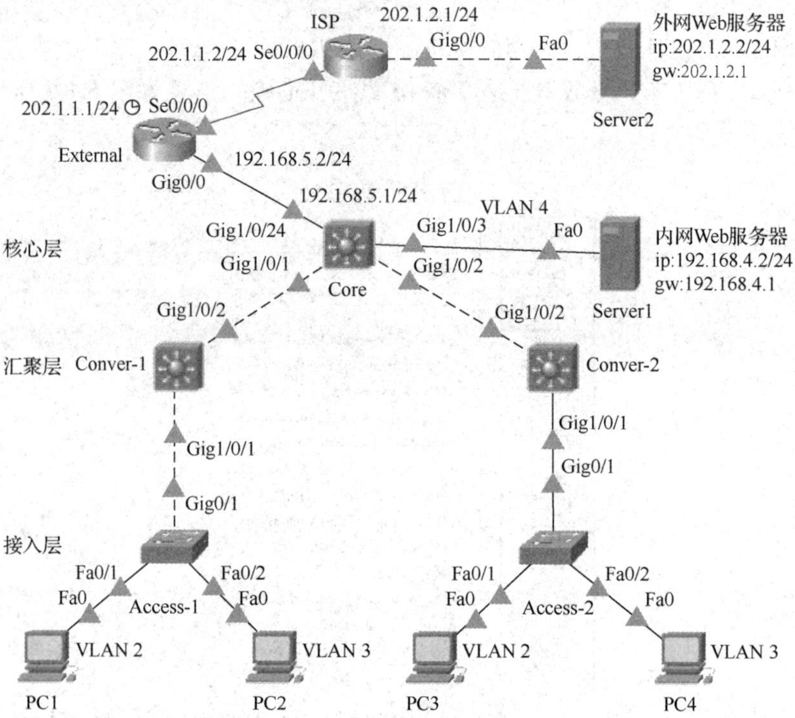


图 6.2.1　交换三级网实验拓扑图

## 训练要求

（1）根据实验拓扑图添加相应的网络设备。

（2）添加 2 台路由器 2911，分别为路由器添加 HWIC-2T 模块，用于模拟公网连接。

（3）对路由器 2911 分别修改其标签名为 External 和 ISP。

（4）添加 3 台三层交换机 3650-24PS，分别添加 AC-POWER-SUPPLY 电源模块用于设备供电。

（5）对 3 台三层交换机 3650-24PS 分别修改其标签名为 Core、Conver-1 和 Conver-2。

（6）构建交换网络的三级结构，使用 Cisco Packer Tracer 的三层交换机的路由功能共享上网。通过合理的三层网络架构，实现用户安全、快捷接入网络。

## 训练分析

PC1、PC3 处在 VLAN 2 中，PC2、PC4 处在 VLAN 3 中，Server1 处在 VLAN 4 中。现在要使 4 台计算机能够正常访问内网的 Server1 服务器，同时还要能够访问外网的 Server2 服务器。

## 训练步骤

实现交换三级网络架构

### 01 交换机的基本配置

（1）接入层交换机 Access-1 的配置。

```
Switch#conf t
Switch(config)#host Access-1
Access-1(config)#vlan 2
Access-1(config-vlan)#vlan 3
Access-1(config)#int f0/1                ！将 f0/1 添加到 VLAN 2 中
Access-1(config-if)#switchport mode access
Access-1(config-if)#switchport access vlan 2
Access-1(config-if)#exit
Access-1(config)#int f0/2                ！将 f0/2 添加到 VLAN 3 中
Access-1(config-if)#switchport mode access
Access-1(config-if)#switchport access vlan 3
Access-1(config-if)#exit
Access-1(config)#int g0/1                ！将 g0/1 端口设置为 Trunk 模式
Access-1(config-if)#switchport mode trunk
```

（2）接入层交换机 Access-2 的配置。

```
Switch#conf t
Switch(config)#host Access-2
Access-2(config)#vlan 2
Access-2(config-vlan)#vlan 3
Access-2(config)#int f0/1                ！将 f0/1 添加到 VLAN 2 中
Access-2(config-if)#switchport mode access
Access-2(config-if)#switchport access vlan 2
Access-2(config-if)#exit
Access-2(config)#int f0/2                ！将 f0/2 添加到 VLAN 3 中
Access-2(config-if)#switchport mode access
Access-2(config-if)#switchport access vlan 3
Access-2(config-if)#exit
Access-2(config)#int g0/1                ！将 g0/1 端口设置为 Trunk 模式
Access-2(config-if)#switchport mode trunk
```

（3）汇聚层交换机 Conver-1 的配置。

```
Switch#conf t
Switch(config)#hostname Conver-1
Conver-1(config)#vlan 2
Conver-1(config-vlan)#vlan 3
Conver-1(config-vlan)#exit
Conver-1(config)#int g1/0/1              ！将 g1/0/1 端口设置为 Trunk 模式
Conver-1(config-if)# switchport trunk encapsulation dot1q
Conver-1(config-if)#switchport mode trunk
Conver-1(config)#int g1/0/2              ！将 g1/0/2 端口设置为 Trunk 模式
Conver-1(config-if)#switchport trunk encapsulation dot1q
Conver-1(config-if)#switchport mode trunk
Conver-1(config-if)#exit
```

（4）汇聚层交换机 Conver-2 的配置。

```
Switch#conf t
Switch(config)#hostname Conver-2
Conver-2(config)#vlan 2
Conver-2(config-vlan)#vlan 3
Conver-2(config-vlan)#exit
Conver-2(config)#int g1/0/1                !将 g1/0/1 端口设置为 Trunk 模式
Conver-2(config-if)# switchport trunk encapsulation dot1q
Conver-2(config-if)#switchport mode trunk
Conver-2(config)#int g1/0/2                !将 g1/0/2 端口设置为 Trunk 模式
Conver-2(config-if)# switchport trunk encapsulation dot1q
Conver-2(config-if)#switchport mode trunk
Conver-2(config-if)#exit
```

（5）核心层交换机 Core 的配置。

```
Switch#conf t
Switch(config)#host Core
Core(config)#vlan 2
Core(config-vlan)# vlan 3
Core(config-vlan)# vlan 4
Core(config-vlan)#exit
Core(config)#int g1/0/1                    !将 g1/0/1 端口设置为 Trunk 模式
Core(config-if)#switchport trunk encapsulation dot1q
Core(config-if)#switchport mode trunk
Core(config-if)#exit
Core(config)#int g1/0/2                    !将 g1/0/2 端口设置为 Trunk 模式
Core(config-if)# switchport trunk encapsulation dot1q
Core(config-if)#switchport mode trunk
Core(config-if)#exit
Core(config)#int vlan 2                !给 VLAN 2 添加一个 IP 地址，用于不同
                                         网段之间互相访问
Core(config-if)#ip add 192.168.2.1 255.255.255.0
Core(config-if)#no shutdown
Core(config-if)#exit
Core(config)#int vlan 3                !给 VLAN 3 添加一个 IP 地址
Core(config-if)#ip add 192.168.3.1 255.255.255.0
Core(config-if)#no shutdown
Core(config-if)#exit
Core(config)#int vlan 4
Core(config-if)#ip add 192.168.4.1 255.255.255.0
Core(config-if)#no shutdown
Core(config)#int g1/0/3
Core(config-if)#swacc vlan 4
Core(config-if)#exit
```

**02** 核心交换机配置 DHCP 实现不同的 VLAN 内的主机自动分配 IP 地址

```
Core(config)#ip dhcp pool vlan2
Core(dhcp-config)#network 192.168.2.0 255.255.255.0
Core(dhcp-config)#default-router 192.168.2.1
Core(dhcp-config)#exit
```

```
Core(config)#ip dhcp pool vlan3
Core(dhcp-config)#network 192.168.3.0 255.255.255.0
Core(dhcp-config)#default-router 192.168.3.1
Core(dhcp-config)#exit
Core(config)#ip dhcp exclude-adress 192.168.2.1
Core(config)#ip dhcp exclude-adress 192.168.3.1
Core(config)#
```

这样，内网的 PC1、PC2、PC3、PC4 通过 DHCP 获得相应网段的 IP 地址。

**03** 内网 Server1 服务器 IP 地址的设置

服务器的IP地址一般都要手工配置，如果使用DHCP来自动分配，我们无法得知服务器确切的 IP 地址，所以一般都是手工输入。根据实验拓扑图要求，为 Server1 设置如图 6.2.2 所示的 IP 配置。

这时可以测试一下内网，通过三层交换机在不同的VLAN 间测试其互相访问有没有问题。测试方法可使用PC1 去 Ping 服务器 Server1 的 IP 地址和访问服务器Server1 上的网页。最后可以得出结论，即当前交换机上的所有计算机之间是互通的。

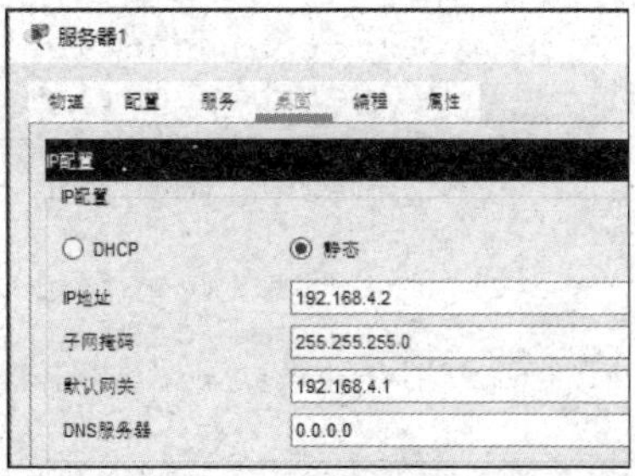


图 6.2.2 服务器 Server1 的 IP 设置

**04** 企业路由器的基本配置

```
Router#conf t
Router(config)#hostname External
External(config)#int g0/0
External(config-if)#ip add 192.168.5.2 255.255.255.0
External(config-if)#no shutdown
External(config-if)#exit
External(config)#int s0/0/0
External(config-if)#clock rate 250000
External(config-if)#ip add 202.1.1.1 255.255.255.0
External(config-if)#no shutdown
```

**05** 内网路由协议的配置

加了一台路由器以后，在三层交换机和企业路由器之间使用 RIP 路由协议实现互通，这时就要在两个设备上都进行相应的路由信息协议（RIP）的设置。

（1）交换机的路由配置。

```
Core(config)#inter g1/0/24
Core(config-if)#no switchport          ！关闭二层端口，才可以配置 IP 地址
Core(config-if)#ip add 192.168.5.1 255.255.255.0
                                       ！它现在是一个三层端口，可以配置 IP 地址
Core(config-if)#no shutdown
Core(config-if)#exit
Core(config)#ip routing                ！开启路由功能，否则不能使用路由协议
Core(config)#router rip                ！开启 RIP
Core(config-router)#ver 2              ！使用 RIP v2
```

```
Core(config-router)#no auto-summary ！关闭路由信息的自动汇总功能
Core(config-router)#net 192.168.2.0 ！申明三层交换机的直连网段
Core(config-router)#net 192.168.3.0
Core(config-router)#net 192.168.4.0
Core(config-router)#net 192.168.5.0
Core(config-router)#exit
Core(config)#
```

（2）企业路由器的路由配置。

```
External(config-if)#exit
External(config)#router rip
External(config-router)#ver 2
External(config-router)#no auto-summary
External(config-router)#net 192.168.5.0
External(config-router)#default-information originate
                                    !它的作用是给路由器分配一条默认路由出去
External(config-router)#exit
External(config)#
External#show ip route               !在路由器上面查看一下路由表

Codes: L - local, C - connected, S - static, R - RIP, M - mobile,
B - BGP
D - EIGRP, EX - EIGRP external, O - OSPF, IA - OSPF inter area
N1 - OSPF NSSA external type 1, N2 - OSPF NSSA external type 2
E1 - OSPF external type 1, E2 - OSPF external type 2, E - EGP
i - IS-IS, L1 - IS-IS level-1, L2 - IS-IS level-2, ia - IS-IS inter
area
* - candidate default, U - per-user static route, o - ODR
P - periodic downloaded static route

Gateway of last resort is not set

R 192.168.2.0/24 [120/1] via 192.168.5.1, 00:00:17,
GigabitEthernet0/0
R 192.168.3.0/24 [120/1] via 192.168.5.1, 00:00:17,
GigabitEthernet0/0
R 192.168.4.0/24 [120/1] via 192.168.5.1, 00:00:17,
GigabitEthernet0/0
192.168.5.0/24 is variably subnetted, 2 subnets, 2 masks
C 192.168.5.0/24 is directly connected, GigabitEthernet0/0
L 192.168.5.2/32 is directly connected, GigabitEthernet0/0
202.1.1.0/24 is variably subnetted, 2 subnets, 2 masks
C 202.1.1.0/24 is directly connected, Serial0/0/0
L 202.1.1.1/32 is directly connected, Serial0/0/0

Exernal#
```

从路由表中可以看到，前三条 RIP 路由信息是企业路由器自动从三层交换机上学习得到的，最后一条是企业路由器的直连路由。至此，已经实现了内网计算机访问路由器。

**06** 在企业路由器上配置 NAT 以访问 ISP 以及公网的 Web 服务器

在路由器上配置 NAT，允许 192.168.2.0/24、192.168.3.0/24、192.168.4.0/24 这三个网段的计算机可以通过 NAT 访问外部数据。

```
External(config)#access-list 1 permit 192.168.2.0 0.0.0.255
                                    !允许 192.168.2.0 网络上的主机进行访问
External(config)#access-list 1 permit 192.168.3.0 0.0.0.255
External(config)#access-list 1 permit 192.168.4.0 0.0.0.255
External(config)#ip nat inside source list 1 interface s0/0/0
overload
                                                  !接口动态 NAPT 的配置
External(config)#int s0/0/0
External(config-if)#ip nat outside               !定义网络外部接口
External(config-if)#exit
External(config)#int g0/0
External(config-if)#ip nat inside                !定义网络内部接口
External(config-if)#exit
External(config)#ip route 0.0.0.0 0.0.0.0 s0/0/0
                                                 !默认路由指向 s0/0/0
```

**07** 公网路由器（ISP）的配置

```
Router#conf t
Router(config)#host ISP
ISP(config)#int s0/0/0
ISP(config-if)#ip add 202.1.1.2 255.255.255.0
ISP(config-if)#no shutdown
ISP(config-if)#exit
ISP(config)#int g0/0
ISP(config-if)#ip add 202.1.2.1 255.255.255.0
ISP(config-if)#no shutdown
ISP(config-if)#exit
ISP(config)#
```

**08** ISP 端的 Web 服务器 Server2 的 IP 配置参数（如图 6.2.3 所示）

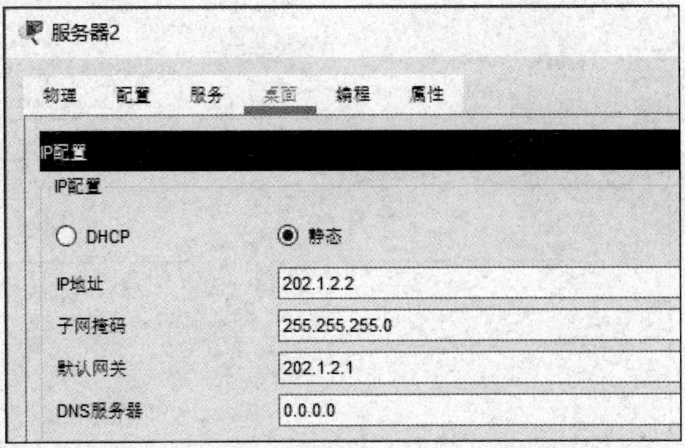


图 6.2.3　ISP 端的 Web 服务器 Server2 的 IP 配置参数

## 训练测试

（1）所有的计算机是否正确获得相应网段的 IP 地址。

（2）使用计算机去访问 ISP 端 Web 服务器上的网页并测试能否打开 WWW 服务器的网页。

## 训练小结

（1）在本实验中，二层交换机只起扩展网络接口的作用，无须对其做任何配置。

（2）三层交换机为本实验的中心交换机，起到连接内网与公网的作用。

# 任务三 模拟实现路由器三级网

## 训练描述

你是某系统集成公司的高级技术工程师，公司现在承接一个某金融机构网络的建设项目，客户要求的网络设计涉及省行、地市行、县级网点三级结构，并通过网络能够实现省行与县级网点的业务通信，经过与客户的充分沟通，所设计的项目方案已经得到客户的认可，请你负责整个网络的实施。本任务的实验拓扑图如图 6.3.1 所示。

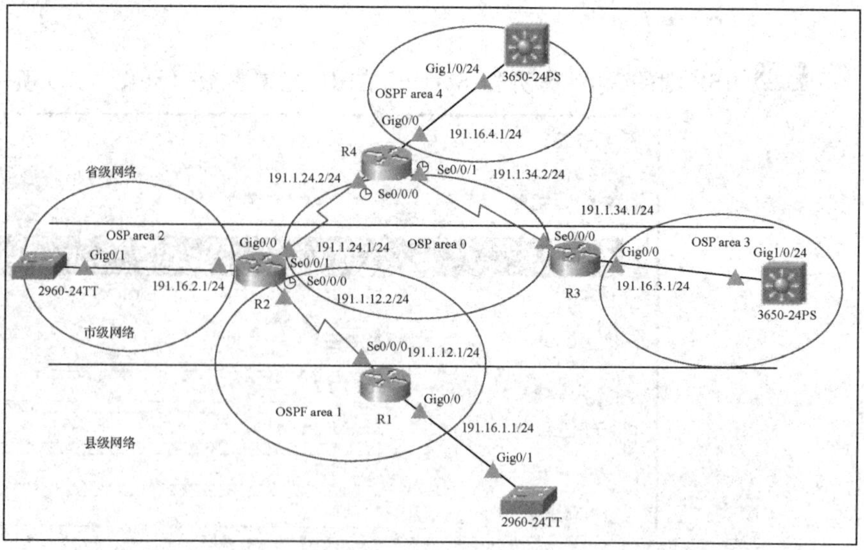


图 6.3.1　路由器三级网实验拓扑图

## 训练要求

（1）根据实验拓扑图添加相应的网络设备。

（2）添加 4 台 2911 路由器，分别为每台路由器添加 HWIC-2T 模块用于模拟公网连接。

（3）对 2911 路由器分别更改其标签名为 R1、R2、R3 和 R4。

（4）为三层交换机 3650-24PS 添加 AC-POWER-SUPPLY 电源模块用于设备供电。

（5）在路由器之间采用 PPP 封装，并使用多区域的 OSPF 路由协议实现全网互通。

## 训练分析

本实验主要进行路由器的网络配置，因此在拓扑图中的所有交换机只是模拟用户接入，无须对其做任何配置。

## 训练步骤

模拟实现路由器三级网

### 01 R1 的基本配置

```
Router(config)#host R1
R1(config)#interface s0/0/0
R1(config-if)#ip address 191.1.12.1 255.255.255.0
R1(config-if)#encapsulation PPP
R1(config-if)#no shutdown
R1(config-if)#exit
R1(config)#int g0/0
R1(config-if)#ip address 191.16.1.1 255.255.255.0
R1(config-if)#no sh
R1(config-if)#exit
```

### 02 R2 的基本配置

```
Router(config)#host R2
R2(config)#inter s0/0/0
R2(config-if)#ip add 191.1.12.2 255.255.255.0
R2(config-if)#clock rate 250000
R2(config-if)#encapsulation PPP
R2(config-if)#no shut
R2(config-if)#exit
R2(config)#int s0/0/1
R2(config-if)#ip add 191.1.24.1 255.255.255.0
R2(config-if)#encapsulation PPP
R2(config-if)#no sh
R2(config-if)#exit
R2(config)#int g0/0
R2(config-if)#ip add 191.16.2.1 255.255.255.0
R2(config-if)#no sh
R2(config-if)#exit
```

**03** R3 的基本配置

```
Router(config)#host R3
R3(config)#inter s0/0/0
R3(config-if)#ip add 191.1.34.1 255.255.255.0
R3(config-if)#encapsulation PPP
R3(config-if)#no shut
R3(config-if)#exit
R3(config)#int g0/0
R3(config-if)#ip add 191.16.3.1 255.255.255.0
R3(config-if)#no sh
R3(config-if)#exit
```

**04** R4 的基本配置

```
Router(config)#host R4
R4(config)#inter s0/0/0
R4(config-if)#ip add 191.1.24.2 255.255.255.0
R4(config-if)#clock rate 250000
R4(config-if)#encapsulation PPP
R4(config-if)#no shut
R4(config-if)#exit
R4(config)#int s0/0/1
R4(config-if)#ip add 191.1.34.2 255.255.255.0
R4(config-if)#clock rate 250000
R4(config-if)#encapsulation PPP
R4(config-if)#no shut
R4(config-if)#exit
R4(config)#int g0/0
R4(config-if)#ip address 191.16.4.1 255.255.255.0
R4(config-if)#no sh
R4(config-if)#exit
```

**05** 路由配置

（1）R1 的路由配置。

```
R1(config)#router ospf 1
R1(config-router)#net 191.1.12.0 0.0.0.255 area 1
R1(config-router)#net 191.16.1.0 0.0.0.255 area 1
R1(config-router)#exit
```

（2）R2 的路由配置。

```
R2(config)#router ospf 1
R2(config-router)#net 191.1.12.0 0.0.0.255 area 1
R2(config-router)#net 191.1.24.0 0.0.0.255 area 0
R2(config-router)#net 191.16.2.0 0.0.0.255 area 2
```

（3）R3 的路由配置。

```
R3(config)#router ospf 1
R3(config-router)#net 191.1.34.0 0.0.0.255 area 0
R3(config-router)#net 191.16.3.0 0.0.0.255 area 3
```

（4）R4 的路由配置。

```
R4(config)#router ospf 1
R4(config-router)#net 191.1.24.0 0.0.0.255 area 0
R4(config-router)#net 191.1.34.0 0.0.0.255 area 0
R4(config-router)#net 191.16.4.0 0.0.0.255 area 4
```

## 训练测试

在每一个路由器上使用 show ip route 命令查看路由表信息，在路由表信息中应该包括所有网络。

## 训练小结

（1）路由器同步口均封装 PPP 协议，要注意两端协调一致。
（2）所有 IP 地址要正确并声明在相应的 OSPF 区域中。
（3）所有区域必须跟主区域（区域 0）连接。

# 任务四 实现 DHCP 服务多地址池

### 训练描述

某公司通过一个路由器与公网互联，内网通过一台交换机将所有计算机互联，在交换机上划分两个 VLAN，公司内部的计算机通过各自所在的 VLAN 自动获取 IP 地址，然后访问公网的 Web 服务器。本任务的实验拓扑图如图 6.4.1 所示。

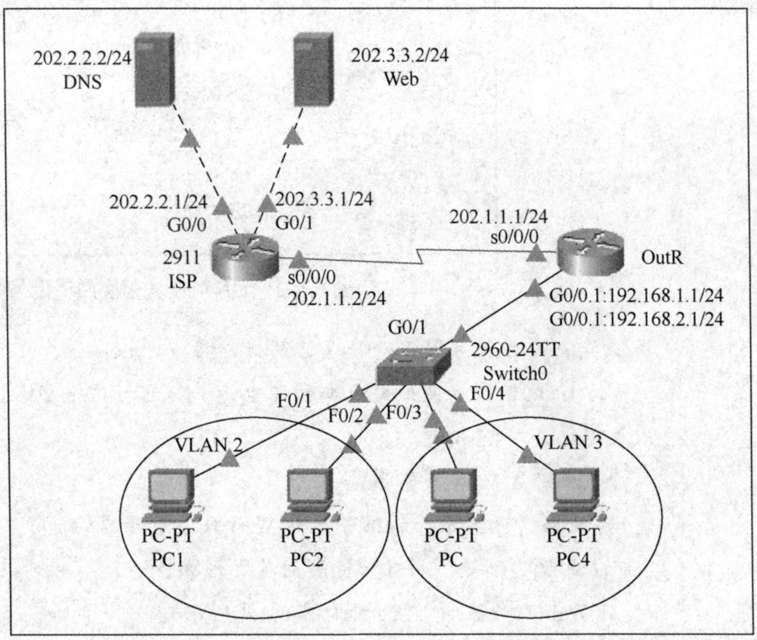


图 6.4.1 DHCP 服务于不同 VLAN 实验拓扑图

## 训练要求

（1）根据实验拓扑图添加相应的网络设备。

（2）添加 2 台 2911 路由器，为每个路由器添加 HWIC-2T 模块用于模拟公网连接。

（3）对 2911 路由器分别更改其标签名为 ISP 和 OutR。

（4）在内网交换机上划分 VLAN 2 和 VLAN 3，并将 PC1、PC2 接入 VLAN 2，将 PC3、PC4 接入 VLAN 3。

（5）在内网路由器 Server 上配置 DHCP，实现下连交换机上处于不同 VLAN 的计算机获得相应的 IP 地址。

## 训练分析

本实验中要用到 DNS 和 Web 服务器，所以在实验前需先根据拓扑图为 ISP 端的 DNS 和 Web 服务器配置相应的 IP 地址。

1. DNS 服务器的配置

DNS 服务器的 IP 设置如图 6.4.2 所示。

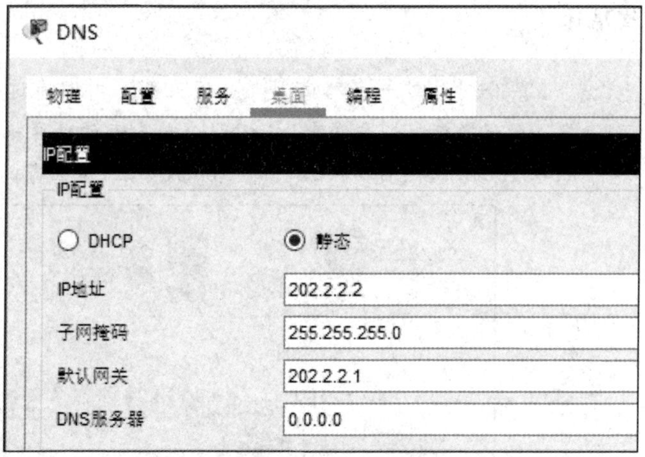


图 6.4.2 DNS 服务器的 IP 设置

在 DNS 服务器上进行域名解析，将 www.cisco.com 的域名解释为 Web 服务器的 IP 地址，以便公司内部的 4 台计算机通过这个域名访问 Web 服务器。设置方法如图 6.4.3 所示。

2. 配置 Web 服务器

默认情况下添加的服务器其 Web 服务是开启的，所以不必再去开启一次，但可以更改其配置，而且只能使用英文形式。

Web 服务器的 IP 设置如图 6.4.4 所示。

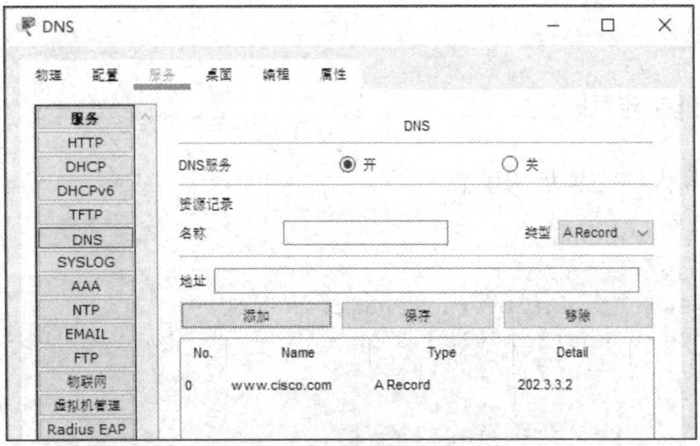

图 6.4.3 配置 DNS 域名解析

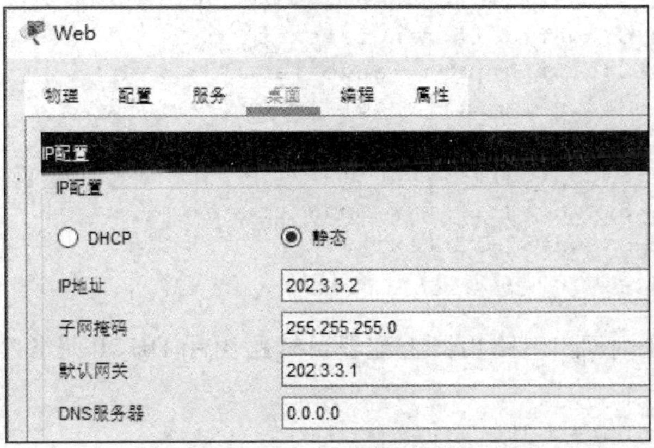

图 6.4.4 Web 服务器的 IP 设置

Web 服务器中的网页配置如图 6.4.5 所示。

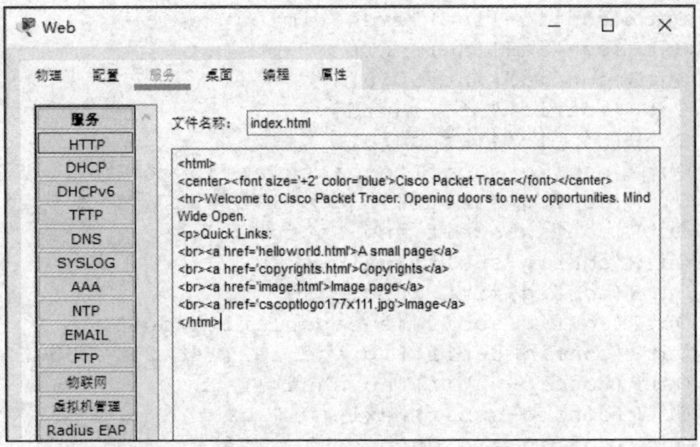

图 6.4.5 Web 服务器中的网页配置

## 训练步骤

实现 DHCP 服务多地址池

### 01 内网交换机的配置

```
Switch>en
Switch#conf t
Switch(config)#hostname In-S
In-S(config)#vlan 2
In-S(config-vlan)#exit
In-S(config)#vlan 3
In-S(config-vlan)#exit
In-S(config)#int range fa0/1-2
In-S(config-if-range)#sw acc vlan 2
In-S(config-if-range)#exit
In-S(config)#int range fa0/3 - 4
In-S(config-if-range)#sw acc vlan 3
In-S(config-if-range)#exit
In-S(config)#int g0/1
In-S(config-if)#sw mode trunk
In-S(config-if)#exit
In-S(config)#
```

### 02 在内网出口路由器上配置单臂路由和 DHCP 服务

```
Router>en
Router#conf t
Router(config)#no ip domain-lookup
Router(config)#host OutR
OutR(config)#line con 0
OutR(config-line)#logg syn
OutR(config-line)#exec-timeout 0 0
OutR(config-line)#exit
OutR(config)#int g0/0
OutR(config)# no shutdown
OutR(config)#int g0/0.1
OutR(config-subif)#encapsulation dot1Q 2
OutR(config-subif)#ip add 192.168.1.1 255.255.255.0
OutR(config-subif)#no shut
OutR(config-subif)#exit
OutR(config)#int g0/0.2
OutR(config-subif)#encapsulation dot1Q 3
OutR(config-subif)#ip add 192.168.2.1 255.255.255.0
OutR(config-subif)#no shut
OutR(config-subif)#exit
OutR(config)#ip dhcp pool vlan2
OutR(dhcp-config)#network 192.168.1.0 255.255.255.0
OutR(dhcp-config)#dns 202.2.2.2
OutR(dhcp-config)#default-router 192.168.1.1
OutR(dhcp-config)#exit
OutR(config)#ip dhcp pool vlan3
```

```
OutR(dhcp-config)#network 192.168.2.0 255.255.255.0
OutR(dhcp-config)#dns 202.2.2.1
OutR(dhcp-config)#default-router 192.168.2.1
OutR(dhcp-config)#exit
OutR(config)#ip dhcp excluded-address 192.168.1.1
OutR(config)#ip dhcp excluded-address 192.168.2.1
```

**03** 在内网出口路由器上配置 NAPT 和缺省路由

```
OutR(config)#int g0/0
OutR(config-if)#no shut
OutR(config)#int g0/0.1
OutR(config-subif)#ip nat inside
OutR(config-subif)#exit
OutR(config)#int g0/0.2
OutR(config-subif)#ip nat inside
OutR(config-subif)#exit
OutR(config)#access-list 1 permit 192.168.1.0 0.0.0.255
OutR(config)#access-list 1 permit 192.168.2.0 0.0.0.255
OutR(config)#int s0/0/0
OutR(config-if)#ip add 202.1.1.1 255.255.255.0
OutR(config-if)#ip nat outside
OutR(config-if)#no shut
OutR(config-if)#exit
OutR(config)#ip nat inside source list 1 interface s0/0/0 overload
OutR(config)#ip route 0.0.0.0 0.0.0.0 s0/0/0
OutR(config)#exit
```

**04** 公网路由器 ISP 端的配置

```
Router>en
Router#conf t
ISP(config)#int s0/0/0
ISP(config-if)#ip add 202.1.1.2 255.255.255.0
ISP(config-if)#no shut
ISP(config-if)#clock rate 250000
ISP(config-if)#exit
ISP(config)#int g0/0
ISP(config-if)#ip add 202.2.2.1 255.255.255.0
ISP(config-if)#no shut
ISP(config-if)#int g0/1
ISP(config-if)#ip add 202.3.3.1 255.255.255.0
ISP(config-if)#no shut
ISP(config-if)#exit
ISP(config)#
```

## 训练测试

（1）查看公司内网的所有计算机是否被正确分配到自己所在的 VLAN 相应的 IP 地址。图 6.4.6 所示为 VLAN 2 中的 PC1 获得的 IP 地址。

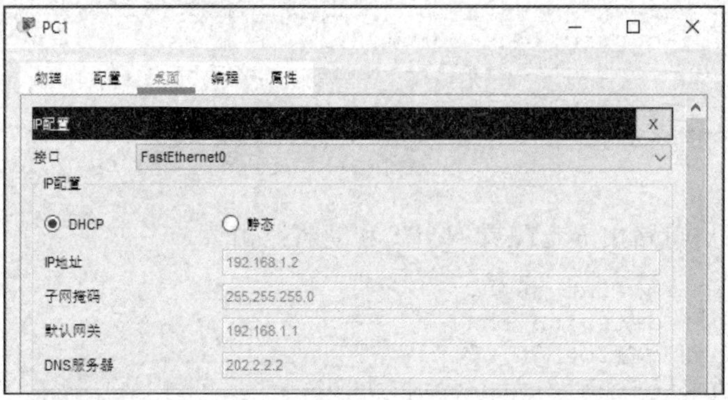


图 6.4.6 VLAN 2 中的 PC1 获得的 IP 地址

（2）使用浏览器通过 www.cisco.com 的域名访问 ISP 端的 WWW 服务器的网页。

## 训练小结

通过路由器的单臂路由功能，可以实现将 DHCP 服务应用到不同 VLAN 中的计算机以获取到相应的 IP 配置。

# 任务五 中型企业的实际网络工程案例

### 训练描述

ISP 给某企业分配了一个网段，公网 IP 地址段为 218.2.135.1/29 ~ 218.2.135.5/29。该企业希望内部计算机访问外网时使用 IP 地址 218.2.135.1/29，其他的几个 IP 地址都分配给内部的服务器使用，这 3 台内部的服务器需要提供给外网用户访问。为方便员工出差或在家里都能安全、方便地访问公司内网，公司架设了 VPN，给每个员工配置 VPN 账号。在这里，PC1 与 PC2 划分在 VLAN 10 里面，PC3 和 PC4 划分在 VLAN 20 里面。本任务的网络拓扑图如图 6.5.1 所示。

### 训练要求

（1）根据实验拓扑图添加相应的网络设备。

（2）为路由器添加 HWIC-2T 模块用于模拟公网连接。

（3）在内网交换机上划分 VLAN 10 和 VLAN 20 两个 VLAN，并将 PC1、PC2 接入 VLAN 10，将 PC3、PC4 接入 VLAN 20，在内网路由器 Enterprise 上配置 DHCP，实现下连交换机上处于不同 VLAN 的计算机获得相应的 IP 地址。

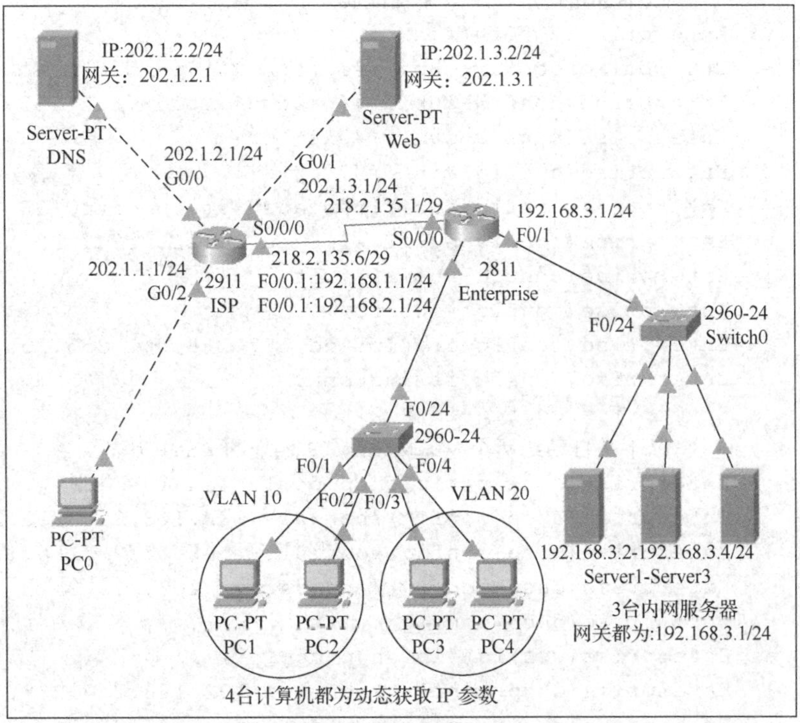


图 6.5.1　小型企业的实际网络工程案例拓扑图

（4）在 Enterprise 上配合 easy VPN，实现不在公司的员工 PC0 能通过互联网访问公司内网。

（5）在 DNS 服务器上配置域名解释，实现公网服务器和内网中 3 台服务器的网页都能通过相应的域名进行访问。

### 训练分析

本实验涉及一个比较大型的网络，可分成三个部分进行：第一部分为实现企业网内部互联；第二部分为实现公网服务器互联；第三部分是为出差员工配置 easy VPN。

中型企业的实际网络工程案例

## 训练步骤

### 01 企业网内部互联

（1）内网路由器 Enterprise 的配置。

```
Enterprise(config)#int s0/0/0
Enterprise(config-if)#ip add 218.2.135.1 255.255.255.248
Enterprise(config-if)#no shut
Enterprise(config-if)#int f0/0
Enterprise(config-if)#no shut
Enterprise(config-if)#exit
```

```
  ！以下这几行是做单臂路由配置：
Enterprise(config)#int f0/0.1
Enterprise(config-subif)#encapsulation dot1Q 10
Enterprise(config-subif)#ip add 192.168.1.1 255.255.255.0
Enterprise(config-subif)#exit
Enterprise(config)#int f0/0.2
Enterprise(config-subif)#encapsulation dot1Q 20
Enterprise(config-subif)#ip add 192.168.2.1 255.255.255.0
Enterprise(config-subif)#exit
Enterprise(config)#int f0/1
Enterprise(config-if)#ip add 192.168.3.1 255.255.255.0
Enterprise(config-if)#no shut
Enterprise(config-if)#exit
  ！以下是自动给两个 VLAN 分配 IP 地址的 DHCP 功能
Enterprise(config)#ip dhcp pool Vlan 10
Enterprise(dhcp-config)#network 192.168.1.0 255.255.255.0
Enterprise(dhcp-config)#default-router 192.168.1.1
Enterprise(dhcp-config)#dns-server 202.1.2.2
Enterprise(dhcp-config)#exit
Enterprise(config)#ip dhcp pool Vlan 20
Enterprise(dhcp-config)#network 192.168.2.0 255.255.255.0
Enterprise(dhcp-config)#default-router 192.168.2.1
Enterprise(dhcp-config)#dns-server 202.1.2.2
Enterprise(dhcp-config)#exit
Enterprise(config)#ip dhcp excluded-address 192.168.1.1
Enterprise(config)#ip dhcp excluded-address 192.168.2.1
  ！下面是做 NAT，以使内部的计算机可以正常访问外网
Enterprise(config)#access-list 1 permit 192.168.1.0 0.0.0.255
Enterprise(config)#access-list 1 permit 192.168.2.0 0.0.0.255
Enterprise(config)#ip nat inside source list 1 interface s0/0/0 overload
Enterprise(config)#int s0/0/0
Enterprise(config-if)#ip nat outside
Enterprise(config-if)#exit
Enterprise(config)#int f0/0.1
Enterprise(config-subif)#ip nat inside
Enterprise(config-subif)#exit
Enterprise(config)#int f0/0.2
Enterprise(config-subif)#ip nat inside
Enterprise(config-subif)#exit
  ！内网要想访问公网就必须使用一条默认路由出去，否则只能访问到 ISP 路由器
Enterprise(config)#ip route 0.0.0.0 0.0.0.0 s0/0/0
```

（2）内网交换机的配置，划分两个 VLAN（VLAN 10 和 VLAN 20）。

```
Switch(config)#vlan 10
Switch(config-vlan)#exit
Switch(config)#vlan 20
```

```
Switch(config-vlan)#exit
Switch(config)#int range f0/1 - 2
Switch(config-if-range)#switch mode access
Switch(config-if-range)#switch access vlan 10
Switch(config-if-range)#exit
Switch(config)#int range f0/3 - 4
Switch(config-if-range)#switch mode access
Switch(config-if-range)#switch access vlan 20
Switch(config-if-range)#exit
Switch(config)#int f0/24
Switch(config-if)#switch mode trunk
```

（3）在内部路由器 Enterprise 上配置 NAT 以实现内部 Web 服务器的映射。

将 Server1、Server2、Server3 的 IP 地址分别设为 192.168.3.2/24、192.168.3.3/24、192.168.3.4/24。在内部路由器 Enterprise 上配置静态 NAT 以实现外网访问。

```
Enterprise(config)#ip nat inside source static 192.168.3.2 218.2.135.2
   ！给 Server1 映射一个公网 IP 地址 218.2.135.2
Enterprise(config)#ip nat inside source static 192.168.3.3 218.2.135.3
   ！给 Server2 映射一个公网 IP 地址 218.2.135.3
Enterprise(config)#ip nat inside source static 192.168.3.4 218.2.135.4
   ！给 Server3 映射一个公网 IP 地址 218.2.135.4
Enterprise(config)#int f0/1
Enterprise(config-if)#ip nat inside
Enterprise(config)#int S0/0/0
Enterprise(config-if)#ip nat outside
```

**02** 实现与公网服务器互联

（1）ISP 路由器的配置。

```
ISP(config)#int gi 0/0                          ！连接 DNS 服务器
ISP(config-if)#ip add 202.1.2.1 255.255.255.0
ISP(config-if)#no shut
ISP(config-if)#exit
ISP(config)#int gi 0/1                          ！连接 WWW 服务器
ISP(config-if)#ip add 202.1.3.1 255.255.255.0
ISP(config-if)#no shut
ISP(config-if)#exit
ISP(config)#int gi 0/2                          ！连接出差员工
ISP(config-if)#ip add 202.1.1.1 255.255.255.0
ISP(config-if)#no shut
ISP(config-if)#exit
ISP(config)#int s0/0/0                          ！连接公司的路由器
ISP(config-if)#ip add 218.2.135.6 255.255.255.248
ISP(config-if)#clock rate 250000
ISP(config-if)#no shut
ISP(config-if)#
```

（2）DNS 服务器的 IP 地址配置和域名配置。

DNS 服务器的 IP 参数配置如图 6.5.2 所示。DNS 服务器的域名配置如图 6.5.3 所示。

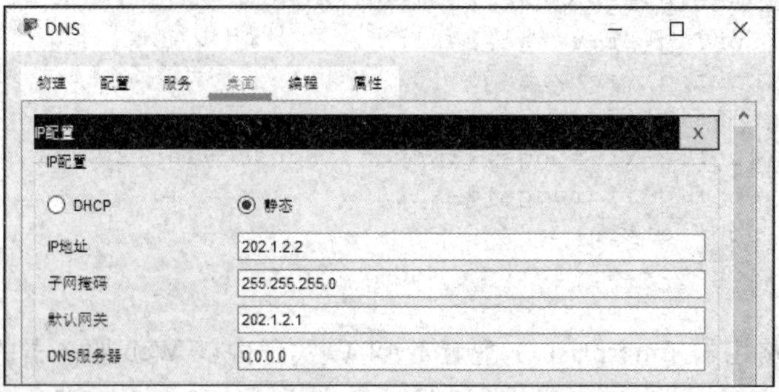


图 6.5.2　DNS 服务器的 IP 参数配置

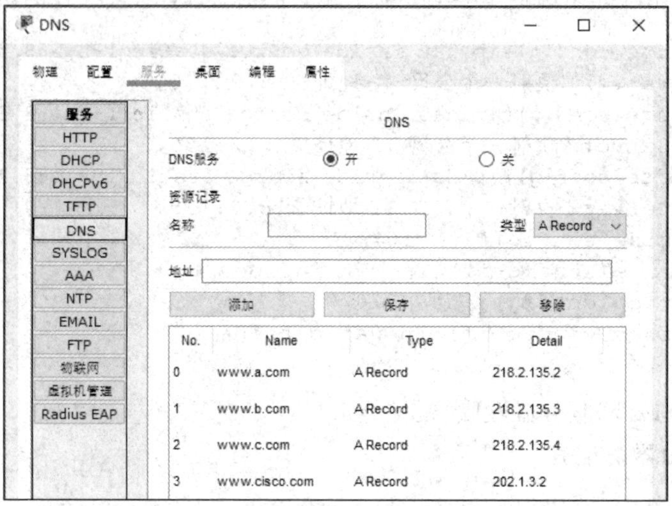


图 6.5.3　DNS 服务器的域名配置

（3）Web 服务器的 IP 地址配置。

Web 服务器的 IP 参数配置如图 6.5.4 所示。

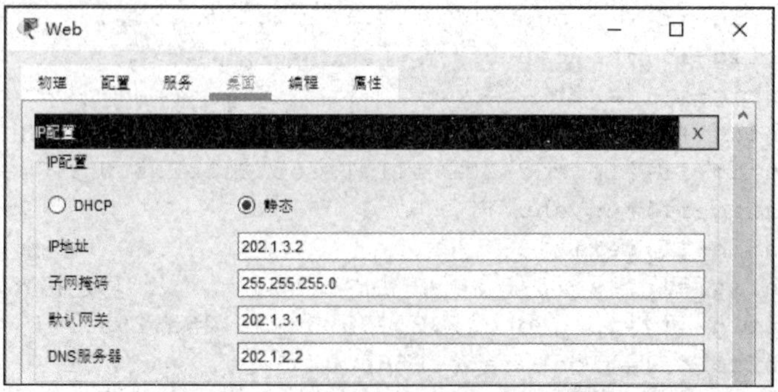


图 6.5.4　Web 服务器的 IP 参数配置

**03** 实现出差员工访问公司内网

（1）内网路由器 Enterprise 的配置。

```
    ! 为远程 VPN 客户创建 ISAKMP 策略
  Enterprise(config)#crypto isakmp policy 1
  Enterprise(config-isakmp)#authentication pre-share
  Enterprise(config-isakmp)#encryption 3des
  Enterprise(config-isakmp)#hash md5
  Enterprise(config-isakmp)#group 2
  Enterprise(config-isakmp)#exit
    ! 为远程 VPN 客户创建 IP 地址池
  Enterprise(config)#ip local pool vpnpool 192.168.4.1 192.168.4.10
    ! 配置 VPN 用户拨入组策略
  Enterprise(config)#crypto isakmp client configuration group vpnaccess
  Enterprise(config-isakmp-group)#key vpnkey
  Enterprise(config-isakmp-group)#pool vpnpool
  Enterprise(config-isakmp-group)#netmask 255.255.255.0
  Enterprise(config-isakmp-group)#exit
    ! 创建 VPN 账户，配置认证授权策略
  Enterprise(config)#username vpnuser password 123
  Enterprise(config)#aaa new-model
  Enterprise(config)#aaa authorization network vpnaccess local
  Enterprise(config)#aaa authentication login vpnuser local
    ! 创建转换集
  Enterprise(config)#crypto ipsec transform-set vpntransform esp-3des
esp-md5-hmac
    ! 创建动态加密图
  Enterprise(config)#crypto dynamic-map dynamp 1
  Enterprise(config-crypto-map)#set transform-set vpntransform
  Enterprise(config-crypto-map)#reverse-route
  Enterprise(config-crypto-map)#exit
    ! 配置静态加密图
  Enterprise(config)#crypto map statmap client authentication list
vpnuser
  Enterprise(config)#crypto map statmap client configuration address
respond
  Enterprise(config)#crypto map statmap isakmp authorization list
vpnaccess
  Enterprise(config)#crypto map statmap 1 ipsec-isakmp dynamic dynamp
    ! 在接口上加载静态加密图
  Enterprise(config)#interface s0/0/0
  Enterprise(config-if)# crypto map statmap
```

（2）出差员工计算机配置。

正常配置出差员工计算机 IP 参数使其能正常上网，IP 参数配置如图 6.5.5 所示。

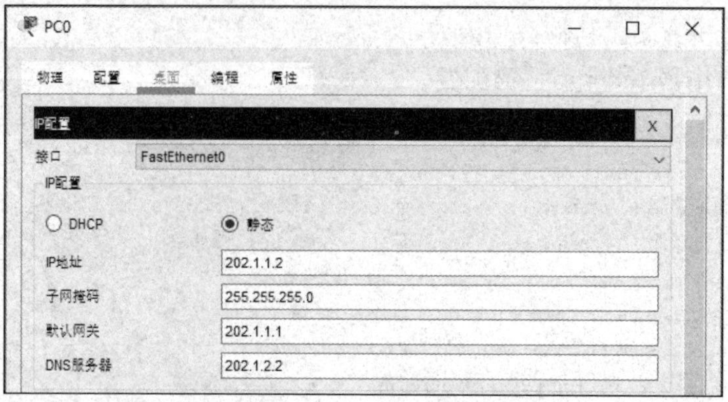


图 6.5.5 出差员工 PC0 的 IP 参数配置

在 PC0 桌面，单击 VPN 客户端，依次输入信息 vpnaccess、vpnkey、218.2.135.1、vpnuser 和 123（隐藏的密码是 123），单击“连接”按钮，弹出“VPN 已连接”提示框，如图 6.5.6 所示。

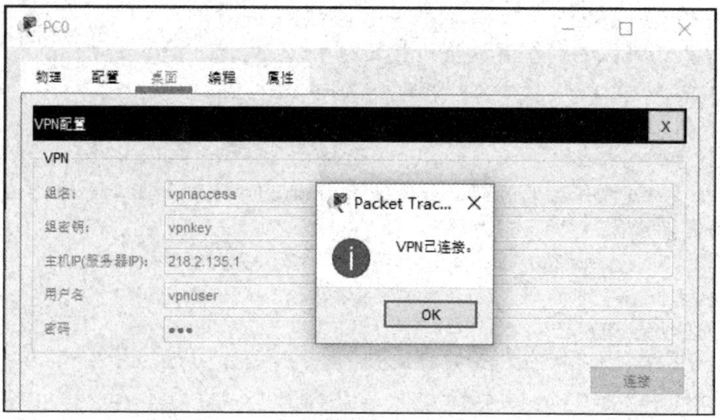


图 6.5.6 测试 VPN 拨号

单击 OK 按钮后显示给 PC0 分配到的 IP 地址，如图 6.5.7 所示。

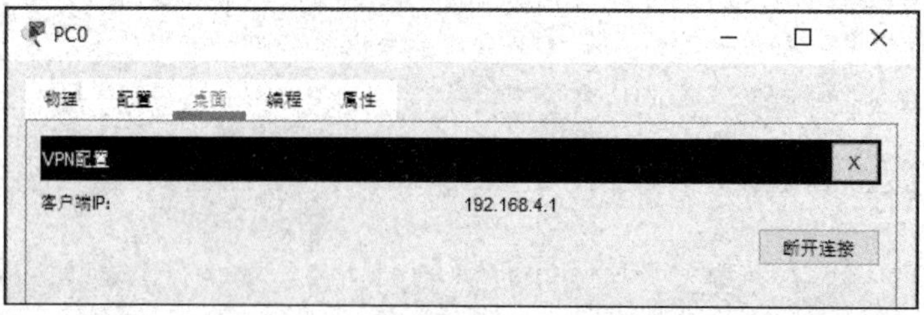


图 6.5.7 给 PC0 分配到 IP 地址

（3）测试与企业内网的通信。

查看 PC0 与企业内网的通信情况，测试结果如图 6.5.8 所示。

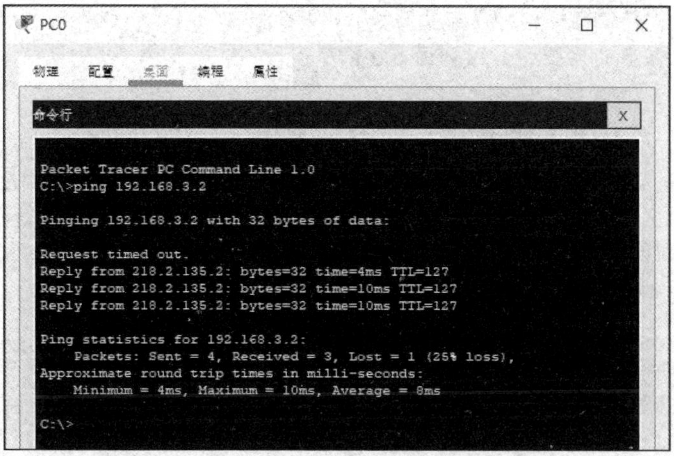


图 6.5.8　PC0 与内网 Server1 通信情况

至此，在 Cisco Packet Tracer 模拟环境中完成了中型企业的实际网络工程案例。

## 训练测试

（1）设置内网计算机为 DHCP 获取 IP 方式并检测是否获得正确的 IP 地址。
（2）在内网计算机上使用 Ping 命令测试与公网服务器的连通性。
（3）在内网计算机上使用各自的域名访问公网和内网服务器的网页。
（4）在 PC0 上使用各自的域名访问公网及内网服务器的网页。

## 训练小结

本实验比较全面地模拟了现实生活中的网络应用，配置比较复杂，在配置之前要充分分析网络拓扑结构，仔细分析用户需求，从功能上分块以便于进行网络的配置，而且在配置过程中要经常进行检测，在网络测试过程中掌握排错的技巧。

# 任务六　互联网的 DNS 层次结构实验

## 训练描述

在现实的网络中，往往存在成千上万的服务器且每个服务器都有一个 IP 地址，面对这么多的 IP 地址，用户是很难记住的。DNS 的出现很好地解决了这个问题。通过 DNS 服务将域名与 IP 地址之间形成映射，域名的可记性比 IP 地址容易多了。每当要访问一个服务器时，输入服务器的域名后，计算机先向 DNS 服务器请求该服务器相对应的 IP，DNS 服务器查询结果之后，将相对应的 IP 地址回复给计算机，计算机得到 DNS 回复后即得到服务器的 IP 地址，便以相应的应用程序访问服务器。本任务的实验拓扑图如图 6.6.1 所示。

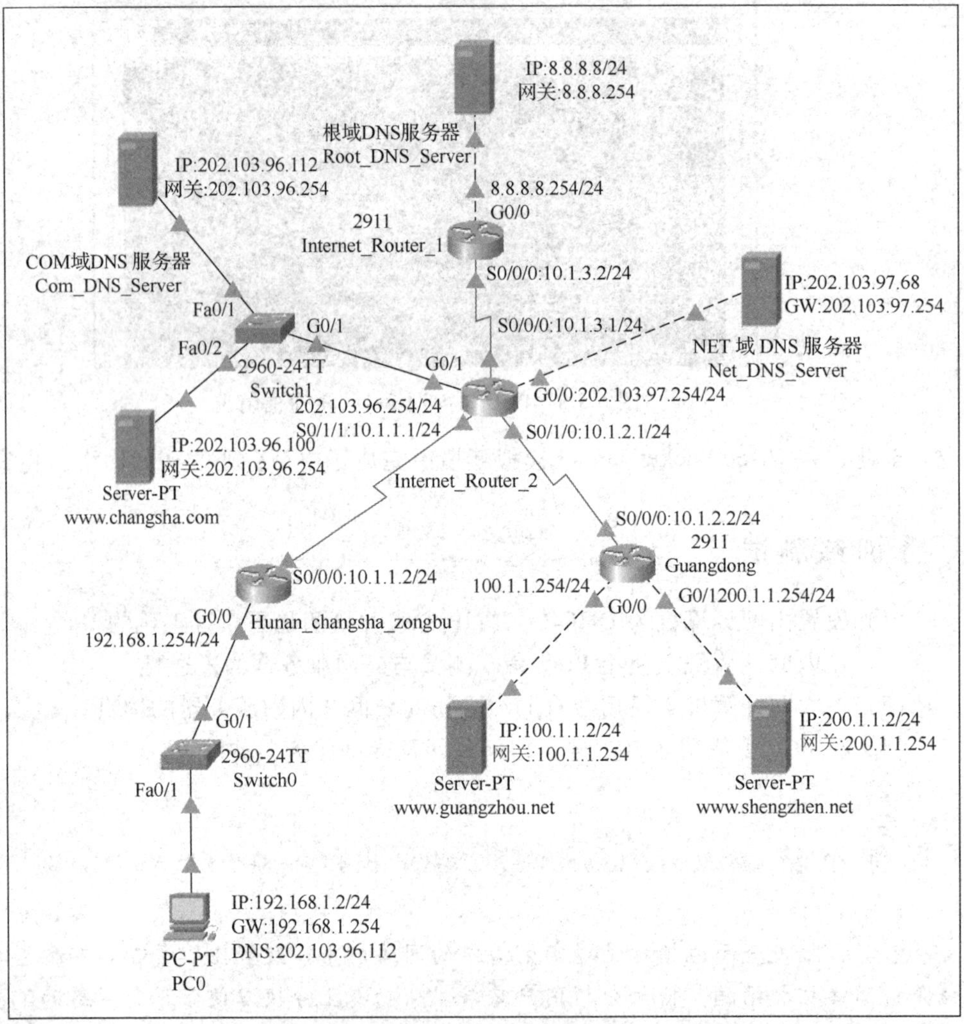


图 6.6.1 互联网的 DNS 层次结构实验拓扑图

## 训练要求

（1）Root_DNS_Server 是根域 DNS 服务器，Com_DNS_Server 是 COM 域 DNS 服务器，Net_DNS_Server 是 NET 域 DNS 服务器。

（2）www.changsha.com 的服务器 IP 地址注册在 COM 域 DNS 服务器上，www.guangzhou.net 和 www.shenzhen.net 的服务器 IP 地址注册在 NET 域服务器上。

（3）PC0 是 Hunan_changsha_zongbu 路由器下连的一个私网计算机，它的 DNS 服务器是指向 COM 域的 DNS 服务器。

（4）Internet 网络中各路由器在连接时采用 OSPF 路由协议。

（5）在 Hunan_changsha_zongbu 路由器上配置默认路由和 NAT。（注意：本例域名描述使用完整域名 FQDN。）

（6）为 4 个路由器分别添加 HWIC-2T 模块，分别更改其名称为 Internet_Router_1、Internet_Router_2、Guangdong 和 Hunan_changsha_zongbu。

## 训练分析

在开始实验之前，对 DNS 的查询解析和几个概念作简单解释。

递归解析：客户向 DNS 服务器请求递归回答，这就表示客户期望服务器提供最终解析。若 DNS 服务器是这个域名的权限服务器，就检查它的数据库和响应；若 DNS 服务器不是权限服务器，它就将请求发给另一个服务器（通常是父服务器）并等待响应。若父服务器是权限服务器，则响应；否则，就将查询再发给另一个服务器。当查询最终解析时，响应就返回，最后到达发出请求的客户。

迭代解析：若客户没有要求递归回答，则解析可以按迭代方式进行。若服务器是这个域名的权限服务器，它就发送解析。若不是，就返回它认为可以解析这个查询的 DNS 服务器的 IP 地址，客户就向第二个 DNS 服务器重复查询。如此反复，直至获得解析。

高速缓存：当 DNS 服务器向另一个 DNS 服务器请求并收到它的响应之后，在把它发送给客户之前，把这个信息存储在它的高速缓存中，这个信息会在高速缓存中存在一个生存周期 TTL，过了生存周期就可以删除这条信息。

## 训练步骤

互联网的 DNS 层次结构实验

**01** 在 Internet_Router_1 上的配置

```
Internet_Router_1(config)#line console 0
Internet_Router_1(config-line)#logging synchronous
 ！开启日志同步，阻止控制台的一些提示信息
Internet_Router_1(config-line)#exit
Internet_Router_1(config)#no ip domain-lookup
 ！关闭动态的域名解析，即禁止域名查找，告诉 Router 不要对它不知道的字符串做 DNS 解析
Internet_Router_1(config)#inter  gi 0/0
Internet_Router_1(config-if)#ip add 8.8.8.254 255.255.255.0
Internet_Router_1(config-if)#no shut
Internet_Router_1(config-if)#inter s 0/0/0
Internet_Router_1(config-if)#ip add 10.1.3.2 255.255.255.0
Internet_Router_1(config-if)#no shut
Internet_Router_1(config-if)#exit
Internet_Router_1(config)#router ospf 1
Internet_Router_1(config-router)#log-adjacency-changes
Internet_Router_1(config-router)#network 10.1.3.0 0.0.0.255 area 0
Internet_Router_1(config-router)#network 8.8.8.0 0.0.0.255 area 0
```

**02** 在 Internet_Router_2 上的配置

```
Internet_Router_2(config)#line console 0
Internet_Router_2(config-line)#logging synchronous
Internet_Router_2(config-line)#exit
Internet_Router_2(config)#no ip domain-lookup
Internet_Router_2(config)#inter s 0/0/0
Internet_Router_2(config-if)#ip add 10.1.3.1 255.255.255.0
Internet_Router_2(config-if)#clock rate 250000
Internet_Router_2(config-if)#no shut
Internet_Router_2(config-if)#inter gi 0/0
Internet_Router_2(config-if)#ip add 202.103.97.254 255.255.255.0
Internet_Router_2(config-if)#no shut
Internet_Router_2(config-if)#inter s 0/1/0
Internet_Router_2(config-if)#ip add 10.1.2.1 255.255.255.0
Internet_Router_2(config-if)#clock rate 250000
Internet_Router_2(config-if)#no shut
Internet_Router_2(config-if)#inter s 0/1/1
Internet_Router_2(config-if)#ip add 10.1.1.1 255.255.255.0
Internet_Router_2(config-if)#clock rate 250000
Internet_Router_2(config-if)#no shut
Internet_Router_2(config-if)#inter gi 0/1
Internet_Router_2(config-if)#ip add 202.103.96.254 255.255.255.0
Internet_Router_2(config-if)#no shut
Internet_Router_2(config-if)#exit
Internet_Router_2(config)#router ospf 1
Internet_Router_2(config-router)#log-adjacency-changes
Internet_Router_2(config-router)#network 10.1.1.0 0.0.0.255 area 0
Internet_Router_2(config-router)#network 10.1.2.0 0.0.0.255 area 0
Internet_Router_2(config-router)#network 10.1.3.0 0.0.0.255 area 0
Internet_Router_2(config-router)#netw 202.103.96.0 0.0.0.255 area 0
Internet_Router_2(config-router)#netw 202.103.97.0 0.0.0.255 area 0
Internet_Router_2(config-router)#exit
```

**03** 在 Guangdong 路由器上的配置

```
Guangdong(config)#line console 0
Guangdong(config-line)#logging synchronous
Guangdong(config-line)#exit
Guangdong(config)#no ip domain-lookup
Guangdong(config)#inter s 0/0/0
Guangdong(config-if)#ip add 10.1.2.2 255.255.255.0
Guangdong(config-if)#no shut
Guangdong(config-if)#inter gi 0/0
Guangdong(config-if)#ip add 100.1.1.254 255.255.255.0
Guangdong(config-if)#no shut
```

```
Guangdong(config-if)#inter gi 0/1
Guangdong(config-if)#ip add 200.1.1.254 255.255.255.0
Guangdong(config-if)#no shut
Guangdong(config-if)#exit
Guangdong(config)#router ospf 1
Guangdong(config-router)#log-adjacency-changes
Guangdong(config-router)#network 10.1.2.0 0.0.0.255 area 0
Guangdong(config-router)#network 100.1.1.0 0.0.0.255 area 0
Guangdong(config-router)#network 200.1.1.0 0.0.0.255 area 0
Guangdong(config-router)#exit
```

**04** 在 Hunan_changsha_zongbu 路由器上的配置

```
Hunan_changsha_zongbu(config)#line console 0
Hunan_changsha_zongbu(config-line)#logging synchronous
Hunan_changsha_zongbu(config-line)#exit
Hunan_changsha_zongbu(config)#no ip domain-lookup
Hunan_changsha_zongbu(config)#inter s 0/0/0
Hunan_changsha_zongbu(config-if)#ip add 10.1.1.2 255.255.255.0
Hunan_changsha_zongbu(config-if)#no shut
Hunan_changsha_zongbu(config-if)#inter gi 0/0
Hunan_changsha_zongbu(config-if)#ip add 192.168.1.254 255.255.255.0
Hunan_changsha_zongbu(config-if)#no shut
Hunan_changsha_zongbu(config-if)#exit
Hunan_changsha_zongbu(config)#inter gi 0/0
Hunan_changsha_zongbu(config-if)#ip nat inside
Hunan_changsha_zongbu(config-if)#exit
Hunan_changsha_zongbu(config)#inter s 0/0/0
Hunan_changsha_zongbu(config-if)#ip nat outside
Hunan_changsha_zongbu(config-if)#exit
Hunan_changsha_zongbu(config)#ip route 0.0.0.0 0.0.0.0 10.1.1.1
Hunan_changsha_zongbu(config)#access-list 1 permit 192.168.0.0
 0.0.255.255
！定义允许转换的地址
Hunan_changsha_zongbu(config)#ip nat inside source list 1 inter
s0/0/0 overload
！为内部本地调用转换地址池
```

**05** 设置 PC0 与各服务器的 IP 地址

参照本实验拓扑图，分别设置 PC0 与各服务器的 IP 地址。

**06** 设置根域 DNS 服务器的域名解析

设置参数如图 6.6.2 所示。

**07** 设置 COM 域 DNS 服务器的域名解析

设置参数如图 6.6.3 所示。

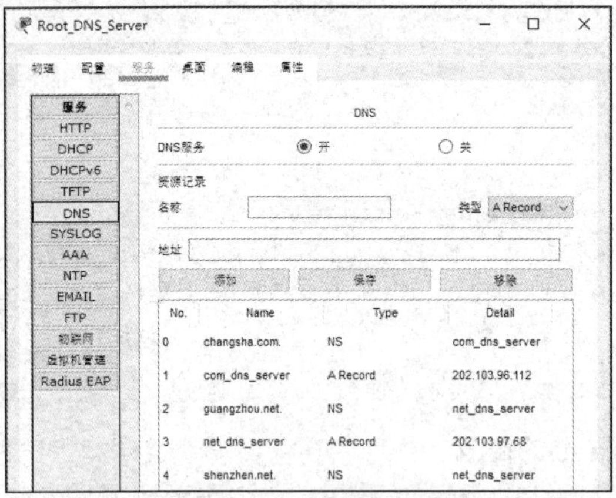


图 6.6.2 根域 DNS 服务器的域名解析

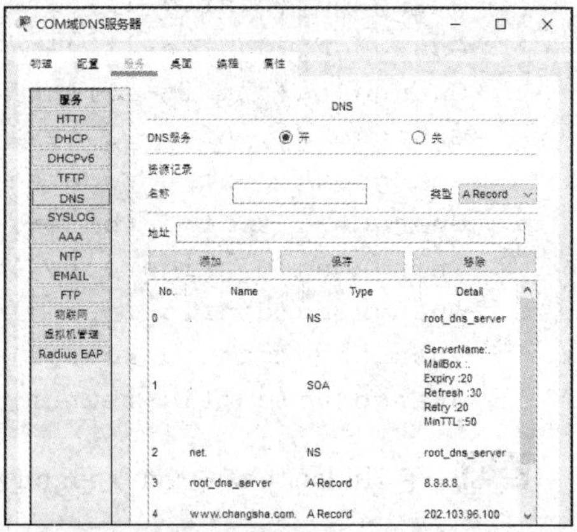


图 6.6.3 COM 域 DNS 服务器的域名解析

在如图 6.6.3 所示的域名配置中的第二条记录是 SOA 配置，其参数用来维护和更新高速缓存中的信息，详细设置如图 6.6.4 所示。

**08** 设置 NET 域 DNS 服务器的域名解析

设置参数如图 6.6.5 所示。其中，第二条记录的详细设置可参考图 6.6.4 所示的配置。

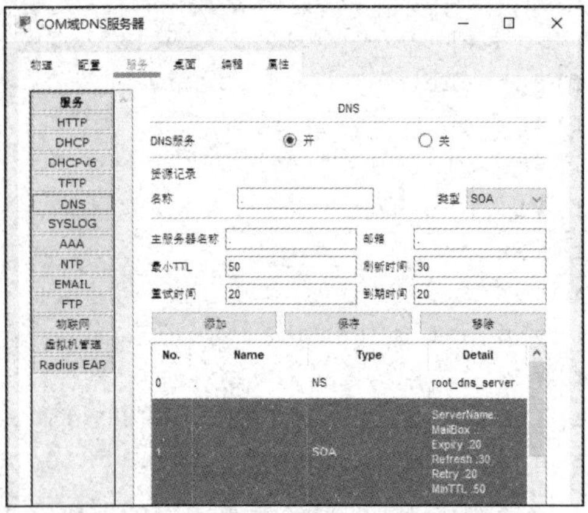


图 6.6.4 DNS 的 SOA 配置

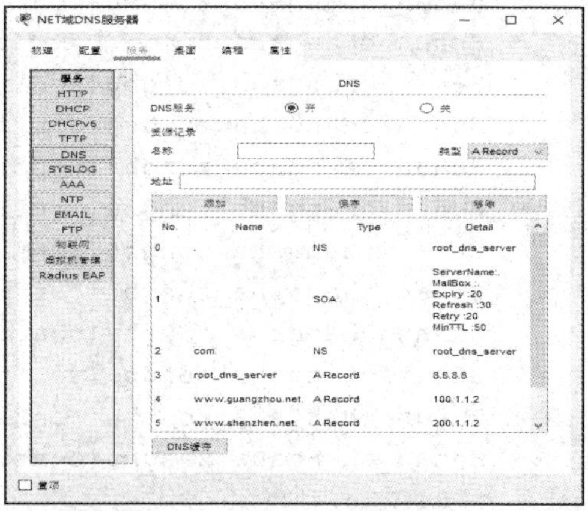


图 6.6.5 NET 域 DNS 服务器的域名解释

## 训练测试

（1）验证使用 PC0 访问 www.changsha.com 的域名。测试出的访问网页如图 6.6.6 所示。

当使用 PC0 访问 www.changsha.com 时，它向其所指向的 DNS 服务器（COM 域 DNS 服务器）发出请求，当 COM 域 DNS 服务器接收到 DNS 请求之后查询自己的 DNS 数据库，发现 www.changsha.com 的 IP 映射在自己的 DNS 数据库中，于是回复 PC0，PC0 就能访问到 www.changsha.com 域名所指向的服务器上的网页。

（2）验证使用 PC0 访问 www.guangzhou.net 的域名（测试出的访问网页如图 6.6.7 所示）。

图 6.6.6　使用 PC0 访问 www.changsha.com 域名显示的网页

图 6.6.7　使用 PC0 访问 www.guangzhou.net 域名显示的网页

当使用 PC0 访问 www.guangzhou.net 和 www.shenzhen.net 时，由于 COM 域 DNS 服务器查询自己的 DNS 数据库中并没有对应的 DNS 映射，此时 COM 域 DNS 服务器就会向根域 DNS 服务器（Root_DNS_server）发送请求。根域 DNS 服务器接收到 COM 域 DNS 服务器的请求，发现请求的目标服务器位于 NET 域服务器（根域服务器只管理二级域名服务器，如 com、net 和 gov 等），于是根域 DNS 服务器去找 NET 域 DNS 服务器请求解析。NET 域 DNS 服务器发现 www.guangzhou.net 和 www.shenzhen.net 的 IP 映射在自己的 DNS 数据库中，于是回复根域 DNS 服务器。根域 DNS 服务器收到 NET 域服务器回复之后，它会将 www.guangzhou.net 和 www.shenzhen.net 的 IP 映射写入高速缓存中，如图 6.6.8 所示。如果有来自其他域的 DNS 请求信息，它可以直接回复，紧接着根域 DNS 服务器回复 COM 域 DNS 服务器，COM 域 DNS 服务器同样接收回复后把 IP 映射写入自己的高速缓存中，一旦有计算机向它请求这两个域名的 IP，它就会从高速缓存中取出 IP 映射回复给计算机。

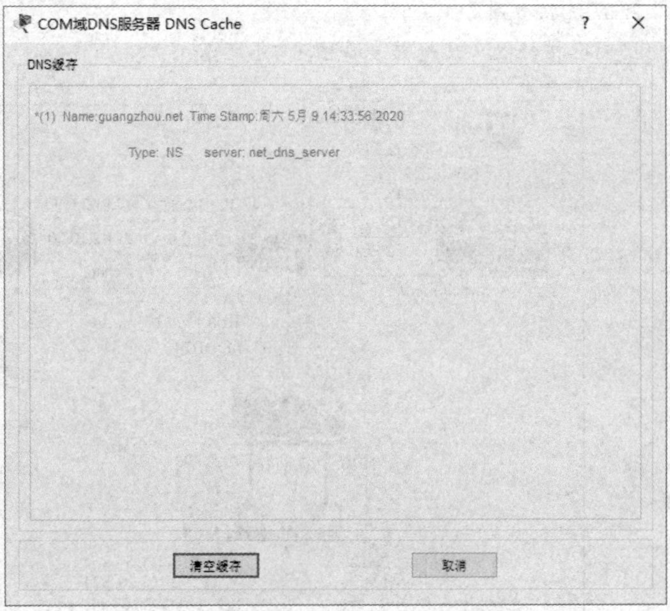


图 6.6.8　DNS 服务器中的缓存

## 训练小结

最终可以看出，计算机向 DNS 服务器请求解析时，DNS 服务器会最终答复它，计算机与 DNS 服务器之间是递归解析，同样 DNS 服务器与 DNS 服务器之间也是递归解析。

# 任务七 企业网综合实训一

## 训练描述

本实训案例选自某年广东省计算机技能竞赛企业网搭建项目的决赛试题，在试题的基础上，作者进行了适当的改动。

1. 需求分析

某学校校园网如图 6.7.1 所示分为两个校区，主校区用 SwitchB 模拟校园网三层交换机，出口路由器为 RouterA；分校区用一台 PC 模拟，即为 PC4，出口路由器为 RouterB；两校区通过租用公网专线互联，用两条背靠背串口线互联模拟。PC1 模拟公网的主机，SwitchA 模拟公网交换机，RouterA 通过以太网接入到公网，RouterB 通过两条背靠背串口线与 RouterA 互联，IP 地址设置如图 6.7.1 所示。学校要求主校区的 PC2、PC3 能够通过 RouterA 的动态地址转换访问到 PC1；要求将主校区的 Web 服务发布到公网，让 PC1 和分校区的 PC4 能够访问；要求将分校区的 PC4，以一对一的地址映射方式发布到公网，让 PC1、PC2、PC3 可以访问。

2. 网络拓扑图

校园网拓扑图（改造前）如图 6.7.1 所示。

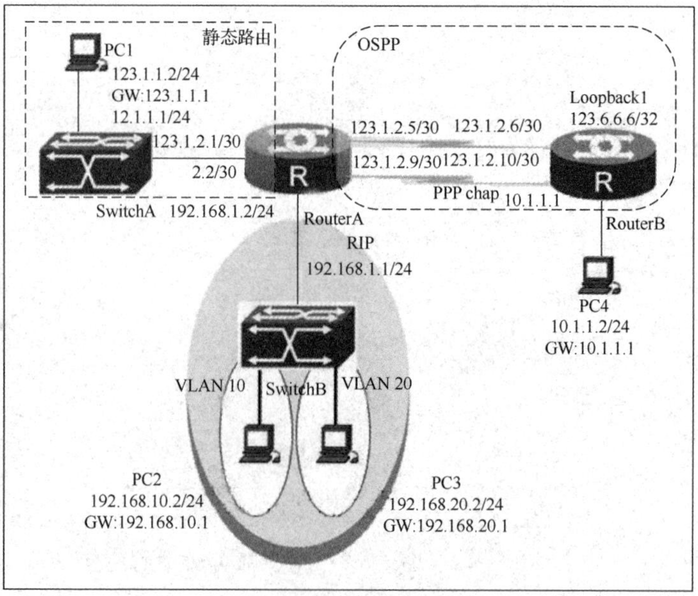


图 6.7.1 校园网拓扑图（改造前）

## 训练要求

（1）按照图 6.7.1 设定各设备相应的 IP 地址。

（2）主校区 SwitchB 上划分 VLAN 10、VLAN 20 两个 VLAN，PC2、PC3 分别接入到 VLAN 10、VLAN 20；SwitchB 与 RouteA 之间实现三层互联，互联地址设置如图 6.7.2 所示。

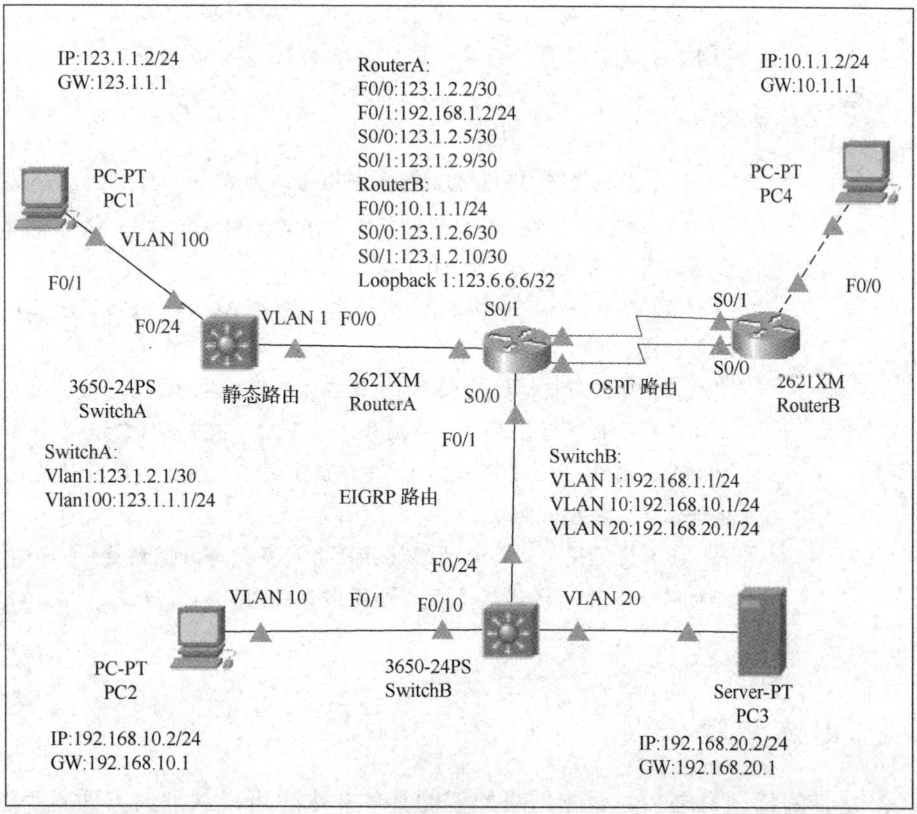


图 6.7.2　校园网拓扑图（改造后）

（3）SwitchB 与 RouterA 之间运行路由 RIP，实现内网两个 VLAN 与 RouterA 之间的正常通信。

（4）SwitchA 与 RouterA 之间运行静态路由协议，实现 PC1 能正常访问 RouterA。

（5）RouterA 与 RouterB 之间通过两条串口链路互联，封装 PPP，配置 123.1.2.8/30 这条链路启用 PPP 协议 CHAP 验证方式，两端通信密钥均为 cisco。

（6）RouterA 与 RouterB 之间运行动态路由 OSPF 协议，实现 RouterA 能正常访问到 RouterB 的 Lookback 地址 123.6.6.6。

（7）在 RouterA 上，通过 OSPF 的静态路由重分布，实现 PC1 能正常访问 RouterB 的 Lookback 地址 123.6.6.6。

（8）在 RouterA 配置动态 NAT，以实现 PC2 和 PC3 能访问到 PC1。

（9）在 RouterA 配置静态 NAT，以实现 PC1 能通过公网地址 123.1.2.2 的 80 端口访问到 PC3 上发布的网站。

（10）在 RouterB 上配置动态 NAT，实现 PC4 能访问到 PC1。

（11）在 RouterB 上配置静态 NAT，一对一的地址映射，即将 PC4 的 IP 地址映射到 RouterB 的 Lookback 地址 123.6.6.6。

（12）在 RouterA 上配置通过策略路由，实现 VLAN 10 的 PC2 访问到 PC4，走的是第一条串口链路，即 123.1.2.4/30 这条链路；实现 VLAN 20 的 PC3 访问到 PC4，走的是第二条串口链路，即 123.1.2.8/30 这条链路。

### 训练分析

（1）添加 2 台 2911 路由器，分别为路由器添加 HWIC-2T 模块。

（2）对 2911 路由器分别命名为 RouterA 和 RouterB，使用 DCE 串口线连接 2 台路由器，设 RouterA 为 DCE 端。

（3）添加 2 台 3650-24PS 交换机，添加 AC-POWER-SUPPLY 电源模块用于设备供电。

（4）对三层交换机 3650-24PS 设备分别修改其标签名为 SwitchA 和 SwitchB。

（5）添加 3 台计算机，分别命名为 PC1、PC2 和 PC4，添加 1 台服务器命名为 PC3，在 PC3 上开启 HTTP（即 Web）服务，然后为所有计算机配置对应的 IP 地址、子网掩码及网关。

（6）最后使用正确的线缆连接所有设备，并标明所连接的端口名称，得到改造后的校园网拓扑图，如图 6.7.2 所示。

## 训练步骤

企业网综合实训一

认真阅读题目之后，根据网络配置的具体要求，可以从五大方面着手进行配置。配置的顺序从交换机、路由器的基本配置开始，再配置路由协议，最后是其他安全应用配置。详细步骤如下。

**01** 交换机的基本配置

经过分析，可以了解到 SwitchA 连接了两个网络，而 SwitchB 连接了 3 个网络，因此两个交换机都要进行 VLAN 的划分。根据题目要求，分别对两个交换机做如下配置。

(1) 配置 SwitchA，交换机 SwitchA 的配置命令如下。

```
Switch>enable
Switch#configure terminal
Switch(config)#hostname SwitchA
SwitchA(config)#vlan100
SwitchA(config-vlan)#exit
SwitchA(config)#interface gi 1/0/1
SwitchA(config-if)#switchport access vlan 100
```

```
SwitchA(config-if)#exit
SwitchA(config)#interface vlan 1
SwitchA(config-if)#ip address 123.1.2.1 255.255.255.252  ！注意子网掩码
SwitchA(config-if)#no shutdown
SwitchA(config-if)#exit
SwitchA(config)#interface vlan 100
SwitchA(config-if)#ip address 123.1.1.1 255.255.255.0
SwitchA(config-if)#no shutdown
SwitchA(config-if)#exit
SwitchA(config)#ip routing
SwitchA(config)#do ping 123.1.1.2          ！测试与 PC1 是否连通
Type escape sequence to abort.
Sending 5, 100-byte ICMP Echos to 123.1.1.2, timeout is 2 seconds:
!!!!                                       ！4 个“!”号表示是通的
Success rate is 80 percent (4/5), round-trip min/avg/max = 31/31/32 ms
                              ！刚配置好时通常会有丢包现象，再测试就没有此问题
```

（2）配置 SwitchB，交换机 SwitchB 的配置命令如下。

```
Switch>enable
Switch#configure terminal
Switch(config)#hostname SwitchB
SwitchB(config)#vlan 10
SwitchB(config-vlan)#exit
SwitchB(config)#vlan 20
SwitchB(config-vlan)#exit
SwitchB(config)#interface gi 1/0/1
SwitchB(config-if)#switchport access vlan 10
SwitchB(config-if)#exit
SwitchB(config)#interface gi 1/0/1
SwitchB(config-if)#switchport access vlan 20
SwitchB(config-if)#exit
SwitchB(config)#interface vlan 1
SwitchB(config-if)#ip address 192.168.1.1 255.255.255.0
SwitchB(config-if)#no shutdown
SwitchB(config-if)#exit
SwitchB(config)#interface vlan 10
SwitchB(config-if)#ip address 192.168.10.1 255.255.255.0
SwitchB(config-if)#no shutdown
SwitchB(config-if)#exit
SwitchB(config)#interface vlan 20
SwitchB(config-if)#ip address 192.168.20.1 255.255.255.0
SwitchB(config-if)#no shutdown
SwitchB(config-if)#exit
SwitchB(config)#ip routing
SwitchB(config)#do ping 192.168.10.2
……                                  ！省略 Ping 信息
SwitchB(config)#do ping 192.168.20.2
……
```

## 02 路由器基本配置及广域网封装

(1) 路由器 RouterA 的配置命令。

```
Router>enable
Router#configure terminal
Router(config)#hostname RouterA
RouterA(config)#username RouterB password cisco !创建用户名及密码
RouterA(config)#interface gi 0/0
RouterA(config-if)#ip address 123.1.2.2 255.255.255.252
RouterA(config-if)#no shutdown
RouterA(config-if)#exit
RouterA(config)#interface gi 0/1
RouterA(config-if)#ip address 192.168.1.2 255.255.255.0
RouterA(config-if)#no shutdown
RouterA(config-if)#exit
RouterA(config)#interface serial 0/0/0
RouterA(config-if)#ip address 123.1.2.5 255.255.255.252
RouterA(config-if)#clock rate 4000000        ！使用最大的时钟频率
RouterA(config-if)#no shutdown
RouterA(config-if)#exit
RouterA(config)#interface serial 0/0/1
RouterA(config-if)#ip address 123.1.2.9 255.255.255.252
RouterA(config-if)#clock rate 4000000
RouterA(config-if)#encapsulation ppp         ！封装 PPP
RouterA(config-if)#ppp authentication chap  ！启用 PPP chap 加密协议
RouterA(config-if)#no shutdown
RouterA(config-if)#exit
RouterA(config)#do ping 123.1.2.1            ！测试与交换机 A 是否连通
……
RouterA(config)#do ping 192.168.1.1          ！测试与交换机 B 是否连通
……
```

(2) 路由器 RouterB 的配置命令。

```
Router>enable
Router#configure terminal
Router(config)#hostname RouterB
RouterB(config)#username RouterA password cisco
RouterB(config)#interface gi 0/0
RouterB(config-if)#ip address 10.1.1.1 255.255.255.0
RouterB(config-if)#no shutdown
RouterB(config-if)#exit
RouterB(config)#interface serial 0/0/0
RouterB(config-if)#ip address 123.1.2.6 255.255.255.252
RouterB(config-if)#no shutdown
RouterB(config-if)#exit
RouterB(config)#interface serial 0/0/1
RouterB(config-if)#ip address 123.1.2.10 255.255.255.252
RouterB(config-if)#encapsulation ppp
RouterB(config-if)#ppp authentication chap
RouterB(config-if)#no shutdown
RouterB(config)#interface loopback 1
RouterB(config-if)#ip address 123.6.6.6 255.255.255.255
RouterB(config-if)#no shutdown
RouterB(config-if)#exit
RouterB(config)#
```

```
RouterB(config)#do ping 123.1.2.5          ！测试与 RouterA 是否连通
……
RouterB(config)#do ping 123.1.2.9          ！测试与 RouterA 是否连通
……
RouterB(config)#do ping 10.1.1.2           ！测试与 PC4 是否连通
……
```

完成两个路由器的配置之后，再次检验拓扑图可以发现，现在拓扑图中所有的端口都显示为绿色标识，说明前面的配置是正确的。

**03** 路由协议配置

完成以上配置已经实现了网络设备两两之间的连通，但网络设备的下连网络还没有实现互通，因此还必须为每个设备添加路由协议。

（1）交换机 SwitchA 的路由协议配置。

根据题目要求，为 SwitchA 添加静态路由。由于 SwitchA 在本实验的拓扑图中属于终端网络设备，因此添加一条静态的默认路由即可，配置命令如下。

```
SwitchA(config)#ip route 0.0.0.0 0.0.0.0 123.1.2.2
```

（2）交换机 SwitchB 的路由配置。

根据题目要求，在 SwichB 使用 EIGRP 动态路由协议，配置命令如下。

```
SwitchB(config)#ip route 0.0.0.0 0.0.0.0 192.168.1.2
SwitchB(config)#router eigrp 100
SwitchB(config-router)#network 192.168.1.0 0.0.0.255
SwitchB(config-router)#no auto-summary            ！不进行路由自动汇总
SwitchB(config-router)#redistribute connected         ！引入直连网络
SwitchB (config-router)#redistribute static          ！重分布静态路由
```

（3）路由器 RouterB 的配置。

根据题目要求，在 RouterB 上使用 OSPF 动态路由协议。由于 PC4 所在的网络要通过 NAT 方式实现 PC2 和 PC3 访问配置，因此在配置 OSPF 路由协议时不能宣告 PC4 所在的网络，详细配置命令如下。

```
RouterB(config)#ip route 0.0.0.0 0.0.0.0 s0/0/0
RouterB(config)#router ospf 1
RouterB(config-router)#network 123.1.2.4 0.0.0.3 area 0
RouterB(config-router)#network 123.6.6.6 0.0.0.0 area 0
RouterB(config-router)#redistribute static subnets
```

（4）路由器 RouterA 的配置。

由于 RouterA 是核心路由器，是整个网络互联的枢纽，且与它相连的网络设备间使用了不同的路由协议，因此在 RouterA 上也要开启对应的路由协议，并且还要进行路由协议的重分布配置，详细配置命令如下。

```
RouterA(config)#ip route 123.1.1.0 255.255.255.0 123.1.2.1
RouterA(config)#router eigrp 100
RouterA(config-router)#network 192.168.1.0 0.0.0.255
```

```
RouterA(config-router)#no auto-summary
RouterA(config-router)#redistribute connected
RouterA(config-router)#redistribute static              !重分布静态路由
RouterA(config-router)#redistribute ospf 1              ! 重分布 OSPF
RouterA(config-router)#exit
RouterA(config)#router ospf 1
RouterA(config-router)#network 123.1.2.4 0.0.0.3 area 0
RouterA(config-router)#redistribute static subnets     !重分布静态路由
!仅引入静态路由。这里不要引入 EIGRP，否则内网地址会在公网中传输，被 RouterB
学到，这不符合真实网络的要求
RouterA(config-router)#exit
RouterA(config)#do show ip route                        !查看路由表信息
……
```

## 04 NAT 配置

（1）在 RouterA 上配置动态 NAT 以实现 PC2 和 PC3 能访问到 PC1，并配置静态 NAT 以实现 PC1 能通过公网地址 123.1.2.2 的 80 端口访问到 PC3 上的网页。

```
RouterA(config)#ip access-list extended shangwang
RouterA(config-ext-nacl)#permit ip 192.168.0.0 0.0.255.255 any
  !使用网络汇聚功能，将 SwitchB 上的所有网络汇聚为 192.168.0.0/16 的网络
RouterA(config-ext-nacl)#exit
RouterA(config)#ip nat inside source list shangwang interface gi 0/0
overload
RouterA(config)#ip nat inside source static tcp 192.168.20.2 80 123.1.2.2 80
RouterA(config)#interface gi 0/0
RouterA(config-if)#ip nat outside
RouterA(config-if)#exit
RouterA(config)#interface gi 0/1
RouterA(config-if)#ip nat inside
RouterA(config-if)#exit
```

（2）在 RouterB 上配置动态 NAT 以实现 PC4 能访问到 PC1，并配置静态 NAT 以实现 PC4 的 IP 地址映射到 RouterB 的 Loopback 地址（123.6.6.6/32）。

```
RouterB(config)#ip access-list extended shangwang
RouterB(config-ext-nacl)#permit ip 10.1.1.0 0.0.0.255 any
RouterB(config-ext-nacl)#exit
RouterB(config)#ip nat inside source list shangwang inter s0/0/0
overload
RouterB(config)#ip nat inside source static 10.1.1.2 123.6.6.6
RouterB(config)#interface gi 0/0
RouterB(config-if)#ip nat inside
RouterB(config-if)#exit
RouterB(config)#interface serial 0/0/0
RouterB(config-if)#ip nat outside
RouterB(config-if)#exit
```

## 05 策略路由配置

在 RouterA 上通过配置策略路由，实现 VLAN 10 的 PC2 访问到 PC4，走的是第一条串口链路，即 123.1.2.4/30 这条链路；实现 VLAN 20 的 PC3 访问到 PC4，走的是第二条串口链路，即 123.1.2.8/30 这条链路。

由于 CiscoPacket Tracer 中没有 router-map 命令，所以无法实现策略路由的配置，但在实体设备中可以使用以下命令完成配置。另外建议 CiscoPacket Tracer 中做此实验时，去除 RouterA 上 S0/0/1 到 RouterB 上 S0/0/1 之间线路的连接，以免实验失败。

```
RouterA(config)# ip access-list extended PC2-PC4        ! 定义 ACL
RouterA(config-ext-nacl)#permit ip 192.168.10.0 0.0.0.255 123.6.6.6
 0.0.0.0
RouterA(config-ext-nacl)#exit
RouterA(config)#ip access-list extended PC3-PC4
RouterA(config-ext-nacl)#permit ip 192.168.20.0 0.0.0.255 123.6.6.6
 0.0.0.0
RouterA(config-ext-nacl)#exit
RouterA(config)#route-map abc 10 permit             ! 定义 Route-map
RouterA(config-rmap)#match ip address PC2-PC4   ! 绑定 ACL
RouterA(config-rmap)#set ip next-hop 123.1.2.6 ! 设定下一跳
RouterA(config-rmap)#exit
RouterA(config)#route-map abc 20 permit
RouterA(config-rmap)#match ip address PC3-PC4
RouterA(config-rmap)#set ip next-hop 123.1.2.10
RouterA(config-rmap)#exit
RouterA(config)#interface fastEthernet 0/0
RouterA(config-if)#ip policy router-map abc
```

## 训练测试

可以按以下步骤对已建立的校园网进行验证：

(1) 使用 Ping 命令测试 PC1 与 PC2、PC3 的连通性。

(2) 在 PC4 使用 Ping 命令测试 PC1 的连通性。

(3) 使用 Ping 命令测试 PC1、PC2、PC3 与 RouterB 的 Loopback1 地址是否连通。

(4) 在 PC1 使用 Web 浏览器输入地址 123.1.2.2 访问 PC3 上的网页。

## 训练小结

由于 Cisco Packet Tracer 软件是一个网络设备模拟器，它模拟出来的交换机及路由器在功能上与真实设备间仍然存在一定的差异，比如像策略路由这样的功能就无法实现。

# 任务八 企业网综合实训二

### 训练描述

本实训案例选自某年广东省计算机技能竞赛企业网搭建项目的决赛试题，在试题的基础上，作者进行了适当的改动。

1. 需求分析

某街道有 A 和 B 两个生活社区。A、B 两社区之间通过路由器 VPN 专线实现互联。A 社区作为因特网出口，A、B 两社区均通过该接口访问因特网。主要服务器放在 A 社区中。在 B 社区中使用两台三层交换机作为双核心，交换机设置链路汇聚。在 B 社区中使用一台二层交换机作为接入设备，并划分 VLAN 进行管理。要求优化网络配置，使得整个园区网络运行高效、稳定、安全，同时社区需要搭建多种网络服务，提供主页发布、文件共享、邮件收发等常用的功能。

2. 网络连接说明

根据需求分析的描述与下列详细要求完成网络结构的设计与设备的连接，并在答卷中画出完整的网络拓扑结构图。拓扑结构图中需要明确列出设备接线的端口号，以及端口相关的 IP 地址。实际接线与设置必须按照拓扑结构图进行。

完成网络的规划设计后，请按以下要求进行网络的连接与配置。

（1）社区 A 使用一台路由器作为网络唯一出口接入 Internet，PC1 模拟因特网上的机器；PC2 也接入该路由器作为社区网内服务器。

（2）PC2 作为服务器主机，所有服务运行在虚拟机中。

（3）社区 B 使用一台路由器与社区 A 通过 VPN（IPSec）技术互联；社区 B 的路由器分别下连两台三层交换机作为汇聚交换机，分别通过三层互联；两台三层汇聚交换机之间至少通过两条线路进行链路汇聚通信。

（4）PC3 和 PC4 分别接入二层交换机 A 和三层交换机 B，PC3 划归 VLAN 10，PC4 划归 VLAN 20，并在三台交换机中配置 RSTP 协议。

3. 网络地址规划

（1）配置串口二层链路为 HDLC 封装模式，路由器 A 的 S0/0 端口地址为 10.43.5.1/30；路由器 B 的 S0/0 端口地址为 10.43.5.2/30，作为社区间互联地址。

（2）A 社区使用 172.16.1.1/24 作为内部网络地址段，其中以最后一个有效 IP 作为网关。PC2 主机使用第一个有效 IP 作为地址。

（3）A 社区接入 Internet 地址为 10.2.1.5/30。PC1 模拟因特网中的机器，地址为 10.2.1.6/30。

（4）B 社区有 2 栋居民楼，每栋居民楼有 40 ~ 50 个用户。请使用 192.168.2.0/24 网段进行子网规划，使得每栋楼都有一个独立的网段，每个网段的网关使用该网段最后一个有效的网络地址。

（5）B 社区划分 2 个 VLAN，分别为 VLAN 10 和 VLAN 20。VLAN 10 使用 192.168.2.0/24 网段划分后的第一个有效子网。VLAN 20 使用 192.168.2.0/24 网段划分后的第二个有效子网。

（6）二层交换机 A 的 1 ~ 10 号端口划归 VLAN 10，1 ~ 20 号端口划归 VLAN 20，根据你的子网规划，在网络设备中划分 VLAN。

（7）交换机的端口地址（各子网网关的端口地址根据要求设定）。

（8）三层交换机 A 管理地址为 202.192.36.1/24。

（9）三层交换机 B 管理地址为 202.192.37.1/24。

（10）路由器 B 的以太网端口地址分别是端口 F0/0:202.192.36.2/24、端口 F0/1:202.192.37.2/24。

## 训练要求

（1）设定各设备的名称，格式如：交换机 A 命名为 SwitchA；路由器 A 命名为 RouterA。

（2）在路由器 A 和路由器 B 上分别配置建立 VPN 通道，要求使用 IPSec 协议的 ISAKMP 策略算法保护数据，配置预共享密钥，建立 IPSec 隧道的报文使用 MD5 加密，IPSec 变换集合定义为 ah-md5-hmac esp-3des。两台路由器通过串口互联，路由器 B 作为 DCE 端。

（3）手工配置两个三层交换机通过 22、23 号端口实现链路聚合。

（4）利用 OSPF 路由协议实现两社区之间的网络互联，并把直连接口以外部路由方式送进全网 OSPF 路由协议。

（5）在路由器 B 中配置 DHCP 服务，并在交换机上配置 DHCP 中继，使得 B 社区中接入不同 VLAN 的机器能够获取正确的 IP 地址、网关与 DNS。分配获取的 IP 地址范围为各 VLAN 全部可用的 IP（网关除外）。租约期为 3 天。

（6）配置路由器 A，禁止 VLAN 20 访问因特网。

（7）为保证内部网络安全，防止因特网的机器窥探内部网络，利用虚拟服务器模拟防火墙设备。来自 PC1 的访问都转发到虚拟服务器，不能直接访问园区网内的机器。

（8）在路由器 A 中配置地址映射，使得对外地址的 80、8080、21 端口都指向虚拟服务器所在的地址。

（9）震荡波病毒常用的协议端口为 TCP 协议 5554 和 445，请配置三层交换机以防止病毒在园区网内肆虐。

（10）配置 QoS 策略，保证 A 社区中的虚拟服务器能获得 1Mb/s 以上的网络带宽。

（11）交换机 B 的端口 10 上配置广播风暴抑制，允许通过的广播包数为 2500bit/s。

（12）对路由器 A 设置 Telnet 登录方式，登录用户名为 yqw、密码为 route。

（13）为两台三层交换机的特权用户增加密码，A、B 两台交换机的密码分别为 guangdonga 和 guangdongb，密码以加密方式存储。

（14）配置 VLAN 10 的根桥交换机为 SwitchA，VLAN 20 的根桥交换机为 SwitchB。

（15）PC2 中已经搭建好 TFTP 服务。将所有网络设备的配置文件通过 TFTP 服务备份到 PC2 的 TFTP 服务器根目录中。

## 训练分析

本题未给出完整的拓扑图及具体的 IP 规划设置，因此要认真读懂题目，根据题目要求先进行子网划分，确定社区 B 两个交换机上 VLAN 的 IP 地址规划。

交换机 IP 参数规划见表 6.8.1。

表 6.8.1 交换机 IP 参数规划

| 交换机名 | VLAN | 有效地址范围 | 子网掩码 | 网关地址 |
| --- | --- | --- | --- | --- |
| SwitchA | VLAN 10 | 192.168.2.65～192.168.2.126 | 255.255.255.192 | 192.168.2.126 |
| SwitchB | VLAN 20 | 192.168.2.129～192.168.2.190 | 255.255.255.192 | 192.168.2.190 |

再依照任务需求，先在纸上根据网络连接要求画出拓扑图，并确定连接的端口，然后再在软件中完成搭建虚拟实训环境，如图 6.8.1 所示。

（1）添加 2 台 2811 路由器，分别为两个路由器添加 WIC-1T 模块，使用 DCE 串口线连接 2 台路由器，设置 RouterB 为 DCE 端。

（2）对 2 台 2811 路由器分别命名为 RouterA 和 RouterB。

（3）添加 2 台 3650-24PS 交换机，为每台交换机添加 AC-POWER-SUPPLY 电源模块用于设备供电。

（4）对 2 台 3650-24PS 交换机分别命名为 SwitchA 和 SwitchB。

（5）添加 3 台计算机并分别命名为 PC1、PC3 和 PC4，添加一台服务器命名为 PC2，在 PC2 上开启 HTTP（即 Web）服务，然后为所有计算机配置对应的 IP 地址、子网掩码及网关。

（6）最后使用正确的线缆连接所有设备，并标明所连接的端口名称，得到如图 6.8.1 所示的实训网络拓扑图。

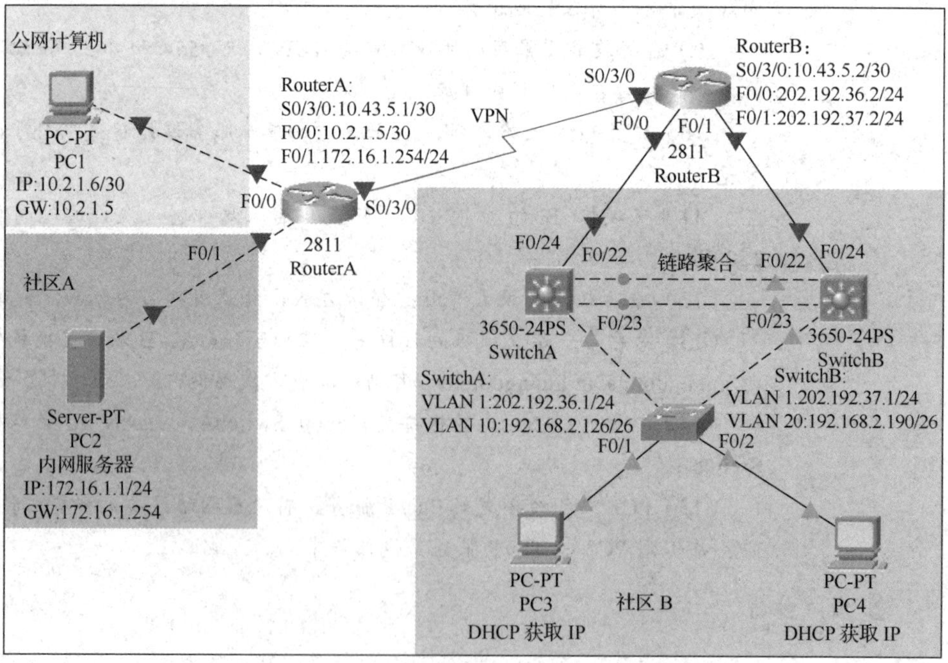


图 6.8.1 实训网络拓扑图

## 训练步骤

企业网综合实训二

### 01 交换机的基本配置

（1）交换机 SwitchA 的配置命令。

```
Switch>enable
Switch#configure terminal
Switch(config)#hostname SwitchA
SwitchA(config)#enable password guangdonga ！设置密码为 guangdonga
SwitchA(config)#service password-encryption！ 加密密码
SwitchA (config)#vlan 10
SwitchA(config-vlan)#exit
SwitchA(config)#interface vlan 1
SwitchA(config-if)#ip address 202.192.36.1 255.255.255.0
SwitchA(config-if)#no shutdown
SwitchA(config-if)#exit
SwitchA(config)#interface vlan 10
SwitchA(config-if)#ip address 192.168.2.126 255.255.255.192
SwitchA(config-if)#no shutdown
SwitchA(config-if)#exit
SwitchA(config)#interface gi 1/0/1
SwitchA(config-if)#switchport trunk encapsulation dot1q
SwitchA(config-if)#switchport mode trunk
SwitchA(config-if)#exit
SwtichA(config)#spanning-tree mode rapid-pvst
SwtichA(config)#spanning-tree vlan 10 priority 4096
SwtichA(config)#spanning-tree vlan 10 root primary
```

（2）交换机 SwitchB 的配置命令。

```
Switch>enable
Switch#configure terminal
Switch(config)#hostname SwitchB
SwitchB(config)#enable password guangdongb
SwitchB(config)#service password-encryption
SwitchB(config)#vlan 20
SwitchB(config-vlan)#exit
SwitchB(config)#interface vlan 1
SwitchB(config-if)#ip address 202.192.37.1 255.255.255.0
SwitchB(config-if)#no shutdown
SwitchB(config-if)#exit
SwitchB(config)#interface vlan 20
SwitchB(config-if)#ip address 192.168.2.190 255.255.255.192
SwitchB(config-if)#no shutdown
SwitchB(config-if)#exit
SwitchB(config)#interface gi 1/0/1
```

```
SwitchB(config-if)#switchport trunk encapsulation dot1q
SwitchB(config-if)#switchport mode trunk
SwitchB(config)#interface gi 1/0/10  ！广播风暴抑制
SwitchB(config-if)#storm-control broadcast level 50
                                        ！指定阻塞端口的带宽上限值
SwitchB(config-if)#storm-control broadcast level bps 2500
                                        ！PT 中无此命令
SwitchB(config-if)#exit
SwtichB(config)#spanning-tree mode rapid-pvst
SwtichB(config)#spanning-tree vlan 20 priority 4096
SwtichB(config)#spanning-tree vlan 20 root primary
```

（3）交换机 SwitchC 的配置命令。

```
Switch>enable
Switch#configure terminal
Switch(config)#hostname SwitchC
SwitchC(config)#vlan 10
SwitchC(config-vlan)#vlan 20
SwitchC(config-vlan)#exit
SwitchC(config)#interface range fa 0/1 - 10
SwitchC(config-if-range)#switchport access vlan 10
SwitchC(config-if-range)#exit
SwitchC(config)#interface range fa 0/11 - 20
SwitchC(config-if-range)#switchport access vlan 20
SwitchC(config-if-range)# exit
SwitchC(config)#spanning-tree mode rapid-pvst
```

**02** 配置交换机的端口聚合

在真实交换机中做端口聚合或生成树实验时，一般先配置好相应的协议或相关设置后再连接两条网线；否则，交换机内部会生成环路，影响交换机的正常工作。

（1）交换机 SwitchA 的配置命令。

```
SwitchA(config)#interface range gi 1/0/22 - 23     ！进入端口组
SwitchA(config-if-range)#channel-group 1 mode on   ！配置端口聚合
SwitchA(config-if-range)#exit
SwitchA(config)#interface port-channel 1           ！配置聚合端口
SwitchA(config-if)#switchport trunk encapsulation dot1q
                  ！在交换机 3650 开启端口 Trunk 模式必须先封装 Dot1q
SwitchA(config-if)#switchport mode trunk           ！设置为骨干端口
```

（2）交换机 SwitchB 的配置命令。

```
SwitchB(config)#interface range gi 1/0/22 - 23
SwitchB(config-if-range)#channel-group 1 mode on
SwitchB(config-if-range)#exit
SwitchB(config)#interface port-channel 1
SwitchB(config-if)#switchport trunk encapsulation dot1q
SwitchB(config-if)#switchport mode trunk
```

做完端口聚合后可以发现，交换机两端的端口都变成绿色了，说明端口聚合设置成功。

**03** 路由器的基本配置

（1）路由器 RouterA 的配置命令。

```
Router>enable
Router#configure terminal
Router(config)#hostname RouterA
RouterA(config)#interface s0/3/0
RouterA(config-if)#ip address 10.43.5.1 255.255.255.252
RouterA(config-if)#no shutdown
RouterA(config-if)#exit
RouterA(config)#interface fa 0/0
RouterA(config-if)#ip address 10.2.1.5 255.255.255.252
RouterA(config-if)#no shutdown
RouterA(config-if)#exit
RouterA(config)#interface fa 0/1
RouterA(config-if)#ip address 172.16.1.254 255.255.255.0
RouterA(config-if)#no shutdown
RouterA(config-if)#exit
RouterA(config)#do show running-config        ！查看配置文件
RouterA(config)#do ping 10.2.1.6              ！测试与 PC1 是否连通
Type escape sequence to abort.
Sending 5, 100-byte ICMP Echos to 10.2.1.6, timeout is 2 seconds:
!!!!                                          ！4 个“!”号表示连通
Success rate is 80 percent (4/5), round-trip min/avg/max = 16/27/32 ms
RouterA(config)#do ping 172.16.1.1            ！测试与 PC2 是否连通
……                                            ！省略
```

（2）路由器 RouterB 的配置命令。

```
Router>enable
Router#configure terminal
Router(config)#hostname RouterB
RouterB(config)#interface serial 0/3/0
RouterB(config-if)#clock rate 250000
RouterB(config-if)#ip address 10.43.5.2 255.255.255.252
RouterB(config-if)#no shutdown
RouterB(config-if)#exit
RouterB(config)#interface fa 0/0
RouterB(config-if)#ip address 202.192.36.2 255.255.255.0
RouterB(config-if)#no shutdown
RouterB(config-if)#exit
RouterB(config)#interface fa 0/1
RouterB(config-if)#ip address 202.192.37.2 255.255.255.0
RouterB(config-if)#no shutdown
RouterB(config-if)#exit
RouterB(config)#do show running-config  ！查看配置文件
……                                      ！略
RouterB(config)#do ping 202.192.36.1    ！测试与 SwitchA 是否连通
……
```

```
RouterB(config)#do ping 202.192.37.1     ！测试与 SwitchB 是否连通
……
RouterB(config)#do ping 10.43.5.1        ！测试与 RouterA 是否连通
……
```

完成以上配置，再次检查拓扑图，可以发现所有链路的端口标记全部都为绿色了。

**04** 路由器 VPN（IPsec）配置

根据题目要求，两台路由器通过 VPN（IPSec）技术互联，使用 IPSec 协议的 ISAKMP 策略算法保护数据，配置预共享密钥，建立 IPSec 隧道的报文使用 MD5 加密，IPSec 变换集合定义为 ah-md5-hmac esp-3des。

（1）路由器 RouterA 的配置命令。

```
RouterA(config)#ip access-list extended vpn     ！定义 VPN 保护列表
RouterA(config-ext-nacl)#permit ip 172.16.1.0 0.0.0.255 192.168.2.0
 0.0.0.255                                      ！定义受保护的数据
RouterA(config-ext-nacl)#exit
RouterA(config)#crypto isakmp policy 10      ！定义 ISAKMP 策略，优先级为 10
RouterA(config-isakmp)#authentication pre-share！指定共享密钥的认证方式
RouterA(config-isakmp)#hash md5                  ！指定使用 MD5 算法
RouterA(config-isakmp)#exit
RouterA(config)#crypto isakmp key abc address 10.43.5.2
                    ！配置预共享密钥为 abc，对端地址为 10.43.5.2
RouterA(config)#crypto ipsec transform-set one esp-3des esp-md5-hmac
                    ！定义名为 one 的变换集及其类型
RouterA(config)#crypto map my 10 ipsec-isakmp
                    ！创建名为 my，序号为 10 的 IPSec 加密映射表
RouterA(config-crypto-map)#set transform-set one ！指定变换集
RouterA(config-crypto-map)#set peer 10.43.5.2      ！指定 IPSec 的对端
RouterA(config-crypto-map)#match address vpn     ！绑定访问列表
RouterA(config-crypto-map)#exit
RouterA(config)#interface serial 0/3/0             ！应用在端口
RouterA(config-if)#crypto map my
RouterA(config-if)#
```

（2）路由器 RouterB 的配置命令。

```
RouterB(config)#ip access-list extended vpn
RouterB(config-ext-nacl)#permit ip 192.168.2.0 0.0.0.255 172.16.1.0
 0.0.0.255
RouterB(config-ext-nacl)#exit
RouterB(config)#crypto isakmp policy 10
RouterB(config-isakmp)#authentication pre-share
RouterB(config-isakmp)#hash md5
RouterB(config-isakmp)#exit
RouterB(config)#crypto isakmp key abc address 10.43.5.1
RouterB(config)#crypto ipsec transform-set one esp-3des esp-md5-hmac
RouterB(config)#crypto map my 10 ipsec-isakmp
RouterB(config-crypto-map)#set transform-set one
RouterB(config-crypto-map)#set peer 10.43.5.1
RouterB(config-crypto-map)#match address vpn
```

```
RouterB(config-crypto-map)#exit
RouterB(config)#interface serial 0/3/0
RouterB(config-if)#crypto map my
RouterB(config-if)#
```

**05** DHCP 中继配置

根据题目要求，在 RouterB 上配置 DHCP 服务，并在交换机上配置 DHCP 中继，使得 B 社区接入不同 VLAN 的计算机能获取正确的 IP 地址参数。

（1）路由器 DHCP 的配置命令。

```
RouterB(config)#                                  ！默认已经开启 DHCP 服务
RouterB(config)#ip dhcp pool vlan10               ！定义 VLAN 10 的地址池
RouterB(dhcp-config)#network 192.168.2.64 255.255.255.192
                                                  ！定义地址池的网络号
RouterB(dhcp-config)#range 192.168.2.65 192.168.2.125
                                   ！定义地址分配范围（PT 中无此命令）
RouterB(dhcp-config)#dns-server 172.16.1.2              ！设置 DNS 地址
RouterB(dhcp-config)#default-router 192.168.2.126 ！设置网关地址
RouterB(dhcp-config)#lease 3     ！设定租期为 3 天（PT 中无此命令）
RouterB(dhcp-config)#exit
RouterB(config)#ip dhcp pool vlan 20
RouterB(dhcp-config)#network 192.168.2.128 255.255.255.192
RouterB(dhcp-config)#dns-server 172.16.1.2
RouterB(dhcp-config)#default-router 192.168.2.190
RouterB(dhcp-config)#
```

（2）交换机 DHCP 中继配置命令。

在三层交换机中配置 ip helper-address 命令，完成 DHCP 中继配置。

在 SwitchA 中配置命令如下。

```
SwitchA(config)#interface vlan 10
SwitchA(config-if)#ip helper-address 202.192.36.2 ！设置 DHCP 服务器地址
SwitchA(config)#interface vlan 20
SwitchA(config-if)#ip helper-address 202.192.36.2 ！设置 DHCP 服务器地址
```

在 SwitchB 中配置命令如下。

```
SwitchB(config)#interface vlan 10
SwitchB(config-if)#ip helper-address 202.192.37.2 ！设置 DHCP 服务器地址
SwitchB(config)#interface vlan 20
SwitchB(config-if)#ip helper-address 202.192.37.2 ！设置 DHCP 服务器地址
```

**06** 路由器 Telnet 配置

根据题目要求，在路由器 A 上设置 Telnet 登录方式，登录用户名为 yqw、密码为 route。

```
RouterA(config)#enable password route
          ！先设置 Enable 密码，否则 Telnet 登录后不能进入配置模式
RouterA(config)#username yqw password route       ！配置用户名及密码
RouterA(config)#service password-encryption       ！设置密文密码
RouterA(config)#line vty 0 4                      ！配置 Telnet 登录
RouterA(config-line)#password route               ！Telnet 密码设置
RouterA(config-line)#login                        ！允许登录
RouterA(config-line)#exit
RouterA(config)#
```

**07** 配置路由协议

根据题目要求，利用 OSPF 路由协议实现两社区之间的网络互联，并把直连接口以外部路由方式送进全网 OSPF 路由协议。

（1）交换机 SwitchA 的配置命令。

```
SwitchA(config)#ip routing
SwitchA(config)#router ospf 1
SwitchA(config-router)#network 192.168.2.64 0.0.0.63 area 0
SwitchA(config-router)#network 202.192.36.0 0.0.0.255 area 0
```

（2）交换机 SwitchB 的配置命令。

```
SwitchB(config)#ip routing
SwitchB(config)#router ospf 1
SwitchB(config-router)#network 192.168.2.128 0.0.0.63 area 0
SwitchB(config-router)#network 202.192.37.0 0.0.0.255 area 0
```

（3）路由器 RouterA 的配置命令。

```
RouterA(config)#router ospf 1
RouterA(config-router)#network 10.2.1.4 0.0.0.3 area 0
RouterA(config-router)#network 10.43.5.0 0.0.0.3 area 0
RouterA(config-router)#network 172.16.1.0 0.0.0.255 area 0
```

（4）路由器 RouterB 的配置命令。

```
RouterB(config)#router ospf 1
RouterB(config-router)#network 10.43.5.0 0.0.0.3 area 0
RouterB(config-router)#network 202.192.36.0 0.0.0.255 area 0
RouterB(config-router)#network 202.192.37.0 0.0.0.255 area 0
```

**08** 应用 ACL

（1）配置三层交换机以防止病毒在局域网内肆虐。

三层交换机 A 配置。

```
SwitchA(config)#ip access-list extended gongji   ！定义名为 gongji 的列表
SwitchA(config-ext-nacl)#deny tcp any any eq 445   ！关闭端口 445
SwitchA(config-ext-nacl)#deny tcp any any eq 5554   ！关闭端口 5554
SwitchA(config-ext-nacl)#permit ip any any   ！允许通过所有 IP 包
SwitchA(config-ext-nacl)#exit
    ！由于 Cisco Packet Tracer 交换机的端口不支持 ACL 应用，只能应用到 VLAN
SwitchA(config)#interface vlan 1   ！应用到 VLAN
SwitchA(config-if)#ip access-group gongji in   ！绑定 ACL 在 IN 的方向
SwitchA(config-if)#exit
SwitchA(config)#interface vlan 10
SwitchA(config-if)#ip access-group gongji in
```

三层交换机 B 配置。

```
SwitchB(config)#ip access-list extended gongji    ！定义名为 gongji 的列表
SwitchB(config-ext-nacl)#deny tcp any any eq 445      ！关闭端口 445
SwitchB(config-ext-nacl)#deny tcp any any eq 5554     ！关闭端口 5554
SwitchB(config-ext-nacl)#permit ip any any            ！允许通过所有 IP 包
SwitchB(config-ext-nacl)#exit
    ！由于 Cisco Packet Tracer 交换机的端口不支持 ACL 应用，只能应用到 VLAN
SwitchB(config)#interface vlan 1                      ！应用到 VLAN
SwitchB(config-if)#ip access-group gongji in        ！绑定 ACL 在 IN 的方向
SwitchB(config-if)#exit
SwitchB(config)#interface vlan 20
SwitchB(config-if)#ip access-group gongji in
```

（2）配置路由器 RouterA 以禁止 VLAN 20 访问互联网。

```
RouterA(config)#ip access-list extended vlan20
RouterA(config-ext-nacl)#deny ip 192.16.2.128 0.0.0.63 any
RouterA(config-ext-nacl)#permit ip any any
RouterA(config-ext-nacl)#exit
RouterA(config)#interface fa 0/0
RouterA(config-if)#ip access-group vlan20 out
```

**09** 应用 NAT

根据题目要求，在路由器 A 中配置地址映射，使得对外地址的 80、8080、21 端口都指向虚拟服务器所在的地址。由于在虚拟软件中没有设置虚拟机，因此直接将 PC2 的 IP 地址作为虚拟服务器的地址。

```
RouterA(config)#ip nat inside source static tcp 172.16.1.1 80 10.2.1.5 80
RouterA(config)#ip nat inside source static tcp 172.16.1.1 8080 10.2.1.5 8080
RouterA(config)#ip nat inside source static tcp 172.16.1.1 21 10.2.1.5 21
RouterA(config)#interface fa 0/0
RouterA(config-if)#ip nat outside
RouterA(config-if)#exit
RouterA(config)#interface fa 0/1
RouterA(config-if)#ip nat inside
```

**10** 应用策略路由

根据题目要求，为保证内部网络安全，防止因特网的其他计算机窥探内部网络，利用虚拟服务器模拟防火墙设备。来自 PC1 的访问都转发到虚拟服务器，不能直接访问园区网内的机器。因此在 RouterA 上要应用策略路由，将凡是来自 PC1 网络的访问均转发到虚拟机所在的网络。由于 Cisco Packet Tracer 中没有 router-map 命令，所以无法实现，但在实体设备中可以配置如下。

```
RouterA(config)#ip access-list standard pbr
RouterA(config-std-nacl)#permit 10.2.1.5 255.255.255.255
RouterA(config-std-nacl)#exit
RouterA(config)#route-map pbr 10 permit
```

```
RouterA(config-rmap)#match ip address pbr
RouterA(config-rmap)#set ip next-hop 172.16.1.254
RouterA(config-rmap)#exit
RouterA(config)#interface fastEthernet 0/0
RouterA(config-if)#ip policy route-map pbr
```

**11** 应用 QoS 策略

根据题目要求配置 QoS 策略，保证 A 社区中的虚拟服务器能获得 1MB 以上的网络带宽。由于在虚拟软件里不能设置虚拟机，因此，我们直接将此策略应用在拓扑图中的 PC2 上。在 RouterA 上配置如下。

```
RouterA(config)#ip access-list standard 1   ! 定义一个标准访问列表 1
RouterA(config-std-nacl)#permit 172.16.1.1 0.0.0.0
RouterA(config-std-nacl)#exit
RouterA(config)#class-map qos               ! 定义名为 QoS 的类
RouterA(config-cmap)#match access-group 1   ! 绑定列表 1
RouterA(config-cmap)#exit
RouterA(config)#policy-map qos              ! 定义名为 QoS 的策略表
RouterA(config-pmap)#class qos              ! 绑定 QoS 类
RouterA(config-pmap-c)#bandwidth 1024       ! 设定带宽为 1M
RouterA(config-pmap-c)#exit
RouterA(config-pmap)#exit
RouterA(config)#interface fa 0/1            ! 进入端口
RouterA(config-if)#fair-queue               ! 开启公平队列
RouterA(config-if)#service-policy output qos ! 将策略表绑定到端口
RouterA(config-if)#
```

**12** 应用 TFTP 服务上传配置文件

根据题目要求，在 PC2 中已经搭建好 TFTP 服务。将所有网络设备的配置文件通过 TFTP 服务备份到 PC2 的 TFTP 服务器根目录中。例如，在 RouterA 上的实现命令如下。

```
RouterA#write                                         ! 先执行保存命令
Building configuration...
[OK]                                                  ! 保存成功
RouterA#copy startup-config tftp:                     ! 上传配置文件
Address or name of remote host []? 172.16.1.1         ! 输入 TFTP 地址
Destination filename [RouterA-confg]? RouterA.txt     ! 保存的文件名

Writing startup-config...!!                           ! 正在上传
[OK - 1688 bytes]                                     ! 上传成功

1688 bytes copied in 0.001 secs (1688000 bytes/sec)
RouterA#
```

使用同样的方法，将 RouterB、SwitchA、SwitchB 的配置文件上传完成后，打开 PC2 的配置界面，选择“配置”选项卡下的 TFTP 选项，可以在右侧查看到上传到 TFTP 服务器上的文件，如图 6.8.2 所示。

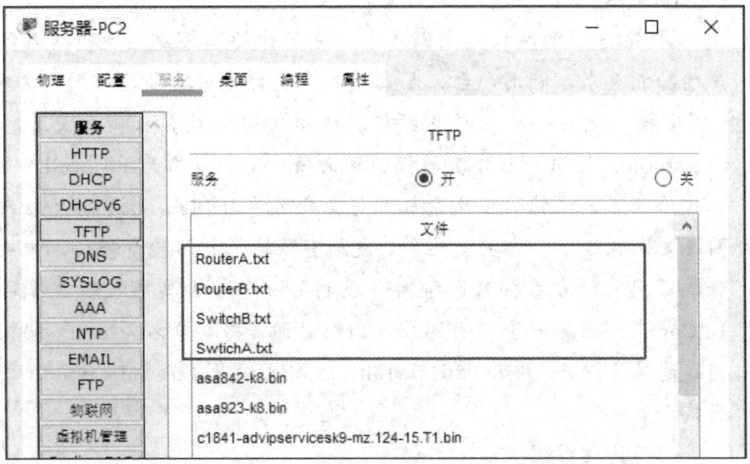


图 6.8.2　TFTP 服务器上的文件

## 训练测试

可以按以下步骤对该园区网进行验证：

(1) 使用 ping 命令测试所有计算机之间的连通性。

(2) 在 PC1 使用 Web 浏览器，输入地址 http://10.2.1.5，浏览 PC2 上的网页。

(3) 退出交换机到用户配置模式，重新进入特权模式，验证密码设置。

(4) 在 PC2 命令提示符下，使用 Telnet 命令登录 RouterA。

(5) 在 PC2 的配置面板查看配置文件是否上传到 TFTP 服务器上。

## 训练小结

由于 Cisco Packet Tracer 软件是一个网络设备模拟器，它模拟出来的交换机及路由器在功能上与真实设备间仍然存在一定的差异，部分功能无法实现。

# 任务九　企业网综合实训三

### 训练描述

本实训案例选自某年广东省计算机技能竞赛企业网搭建项目的决赛试题，在试题的基础上，作者进行了适当的改动。

1. 需求分析

GDSchool 的新校区刚刚落成，需要你协助搭建校园的网络环境。请根据客户的功能要求，利用两台三层交换机和三台路由器搭建校园内部网络。

学校计划将一台三层交换机提供给实验室计算机接入使用，请将其命名为 Classroom。使用一台路由器模拟防火墙，将其命名为 Firewall。另一台三层交换机作为非军事区的管理交换机，将其命名为 DMZ。非军事区在内部网络和外部网络之间构造了一个安全地带，更加有效地保护了内部网络。学校能通过电信网和教育网两种方式接入因特网。现利用一台路由器接入到电信网，将其命名为 TelCom。利用另一台路由器接入到教育网，将其命名为 Edu。按拓扑结构图制作网线连接各设备，Firewall 与 TelCom 之间以及 Firewall 与 Edu 之间使用串口线连接。

2. 网络拓扑图

网络拓扑图如图 6.9.1 所示。

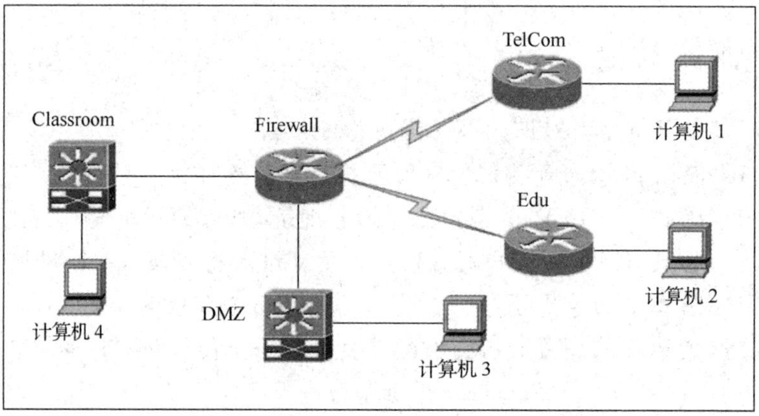


图 6.9.1 任务九网络拓扑图-1

3. 网络地址规划

（1）教学楼内有多媒体实验室、网络实验室、程序实验室和办公室 4 种房间需要接入网络，每种房间最多有 50 个信息点。计划利用 192.168.37.0/24 划分多个子网（可以使用第一个子网和最后一个子网）以便对每个房间的网络进行管理。每个子网的网关使用最后一个有效地址。将你的设计方案填写在表 6.9.1 中。

**表 6.9.1 教学楼子网规划表**

| 房间 | 地址范围 | 子网掩码 | 网关地址 |
| --- | --- | --- | --- |
| 多媒体实验室 | | | |
| 网络实验室 | | | |
| 程序实验室 | | | |
| 办公室 | | | |

（2）实验室交换机与防火墙之间使用 10.1.2.0/30 网段连接。

（3）DMZ 区域使用 172.16.53.0/24 作为接入网段，最后一个有效地址作为网关接口。DMZ 交换机与防火墙之间使用 10.1.2.4/30 网段连接。

（4）电信路由 TelCom 的以太网端口设置地址为 61.145.126.79/24。电信路由与防火墙之间使用 10.1.2.8/30 网段连接。

（5）教育网路由 Edu 的以太网端口设置地址为 202.192.168.43/24。教育网路由与防火墙之间使用 10.1.2.12/30 网段连接。

## 训练要求

（1）在实验室交换机中创建各个实验室的 VLAN，并将 1～20 端口平均分配给各个实验室使用。请将你划分 VLAN 的情况填写在表 6.9.2 中，并按照你的设计在交换机中完成配置。

表 6.9.2　教学楼交换机 VLAN 划分

| 功能描述 | VLAN 号 | VLAN 描述 | 端口范围 |
|---|---|---|---|
| 多媒体实验室 | | MMLab | |
| 网络实验室 | | NetLab | |
| 程序实验室 | | PgLab | |
| 办公室 | | Office | |
| 上连接口 | | to-Firewall | |

（2）实验室交换机的每个端口只能接入一台计算机。发现违规就丢弃未定义地址的包。

（3）网络内部使用 DHCP 分配各实验室的 IP 地址，在实验室交换机上按照以上划分的 VLAN 地址范围配置 DHCP。让连接到实验室交换机的计算机能从 DHCP 服务器分配到有效合适的地址。

（4）在 DMZ 交换机上关闭 TCP 端口 135、139，关闭 UDP 端口 137、138。

（5）对于 DMZ 交换机除上连端口外，各个端口只能连接计算机，不能连接其他交互设备。

（6）在 Firewall 上配置过滤，不能访问腾讯公司（60.28.14.158）、猫扑网（60.217.241.7）和淘宝网（123.129.244.180）的网页。

（7）在 Firewall 和 Edu 的串口链路上封装 PPP，在 Firewall 和 TelCom 的串口链路上封装 HDLC 协议，均设置 Firewall 为 DTE 端。

（8）内部网络可以通过 NAT 的方式访问电信互联网。

（9）在 PC4 上配置 Web 服务器，用来发布选手制作的网站。在 Firewall 路由器上配置端口映射，使得教育网中的用户可以通过 202.192.168.43 访问建设完成的网站。

## 训练分析

根据题目要求，首先对教学楼的实验室交换机（Classroom）进行子网划分及VLAN划分，以确定实验室交换机（Classroom）上VLAN的IP地址规划。规划结果见表6.9.3和表6.9.4。

表6.9.3 教学楼子网规划结果

| 房间 | 地址范围 | 子网掩码 | 网关地址 |
| --- | --- | --- | --- |
| 多媒体实验室 | 192.168.37.1-192.168.37.62 | 255.255.255.192 | 192.168.37.62 |
| 网络实验室 | 192.168.37.65-192.168.37.126 | 255.255.255.192 | 192.168.37.126 |
| 程序实验室 | 192.168.37.129-192.168.37.190 | 255.255.255.192 | 192.168.37.190 |
| 办公室 | 192.168.37.193-192.168.37.254 | 255.255.255.192 | 192.168.37.254 |

表6.9.4 教学楼实验室交换机VLAN划分结果

| 功能描述 | VLAN 号 | VLAN 描述 | 端口范围 |
| --- | --- | --- | --- |
| 多媒体实验室 | VLAN 10 | MMLab | 1～5 |
| 网络实验室 | VLAN 20 | NetLab | 6～10 |
| 程序实验室 | VLAN 30 | PgLab | 11～15 |
| 办公室 | VLAN 40 | Office | 16～20 |
| 上联接口 | VLAN 50 | to-Firewall | 24 |

再依照原网络拓扑图，确定各网络设备间的连接端口，然后再在Cisco Packet Tracer软件中完成搭建虚拟实训环境，如图6.9.2所示。

（1）添加3台2911路由器，为每个路由添加HWIC-2T模块。

（2）对3台2911路由器分别命名为Firewall、TelCom和Edu。

（3）添加2台3650-24PS交换机，添加AC-POWER-SUPPLY电源模块用于设备供电。

（4）对2台三层交换机3650-24PS分别命名为Classroom和DMZ。

（5）添加3台计算机并分别命名为PC1、PC2和PC4，添加一台服务器命名为PC3，在PC3上开启HTTP（即Web）服务，然后为所有计算机配置对应的IP地址、子网掩码及网关。

（6）最后使用正确的线缆连接所有设备，并标明所连接的端口名称，得到如图6.9.2所示的虚拟网络实训环境。

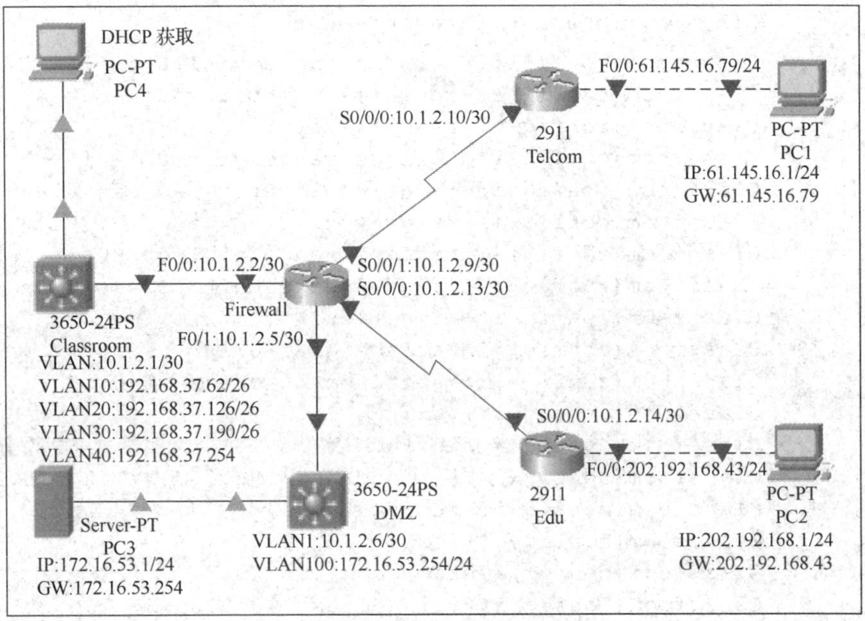


图 6.9.2 任务九网络拓扑图-2

企业网综合实训三

## 训练步骤

### 01 交换机的基本配置

(1) 实验室交换机 Classroom 的配置。

```
Switch>ena
Switch#conf t
Switch(config)#hostname Classroom
Classroom(config)#vlan 10                              ! 划分 VLAN
Classroom(config-vlan)#name MMLab
Classroom(config-vlan)#exit
Classroom(config)#vlan 20
Classroom(config-vlan)#name NetLab
Classroom(config-vlan)#exit
Classroom(config)#vlan 30
Classroom(config-vlan)#name PgLab
Classroom(config-vlan)#exit
Classroom(config)#vlan 40
Classroom(config-vlan)#name Office
Classroom(config-vlan)#exit
Classroom(config)#vlan 50
Classroom(config-vlan)#name to-Firewall
Classroom(config-vlan)#exit
Classroom(config)#                                     ! 端口分配
Classroom(config)#interface range gi 1/0/1-5
Classroom(config-if-range)#switchport access vlan 10
```

```
Classroom(config-if-range)#exit
Classroom(config)#interface range gi 1/0/6-10
Classroom(config-if-range)#switchport access vlan 20
Classroom(config-if-range)#exit
Classroom(config)#interface range gi 1/0/11-15
Classroom(config-if-range)#switchport access vlan 30
Classroom(config-if-range)#exit
Classroom(config)#interface range gi 1/0/-20
Classroom(config-if-range)#switchport access vlan 40
Classroom(config-if-range)#exit
Classroom(config)#interface gi 1/0/24
Classroom(config-if)#switchport access vlan 50
Classroom(config-if)#exit
Classroom(config)#interface vlan 10          ! IP设置
Classroom(config-if)#ip address 192.168.37.62 255.255.255.192
Classroom(config-if)#no shutdown
Classroom(config-if)#exit
Classroom(config)#interface vlan 20
Classroom(config-if)#ip address 192.168.37.126 255.255.255.192
Classroom(config-if)#no shutdown
Classroom(config-if)#exit
Classroom(config)#interface vlan 30
Classroom(config-if)#ip address 192.168.37.190 255.255.255.192
Classroom(config-if)#no shutdown
Classroom(config-if)#exit
Classroom(config)#interface vlan 40
Classroom(config-if)#ip address 192.168.37.254 255.255.255.192
Classroom(config-if)#no shutdown
Classroom(config-if)#exit
Classroom(config)#interface vlan 50
Classroom(config-if)#ip address 10.1.2.1 255.255.255.252
Classroom(config-if)#no shutdown
Classroom(config-if)#exit
Classroom(config)#do show vlan
……
Classroom(config)#do show running-config
……
```

（2）交换机 DMZ 配置。

```
Switch>ena
Switch#conf t
Switch(config)#hostname DMZ
DMZ(config)#vlan 100
DMZ(config-vlan)#exit
DMZ(config)#interface gi 1/0/1
DMZ(config-if)#switchport access vlan 100
DMZ(config-if)#exit
DMZ(config)#interface vlan 1
DMZ(config-if)#ip address 10.1.2.6 255.255.255.252
DMZ(config-if)#no shutdown
```

```
DMZ(config-if)#exit
DMZ(config)#interface vlan 100
DMZ(config-if)#ip address 172.16.53.254 255.255.255.0
DMZ(config-if)#no shutdown
DMZ(config-if)#exit
DMZ(config)#do show vlan
……
DMZ(config)#do show running-config
……
DMZ(config)#do ping 172.16.53.1
……
```

## 02 交换机端口的安全配置

（1）根据要求在实验室交换机 Classroom 上设置每个端口只能接入一台计算机，发现违规就丢弃未定义地址的包。由于在 Cisco Packet Tracer 软件中只能对单个端口进行端口安全配置，所以在配置时要对所有端口进行以下配置。

```
Classroom(config)#interface range 1/0/1 - 23
Classroom(config-if)#switchport mode access
Classroom(config-if)#switchport port-security maximum 1
Classroom(config-if)#switchport port-security violation shutdown
……                    ！用同样的方法为除上连端口以外的所有端口进行配置
```

（2）根据要求，在 DMZ 交换机关闭 TCP 端口 135、139，关闭 UDP 端口 137、138。

```
DMZ(config)#ip access-list extended anquan
DMZ(config-ext-nacl)#deny tcp any any eq 135
DMZ(config-ext-nacl)#deny tcp any any eq 139
DMZ(config-ext-nacl)#deny udp any any eq 137
DMZ(config-ext-nacl)#deny udp any any eq 138
DMZ(config-ext-nacl)#permit ip any any
DMZ(config-ext-nacl)#exit
DMZ(config)#interface vlan 1
DMZ(config-if)#ip access-group anquan in
DMZ(config-if)#exit
DMZ(config)#interface vlan 100
DMZ(config-if)#ip access-group anquan in
DMZ(config-if)#
```

## 03 交换机 DHCP 的配置

```
Classroom(config)#ip dhcp pool vlan 10
Classroom(dhcp-config)#network 192.168.37.0 255.255.255.192
Classroom(dhcp-config)#default-router 192.168.37.62
Classroom(config)#ip dhcp pool vlan 20
Classroom(dhcp-config)#network 192.168.37.64 255.255.255.192
Classroom(dhcp-config)#default-router 192.168.37.126
Classroom(dhcp-config)#exit
Classroom(config)#ip dhcp pool vlan 30
Classroom(dhcp-config)#network 192.168.37.128 255.255.255.192
Classroom(dhcp-config)#default-router 192.168.37.190
```

```
Classroom(dhcp-config)#exit
Classroom(config)#ip dhcp pool vlan 40
Classroom(dhcp-config)#network 192.168.37.192 255.255.255.192
Classroom(dhcp-config)#default-router 192.168.37.254
Classroom(dhcp-config)#exit
Classroom(config)#
```

完成以上配置后，将 PC4 接入 VLAN 10 的 G1/0/1 端口，然后设置 IP 获取方式为 DHCP，最后可以看到 PC4 获得的 IP 地址为 192.168.37.1/24，网关为 192.168.37.6。用同样的方法验证其他 VLAN 的 IP 地址分配。

**04** 路由器的基本配置

（1）路由器 Firewall 的配置。

```
Router>ena
Router#conf t
Router(config)#hostname Firewall
Firewall(config)#interface gi 0/0
Firewall(config-if)#ip address 10.1.2.2 255.255.255.252
Firewall(config-if)#no shutdown
Firewall(config-if)#exit
Firewall(config)#interface gi 0/1
Firewall(config-if)#ip address 10.1.2.5 255.255.255.252
Firewall(config-if)#no shutdown
Firewall(config-if)#exit
Firewall(config)#interface serial 0/0/0
Firewall(config-if)#ip address 10.1.2.13 255.255.255.252
Firewall(config-if)#encapsulation ppp
Firewall(config-if)#no shutdown
Firewall(config-if)#exit
Firewall(config)#interface serial 0/0/1
Firewall(config-if)#ip address 10.1.2.9 255.255.255.252
Firewall(config-if)#encapsulation hdlc
Firewall(config-if)#no shutdown
Firewall(config)#do ping 10.1.2.6
……
Firewall(config)#do ping 10.1.2.1
……
```

（2）路由器 Telcom 的配置。

```
Router>ena
Router#configure t
Router(config)#hostname Telcom
Telcom(config)#interface gi 0/0
Telcom(config-if)#ip address 61.145.16.79 255.255.255.0
Telcom(config-if)#no shutdown
Telcom(config-if)#exit
Telcom(config)#interface serial 0/0/0
Telcom(config-if)#ip address 10.1.2.10 255.255.255.252
Telcom(config-if)#encapsulation hdlc
```

```
Telcom(config-if)#clock rate 250000
Telcom(config-if)#no shutdown
Telcom(config-if)#exit
Telcom(config)#do ping 10.1.2.9
……
Telcom(config)#do ping 61.145.16.1
……
```

（3）路由器 Edu 的配置。

```
Router>ena
Router#conf t
Router(config)#hostname Edu
Edu(config)#interface gi 0/0
Edu(config-if)#ip address 202.192.168.43 255.255.255.0
Edu(config-if)#no shutdown
Edu(config-if)#exit
Edu(config)#interface serial 0/0/0
Edu(config-if)#ip address 10.1.2.14 255.255.255.252
Edu(config-if)#encapsulation ppp
Edu(config-if)#clock rate 250000
Edu(config-if)#no shutdown
Edu(config-if)#exit
Edu(config)#do ping 202.192.168.1
……
Edu(config)#do ping 10.1.2.13
……
```

完成以上配置后，再检查一下网络拓扑图，可以发现所有的端口标记都已经变成了绿色。

**05** 路由器的 NAT 配置

根据题目要求，在路由器 Firewall 上配置动态 NAT 实现内部网络访问因特网。首先为内部网络配置静态路由，实现内部网络互通。

（1）为交换机 Classroom 添加默认路由。

```
Classroom(config)#ip routing
Classroom(config)#ip route 0.0.0.0 0.0.0.0 10.1.2.2
```

（2）为交换机 DMZ 添加默认路由。

```
DMZ(config)#ip routing
DMZ(config)#ip route 0.0.0.0 0.0.0.0 10.1.2.5
```

（3）为路由器 Firewall 添加默认路由。

```
Firewall(config)#ip route 192.168.37.0 255.255.255.0 10.1.2.1
Firewall(config)#ip route 172.16.53.0 255.255.255.0 10.1.2.6
```

```
Firewall(config)#ip route 61.145.16.0 255.255.255.0 10.1.2.10
Firewall(config)#ip route 202.192.168.0 255.255.255.0 10.1.2.14
```

（4）为路由器 Edu 添加默认路由及 PAT 配置。

由于路由器 Edu 没有路由配置要求，也要为之添加一条默认路由以实现教育网与内部网之间的互通。

```
Edu(config)#ip route 0.0.0.0 0.0.0.0 10.1.2.13
Edu(config)#interface serial 0/0/0
Edu(config-if)#ip nat inside
Edu(config-if)#exit
Edu(config)#interface gi 0/0
Edu(config-if)#ip nat outside
Edu(config-if)#exit
Edu(config)#ip nat inside source static tcp 172.16.53.1 80
 202.192.168.43 80
                    ！配置端口映射，实现教育网地址访问内网网站
Edu(config)#
```

（5）为路由器 Telcom 添加默认路由及 NAPT 配置。

由于路由器 Edu 没有路由配置要求，也要为之添加一条默认路由以实现电信网与内部网之间的互通。

```
Telcom(config)#ip route 0.0.0.0 0.0.0.0 10.1.2.9
Telcom(config)#interface serial 0/0/0
Telcom(config-if)#ip nat inside
Telcom(config-if)#exit
Telcom(config)#interface gi 0/0
Telcom(config-if)#ip nat outside
Telcom(config-if)#exit
Telcom(config)#ip access-list standard shangwang
Telcom(config-std-nacl)#permit 192.168.37.0 0.0.0.255
Telcom(config-std-nacl)#permit 172.16.53.0 0.0.0.255
Telcom(config-std-nacl)#exit
Telcom(config)#ip nat inside source list shangwang interface
   gi 0/0 overload
                    ！动态 NAT 配置，实现内部网访问电信网
Telcom(config)#
```

**06** 路由器的 ACL 应用配置

根据题目要求，在路由器 Firewall 上配置过滤，使内部网不能访问腾讯公司（60.28.14.158）、猫扑网（60.217.241.7）和淘宝网（123.129.244.180）的网页。

```
Firewall(config)#ip access-list extended xianzhi
Firewall(config-ext-nacl)#deny tcp any 60.28.14.158 255.255.255.255 eq 80
Firewall(config-ext-nacl)#deny tcp any 60.217.241.7 255.255.255.255 eq 80
```

```
Firewall(config-ext-nacl)#deny tcp any 123.129.244.180 255.255.255.255 eq 80
        Firewall(config-ext-nacl)#exit
        Firewall(config)#interface serial 0/0/1
        Firewall(config-if)#ip access-group xianzhi out
        Firewall(config-if)#
```

## 训练测试

可以按以下步骤对该园区网进行验证：

（1）查看 PC4 是否获得了正确的 IP 地址。

（2）测试内网计算机（PC3 和 PC4）是否相通。

（3）测试内网计算机（如 PC4）能否 ping 通电信的计算机 PC1。

（4）在 PC2 上使用 Web 浏览器输入地址 http://202.192.168.43，浏览 PC3 上的网页。

## 训练小结

由于 Cisco Packet Tracer 软件是一个网络设备模拟器，它模拟出来的交换机及路由器在功能上与真实设备间仍然存在一定的差异，因此部分功能无法实现。

# 任务十 企业网综合实训四

## 训练描述

本实训案例选自某年广东省技工院校计算机网络应用竞赛操作技能样题，作者进行了适当改动。

1. 任务描述

某公司的中心机房、办公区一和办公区二位于同一园区内。根据要求，各大楼间需互联互通，并且均能访问互联网；同时公司业务需要对外拓展，需要在互联网数据中心机房部署一台对外提供 DNS 和 WEB 站点服务的服务器；你作为网络建设工程师，现要求根据拓扑图对网络设备进行调试。请根据拓扑图在 Cisco Packet Trace 模拟器环境下完成任务要求。

2. 网络拓扑图

网络拓扑图如图 6.10.1 所示。

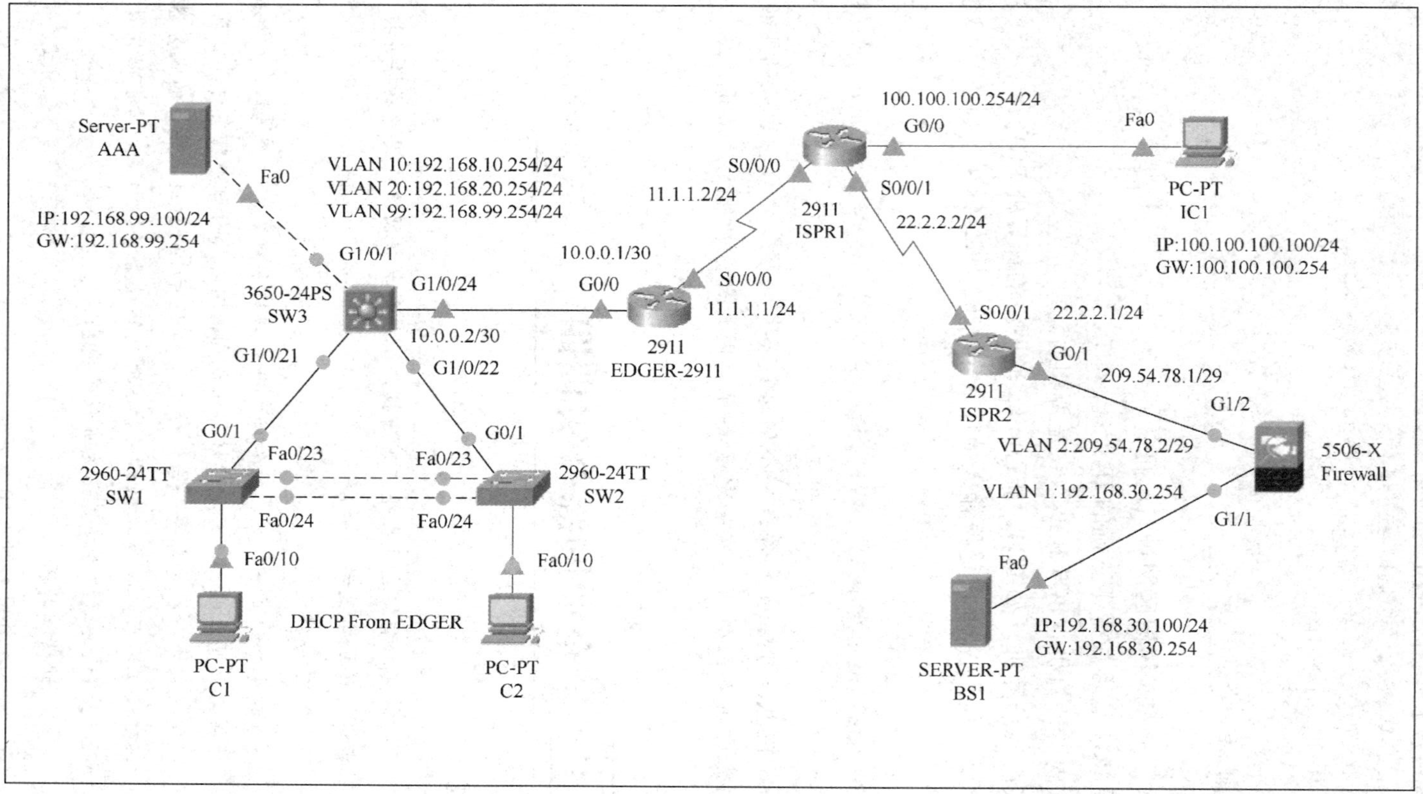


图 6.10.1 任务十网络拓扑图

## 训练要求

（1）按拓扑图设置各设备的 IP 地址、子网掩码。

（2）在交换机 SW1、SW2 之间配置链路聚合以增加带宽，采用强制模式开启链路汇聚。

（3）在 SW3 上为 VLAN 10、VLAN 20 和 VLAN 99 配置 SVI 接口，实现公司总部网络互连互通。

（4）在 EDGER 上配置静态的默认路由,使用 S0/0/0 接口作为下一跳。

（5）在互联网区域启用 OSPF 动态路由协议。

（6）在 EDGER 上配置 DHCP 服务，并配置 SW3，允许 C1、C2 通过 DHCP 服务动态获取 IP 地址。

（7）配置 EDGER 远程访问，要求 AAA 认证，登录用户账户为 radmin，密码为 CISCO。

（8）在 BS1 上配置 HTTP 服务，当 HTTP 服务被访问时，页面内容显示“Hello，2020！”。

（9）在 FW 上配置 NAT，将 BS1 服务器 IP 映射到公有 IP 地址 209.54.78.2。

（10）在 BS1 上配置 DNS 服务，对外提供服务地址为 209.54.78.2，并添加一条 A 记录“www.test.com -> 209.54.78.3”。

## 训练分析

（1）根据实验拓扑图添加相应的网络设备。

（2）添加 3 个 2911 路由器，为每个路由添加 HWIC-2T 模块用于模拟公网连接。

（3）对每个 2911 路由器分别更改其标签名为 EDGER、ISPR1 和 ISPR2。

（4）添加 1 台三层交换机 3650-24PS，添加 AC-POWER-SUPPLY 电源模块用于设备供电。

（5）对三层交换机 3650-24PS 修改其标签名为 SW3。

（6）添加 2 台 2960 交换机并分别修改其标签名为 SW1 和 SW2。

（7）添加 1 台 asa 5506-x 防火墙并修改其标签名为 Firewall。

（8）添加 3 台计算机并分别命名为 C1、C2 和 IC1，添加 2 台服务器并分别命名为 AAA 和 BS1，然后为所有计算机、服务器配置对应的 IP 地址、子网掩码及网关。

（9）最后使用正确的线缆连接所有设备，并标明所连接的端口名称，得到如图 6.10.1 所示的虚拟网络实训环境。

企业网综合实训四

## 训练步骤

**01** 交换机的配置

（1）交换机 SW1 的配置。

```
Switch>ena
Switch#conf t
Switch(config)#hostname SW1
SW1(config)#vlan 10
SW1(config-vlan)#exit
SW1(config)#vlan 20
SW1(config-vlan)#exit
SW1(config)#vlan 99
SW1(config-vlan)#exit
SW1(config)#interface  f0/10
SW1(config-if-range)#switchport access vlan 10
SW1(config-if-range)#exit
SW1(config)#int range f0/23-24
SW1(config-if-range)#channel-group 1 mode on
SW1(config-if-range)#exit
SW1(config)#int port-channel 1
SW1(config-if-range)#switchport  mode trunk
SW1(config-if-range)#exit
SW1(config)#
```

（2）交换机 SW2 配置。

```
Switch>ena
Switch#conf t
Switch(config)#hostname SW2
SW2(config)#vlan 10
SW2(config-vlan)#exit
SW2(config)#vlan 20
SW2(config-vlan)#exit
SW2(config)#vlan 99
SW2(config-vlan)#exit
SW2(config)#interface  f0/10
SW2(config-if-range)#switchport access vlan 20
SW2(config-if-range)#exit
SW2(config)#int range f0/23-24
SW2(config-if-range)#channel-group 1 mode on
SW2(config-if-range)#exit
SW2(config)#int port-channel 1
SW2(config-if-range)#switchport  mode trunk
SW2(config-if-range)#exit
```

（3）交换机 SW3 配置。

```
Switch>ena
Switch#conf t
```

```
Switch(config)#hostname SW3
SW3(config)#vlan 10
SW3(config-vlan)#exit
SW3(config)#vlan 20
SW3(config-vlan)#exit
SW3(config)#vlan 99
SW3(config-vlan)#exit
SW3(config)#int g1/0/1
SW3(config-if)#switchport access vlan 99
SW3(config-if)#exit
SW3(config)#int vlan 10
SW3(config-if)#ip add 192.168.10.254 255.255.255.0
SW3(config-if)#no shut
SW3(config-if)#exit
SW3(config)#int vlan 20
SW3(config-if)#ip add 192.168.20.254 255.255.255.0
SW3(config-if)#no shut
SW3(config-if)#exit
SW3(config)#int vlan 99
SW3(config-if)#ip add 192.168.99.254 255.255.255.0
SW3(config-if)#no shut
SW3(config-if)#exit
SW3(config)#ip routing
SW3(config)#int g1/0/24
SW3(config-if)#no switchport
SW3(config-if)#ip add 10.0.0.2 255.255.255.252
SW3(config)#int range g1/0/21-22
SW3(config-if-range)#switchport trunk encapsulation dot1q
SW3(config-if-range)# switchport mode trunk
```

**02** 路由器的基本配置

（1）EDGER 的基本配置。

```
Router(config)#host EDGER
EDGER(config)#int g0/0
EDGER(config-if)#ip add 10.0.0.1 255.255.255.252
EDGER(config-if)#no sh
EDGER(config-if)#exit
EDGER(config)#int s0/0/0
EDGER(config-if)#ip add 11.1.1.1 255.255.255.0
EDGER(config-if)#no sh
EDGER(config-if)#exit
```

（2）ISPR1 的基本配置。

```
Router(config)#host ISPR1
ISPR1(config)#int s0/0/0
ISPR1(config-if)#ip add 11.1.1.2 255.255.255.0
ISPR1(config-if)#no shut
ISPR1(config-if)#clock rate 250000
ISPR1(config-if)#exit
```

```
ISPR1(config)#int g0/0
ISPR1(config-if)#ip add 100.100.100.254 255.255.255.0
ISPR1(config-if)#no shut
ISPR1(config-if)#exit
ISPR1(config)#int s0/0/1
ISPR1(config-if)#ip add 22.2.2.2 255.255.255.0
ISPR1(config-if)#no shut
ISPR1(config-if)#clock rate 250000
ISPR1(config-if)#exit
```

（3）ISPR2 的基本配置。

```
Router(config)#host ISPR2
ISPR2(config)#int s0/0/1
ISPR2(config-if)#ip add 22.2.2.1 255.255.255.0
ISPR2(config-if)#no shut
ISPR2(config-if)#exit
ISPR2(config)#int g0/1
ISPR2(config-if)#ip add 209.54.78.1 255.255.255.248
ISPR2(config-if)#no shut
ISPR2(config-if)#exit
```

## 03 路由协议的配置

（1）交换机 SW3 默认路由配置。

```
SW3(config)#ip route 0.0.0.0 0.0.0.0 10.0.0.1
```

（2）路由器 EDGER 路由协议配置。

```
EDGER(config)#ip route 192.168.0.0 255.255.0.0 10.0.0.2
EDGER(config)#ip route 0.0.0.0 0.0.0.0 s0/0/0
```

（3）路由器 ISPR1 路由协议配置。

```
ISPR1(config)#router ospf 1
ISPR1(config-router)#net 11.1.1.0 0.0.0.255 area 0
ISPR1(config-router)#net 22.2.2.0 0.0.0.255 area 0
ISPR1(config-router)#net 100.100.100.0 0.0.0.255 area 0
```

（4）路由器 ISPR2 路由协议配置。

```
ISPR2(config)#router ospf 1
ISPR2(config-router)#net 22.2.2.0 0.0.0.255 area 0
ISPR2(config-router)#net 209.54.78.0 0.0.0.7 area 0
```

## 04 内网 DCHP 服务配置

（1）在 EDGER 上配置 DHCP 服务。

```
EDGER(config)#ip dhcp pool vlan10
EDGER(dhcp-config)#net 192.168.10.0 255.255.255.0
EDGER(dhcp-config)#dns-server 209.54.78.2
```

```
EDGER(dhcp-config)#default-router 192.168.10.254
EDGER(dhcp-config)#exit
EDGER(config)#ip dhcp pool vlan 20
EDGER(dhcp-config)#net 192.168.20.0 255.255.255.0
EDGER(dhcp-config)#dns-server 209.54.78.2
EDGER(dhcp-config)#default-router 192.168.20.254
EDGER(dhcp-config)#exit
EDGER(config)#ip dhcp excluded-address 192.168.10.254
EDGER(config)#ip dhcp excluded-address 192.168.20.254
```

（2）在 SW3 上配置 DHCP 中继。

```
SW3(config)#int vlan 10
SW3(config-if)#ip helper-address 10.0.0.1
SW3(config-if)#exit
SW3(config)#int vlan 20
SW3(config-if)#ip helper-address 10.0.0.1
SW3(config-if)#exit
```

（3）检查 DHCP 服务是否正常。

设置 C1、C2 的 IP 获取方式为 DHCP，获取结果如图 6.10.2 和图 6.10.3 所示。

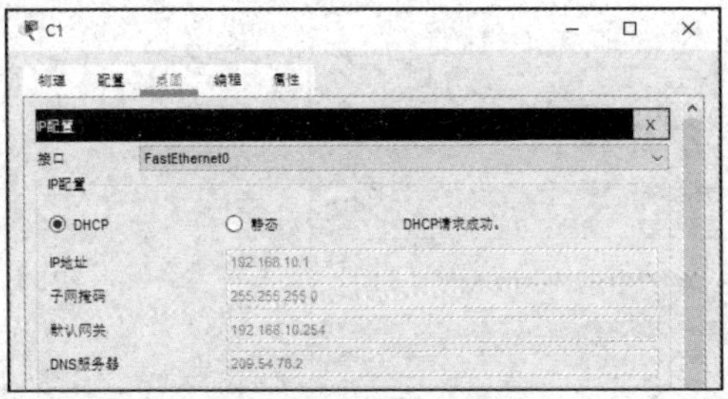


图 6.10.2　C1 的 IP 参数

图 6.10.3　C2 的 IP 参数

## 05 配置 EDGER 远程访问

在路由器 EDGER 上配置 AAA 认证。

```
EDGER(config)#aaa new-model
EDGER(config)#aaa authentication login AAA group radius
EDGER(config)#radius-server host 192.168.99.100
EDGER(config)#radius-server key KEY
EDGER(config)#line vty 0 4
EDGER(config-line)#login authentication AAA
EDGER(config-line)#exit
EDGER(config)#enable password cisco
```

## 06 在服务器上进行相关配置

（1）在服务器 AAA 上开启 AAA 认证服务并在服务器上配置好网络和用户（具体配置如图 6.10.4 所示）。

（2）在服务器 BS1 上配置 DNS 服务（如图 6.10.5 所示）。

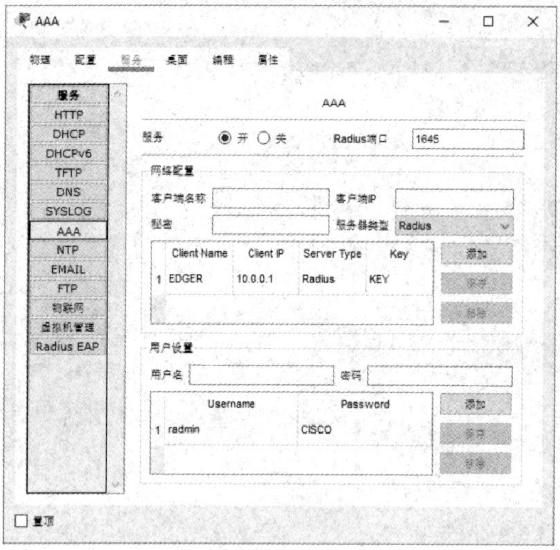


图 6.10.4　AAA 配置

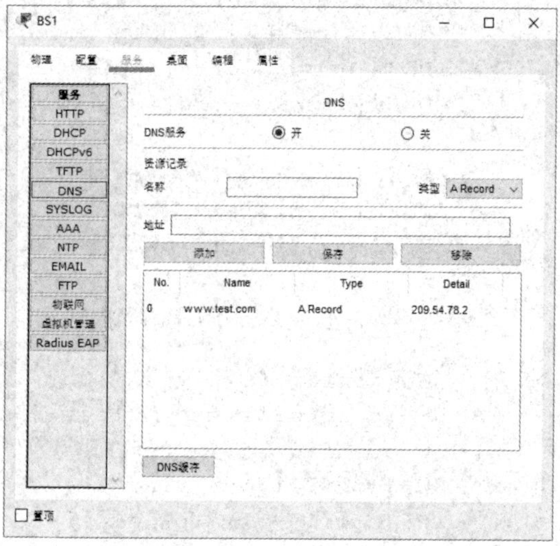


图 6.10.5　BS1 服务器的 DNS 配置

（3）在服务器 BS1 上配置 HTTP 服务。

单击 BS1 服务器图标，选择“服务”选项卡，单击 HTTP 命令，编辑主页（index.html）内容后单击“保存”按钮，如图 6.10.6 所示。

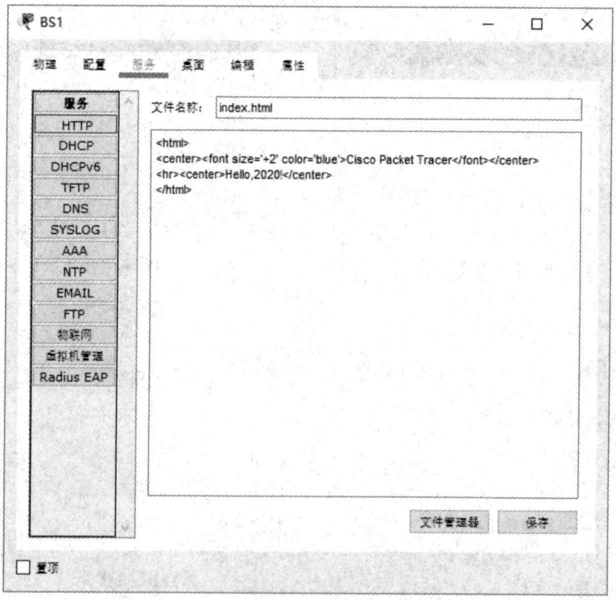


图 6.10.6　HTTP 配置图

**06** 在 EDGER 上配置 NAPT

```
EDGER(config)#access-list 1 permit 192.168.0.0 0.0.255.255
EDGER(config)#ip nat inside source list 1 interface s0/0/0 overload
EDGER(config)#int g0/0
EDGER(config-if)#ip nat inside
```

```
EDGER(config-if)#exit
EDGER(config)#int s0/0/0
EDGER(config-if)#ip nat outside
EDGER(config-if)#exit
```

**07** Firewall 相关配置

（1）Firewall 基本配置。

```
ciscoasa(config)#host Firewall
Firewall(config)#no dhcpd address 192.168.1.5-192.168.1.36 inside
Firewall(config)#no dhcpd enable inside
Firewall(config)#int g1/1
Firewall(config-if)#ip add 192.168.30.254 255.255.255.0
Firewall(config-if)#no shutdown
Firewall(config-if)#exit
Firewall(config)#int g1/2
Firewall(config-if)#ip add 209.54.78.2 255.255.255.248
Firewall(config-if)#no shutdown
Firewall(config-if)#exit
```

（2）Firewall 的 NAT 配置。

```
Firewall(config)#object network pat
Firewall(config-network-object)#host 192.168.30.100
Firewall(config-network-object)#nat (inside,outside) static
209.54.78.2
```

（3）配置 TCP、UDP 数据包可以进入 inside 区域。

```
Firewall(config)#access-list 100 extended permit tcp any any eq www
Firewall(config)#access-list 100 extended permit udp any any eq
domain
Firewall(config)#access-group 100 in interface outside
```

（4）在 Firewall 上添加默认路由。

```
Firewall(config)#route outside 0.0.0.0 0.0.0.0 209.54.78.1 1
```

完成以上配置后，服务器 BS1 可以对外提供 HTTP 和 DNS 服务。

## 训练测试

可以按以下步骤对该园区网进行验证：

（1）查看 C1、C2 是否获得了正确的 IP 地址。

（2）测试内网计算机 C1 和外网计算机 IC1 是否相通。

（3）在 C1、IC1 中使用 Web 浏览器输入地址 http://www.test.com，浏览 BS1 上的网页。

## 训练小结

由于 Cisco Packet Tracer 软件是一个网络设备模拟器，它模拟出来的交换机、路由器和防火墙在功能上与真实设备间仍然存在一定的差异，尤其是防火墙的功能只能配置基础的，因此部分功能无法实现。

# 参 考 文 献

梁广民，王隆杰，2013．思科网络实验室路由、交换实验指南[M]．2 版．北京：电子工业出版社．

思科网络技术学院，2015．思科网络技术学院教程 CCNA 安全[M]．3 版．北京：人民邮电出版社．

汪双顶，徐江峰，2008．计算机网络构建与管理[M]．北京：高等教育出版社．

谢希仁，2017．计算机网络[M]．7 版．北京：电子工业出版社．

徐国庆，2009．职业教育项目课程开发指南[M]．上海：华东师范大学出版社．

赵志群，2009．职业教育工学结合一体化课程开发指南[M]．北京：清华大学出版社．